一橋大学経済研究叢書 45

南　亮　進　著

日本の経済発展と所得分布

岩　波　書　店

経済研究叢書発刊に際して

　経済学の対象は私たちの棲んでいる社会である．それは，自然科学の対象である自然界とはちがって，たえず変化する．同じ現象が何回となく繰返されるのではなくて，過去のうえに現在が成立ち，現在のうえに将来が生みだされるという形で，社会の組立てやそれを支配する法則も，時代とともに変ってゆくのが普通である．したがって私たちの学問も時代とともに新しくなってゆかねばならぬ．先人の業績を土台として一つの建造物をつくりあげたと思った瞬間には，私たちは新しい現実のチャレンジを受け，時には全く新しい問題の解決をせまられるのである．

　いいかえれば経済学者は，いつも摸索し，試作し，作り直すという仕事を，性こりもなく続けなければならない．経済研究所の存在意義も，この点にこそあると思われる．私たちの研究所も，一つの実験の場である．あるいは，所詮完全なものとはなりえない統計を，すこしでも完全なものに近づけることに努力したり，あるいは，その統計を利用して現実の経済の動きの中に発展の法則を発見しようとしたり，あるいは，分析の道具そのものをみがくことに専念したり，あるいは，外国の経済の研究をとおして日本経済分析のための手がかりとしたり，あるいは，先人のきわめようとした原理を追求することによって今日の分析のための参考としたり，私たちの仕事はきわめて多岐にわたる．こうした仕事の成果を，その都度一書にまとめて刊行しようというのが本叢書の趣旨にほかならない．ときには試論の域を出でないものがあるとしても，それは学問の性質上，同学の方々の鞭撻と批判を受けることの重要さを思い，あえて刊行を躊躇しないことにした．ねがわくば，読者はこの点を諒承していただきたい．

　本叢書は，一橋大学経済研究所の関係者の筆になるものをもって構成する．必らずしも定期の刊行は予定していないが，一年間に少なくとも三冊は上梓のはこびとなろう．こうした専門の学術書は，元来その公刊が容易でないのだが，

私たちの身勝手な注文を心よくききいれて出版の仕事を受諾された岩波書店と，研究調査の過程で財政的な援助を与えられた東京商科大学財団とには，研究所一同を代表して，この機会に深く謝意を表したい．

1953年8月

一橋大学経済研究所所長
都 留 重 人

は　し　が　き

　経済発展の目的が国民全体としての「厚生」の増加であるとすれば，経済発展は単に1人当たり所得の引き上げだけではなく，その公平な分配も視野に入れなければならないことは言うまでもない．なぜなら1人当たり所得が上昇しても，貧富の格差の拡大によって階層間の軋轢が増大し，社会は不安定となり，場合によっては，それがきっかけとなって政治的混乱が発生することが，世界の歴史の中で観察されるからである．

　したがって経済発展の過程で所得分布がどのように変化するか，そしてその変化が社会・政治にどのような影響を与えるかということは，極めて重要な問題なのである．しかしこの分野の研究は必ずしも十分ではない．

　経済発展の過程で所得分布がどのように変化するかについては，かつてサイモン・クズネッツが興味ある仮説を提出した．経済発展の初期では経済成長によって分布は不平等化するが，いったんある段階を越えると，経済成長によって分布は平等化に向かうというものである．もしもこの仮説が正しければ，現在急速な工業化によって分布が不平等化しつつある国でも，迷わず工業化を進めればよいことになる．

　しかしこの仮説は学界において必ずしも確立したものではない．もともと，所得分布を計測するためのデータが長期にわたって得られる国は，極めて限られているからである．したがって，もしも日本においてこの計測が可能ならば，それは世界的に大きな意味を持つと言えよう．しかも明治以降，外来の先進技術で装備した近代産業と，過剰労働力を抱えた非近代産業との二重構造を伴って成長してきた日本経済は，当然欧米先進諸国とは異なった成長経路を歩むはずであり，その差は所得分配の変化にも反映するはずである．そして日本のこのような経験は，過剰労働力を抱えながら成長し続ける発展途上国に共通するものであり，ここに日本研究の真の意義がある．

　かつて労働市場を巡る研究を行っていた私が，友人の小野旭氏（一橋大学経

済学部教授)と，所得分布の歴史的研究を手掛けたのはこのためである．私達は戦前期に多くの市町村で実施された「戸数割税」に注目し，そのための基礎資料(戸数割資料と呼ぶ)によって，その地方の所得分布の実態を知ることができると考えた．そして70年代初頭から，各地の市役所(かつての町村のデータも，その後の市への合併によってその市役所に保管されている)を訪ねて戸数割資料を収集する作業を始め，後に故高松信清氏の協力を得て，80年代前半までにかなりの資料収集に成功した．そしてこの作業は幸いに経済研究所附属日本経済統計情報センターに引き継がれ，松田芳郎氏(同センター教授)と佐藤正広氏(同助教授)の指揮のもとで，収集作業はいっそう大々的に行われることとなった．こうして当時の行政区分で言えば，210市町村の資料がこれまでに収集されている．

　戸数割資料を用いた分析も小野・高松両氏との共同で始められ，その中間結果はすでに80年代に発表されている．しかしそれは特定の地域を対象としたパイロットスタディーであり，全国レベルの所得分布の推計と分析の結果が発表されたのは，90年を過ぎてからのことである．これは資料の収集と整理に予想以上の時間が掛かったためである．

　本書は，これまでの研究成果を総括したものである．しかし所得分布の推計はすべて最新資料を用いて再計算を行った結果であり，分析も大幅に改善・拡張されている．

　この書の結論は最後の章(第9章)にまとめられている．第1には，日本の所得分布は19世紀末から第2次大戦勃発までの期間にいっそう不平等化したこと，そのため大戦前の日本は極めて不平等な社会であったこと，第2に，それにもかかわらず現代日本の社会が平等なのは，大戦直後の制度的改革のおかげであることが指摘されている．

　第1の結論は，クズネッツ仮説の前半部分(工業化初期における分布の悪化)が日本において成立する，ことを示す．さらにこの結論は，過剰労働の存在とその影響を強調した私達のこれまでの研究と整合的である．農村における過剰労働の存在によって都市・農村間の所得格差が拡大し，都市産業では労働分配

率の低下と賃金格差の拡大とが発生した，というものである．分布の悪化はこれらの現象の結果と見ることができよう．すなわち過剰労働もしくは二重構造を抱えた発展途上国では，分布の悪化は避けられないことを意味している．

　第2の結論は，クズネッツ仮説の後半部分(工業化後期における分布の改善)は必ずしも明確ではなく，わが国における所得分布の本格的改善は，抜本的な制度的改革によって初めて可能であったことを示している．これは戦後改革の意義を再認識するものであると同時に，途上国においても分布の悪化を食い止めるためには，制度改革に多大な努力が必要であることを示唆するものである．

　分布の変化が社会・政治に及ぼすであろう効果については，本書では試論の形で論じてみた(第8章)．20, 30年代における不平等化が社会と政治の不安定要因となったこと，戦後の平等化が安定的な社会と政治を通じて，高度成長の基礎となったことを論じた．もとよりこの論証は十分なものではなく，むしろ，今後の研究の必要性を訴えその出発点となるものである．

　この研究の完成には二十数年を要したが，この間研究を支援して下さった多くの同僚と機関・財団に，感謝の意を表したい．

　まず小野旭氏とは，大学院時代から労働市場を中心とする各種の研究を共同で進め，多くの論文を発表してきた．所得分布の研究もその一つであり，本書のいくつかの部分(第3章第3節，第4章補論等)は，基本的に同氏との共同論文を改善または要約したものである．また第7章第3-5節は，谷沢弘毅氏と私との最近の共同論文を要約したものである．さらに所得分布研究の権威である溝口敏行氏(一橋大学経済研究所教授)からは，絶えず激励と助言を得ることができたし，松田・佐藤両氏には資料収集のみならず，その整理と分析についてしばしば相談相手となって頂いた．このようなよき友人に恵まれたことは，まことに幸いであったと思う．

　戸数割資料の収集について日本経済統計情報センターのご協力を得たことはすでに述べたが，資料の整理・計算等については，経済研究所の電子計算機室，統計情報サービス係等のご協力を得た．経済研究所のこうした研究支援体制が

なければ，本書のような地道で大規模な作業は到底不可能であったろう．近く研究所を去るに当たって感謝の気持ちでいっぱいである．また，この研究の各段階で文部省科学研究費補助金，同特定研究費，日本経済研究センター奨励金を幾度となく頂戴し，本年には一橋大学後援会特別研究助成金までも頂くことになった．厚く感謝申し上げたい．

1995年11月1日

南　亮　進

目　次

はしがき

第1章　分析の目的と方法 …………………………… 1

1　研究の展望と本書の目的 ……………………… 1
世界の研究動向／日本の研究動向と本書の目的

2　戸数割資料について ……………………………… 5
概説／収集

3　資料の整理と所得分布の計測：概説 …………… 9
1922-39年／1921年以前

第2章　戸数割資料の解説・利用・吟味 …………… 15

1　戸数割資料の沿革 ………………………………… 15
戸数割納税義務者／戸数割税賦課基準／
戸数割資料の問題点

2　戸数割資料の整理と所得分布の計測 …………… 20
1922-39年／1921年以前

3　推計結果の吟味 …………………………………… 24
第3種所得税統計との比較／個人別表／等級表

第3章　所得分布の概観：地域別特徴 ……………… 33

1　神奈川県・静岡県 ………………………………… 33
両県の経済／地域別所得分布／両県の所得分布

2　全　　国 …………………………………………… 40
市町と村の所得分布／市町村の動向／所得格差の要因／
1921年以前の動向

3　世帯異動と所得分布：岩国市の分析 ………… 46
　　　　　岩国市の経済／世帯異動
　　　4　要約と結論 ……………………………………… 53

第4章　都市の所得分布とその要因 ………………… 57
　　　1　所得分布と産業化 ……………………………… 57
　　　2　産業別所得分布と人口都市集中 ……………… 64
　　　　　産業別所得分布／人口都市集中
　　　3　労働分配率 ……………………………………… 68
　　　　　賃金所得の分布／労働分配率の変化／賃金格差の変化
　　　4　要約と結論 ……………………………………… 71

第4章 補論　非1次産業の労働分配率の推計 ……… 75
　　　1　推計の概要 ……………………………………… 75
　　　2　戦　　後 ……………………………………… 77
　　　3　戦　　前 ……………………………………… 78
　　　4　推計結果の吟味 ………………………………… 83

第5章　農村の所得分布 ……………………………… 85
　　　1　土地所有制度 …………………………………… 86
　　　　　地主小作制度／小作料と農地分布
　　　2　商業化と兼業化 ………………………………… 93
　　　　　商業化／兼業化
　　　3　要約と結論 ……………………………………… 95

第6章　全国の所得分布の推計 ……………………… 99
　　　1　ベンチマーク年の推計 ………………………… 99

2　推計の問題点と補正 …………………………………105
　　3　長期系列の推計 ………………………………………107
　　4　要約と結論 ……………………………………………109

第7章　戦後の所得分布とその要因 ……………………111
　　1　概　観 …………………………………………………112
　　　　戦前との比較／戦後の変化
　　2　農地改革 ………………………………………………114
　　3　戦争被害と超インフレ ………………………………117
　　　　戦争被害／超インフレ
　　4　財閥解体 ………………………………………………120
　　　　持株会社の解体／財閥関係者の支配力の排除／
　　　　財閥解体の効果
　　5　財産税・富裕税 ………………………………………125
　　　　財産税／富裕税
　　6　要約と結論 ……………………………………………128

第8章　所得分布の社会的・政治的衝撃：試論 ……133
　　1　小作争議の経済的要因 ………………………………134
　　　　都市・農村間所得格差／その他の要因
　　2　社会の不安定化と社会・政治体制の変革 …………140
　　　　社会の不安定化／政治思想と政治体制の変革／
　　　　戦時経済下の状況／戦後民主主義の発達
　　3　要約と結論 ……………………………………………149

第9章　日本の経済発展と所得分布 ……………………153
　　1　経済発展と所得分布 …………………………………154
　　　　過剰労働／制度的要因／人口要因

2　所得分布の経済に及ぼす影響 ……………………160
　　　　　貯蓄・消費／その他の影響
　　3　本研究の意義 ………………………………………164
　　　　　資料上の意義／分析上の意義

付表1　戸数割資料所蔵目録
　　　　（一橋大学経済研究所附属日本経済統計情報センター）‥177
付表2　所得不平等度とそれに関連した変数：
　　　　全国の市町村……………………………………183
付表3　産業別所得不平等度：福島県西白河郡白河町 ……198
付表4　非1次産業の労働分配率 …………………………202

文 献 目 録 ……………………………………………………205
索　　　引 ……………………………………………………215

図目次

図1-1　戸数割資料の収集地の分布　8
図2-1　所得階層別納税戸数——国税(第3種所得税)資料と戸数割資料との比較：横須賀市・熊本市　26
図2-2　国税(第3種所得税)資料と戸数割資料とによるパレート曲線の比較：横須賀市・熊本市　28
図2-3　各種の所得指標によるジニ係数の比較：愛媛県1市2村　29
図3-1　ジニ係数の市町村別推移：神奈川県・静岡県　34
図3-2　3町と11村のジニ係数と変動係数の推移：神奈川県・静岡県　39
図3-3　農家・非農家所得の推移　44
図3-4　農家・非農家所得格差の推移　45
図3-5　農業・非農業の生産性格差の推移　45
図4-1　所得不平等度と産業化率との相関：全国(1923年, 1930年, 1937年)　58
図4-2　非1次産業の労働分配率の推移　69
図6-1　ジニ係数と高額所得者割合との関係：全国(1937年)　100
図6-2　ジニ係数の長期的変化　108
図8-1　小作争議件数と農工間賃金格差の推移　135
図8-2　農業賃金の推移　137

表目次

表1-1　戸数割納税戸数，第3種所得税納税戸数および普通世帯数の比較：12市　6
表2-1　農家・非農家所得比率と農業・非農業労働生産性比率　19
表2-2　等級表と個人別表によるジニ係数と納税戸数の比較：山口県2町9村　30
表3-1　就業者の産業別構成：全国と神奈川県・静岡県　37
表3-2　9市町と17村の所得不平等度：神奈川県・静岡県(1937年)　37
表3-3　3町と11村の所得不平等度と全県の推計：神奈川県・静岡県　38
表3-4　市町村の所得分布　41
表3-5　市町村のジニ係数の変化：1923-37年　42
表3-6　市町村の所得分布の要因分解　43
表3-7　19世紀末からの所得分布の変化：39市町村　47
表3-8　世帯異動と所得分布：山口県玖珂郡2町・3村　49
表3-9　所得階層間世帯異動：山口県玖珂郡岩国町・麻里布町　50
表3-10　所得階層間世帯異動：山口県玖珂郡愛宕村・灘村・通津村　51
表4-1　産業別所得不平等度：福島県西白河郡白河町　65
表4-2　農家人口と非農家人口の変動　67
表4-3　全世帯と勤労者世帯の所得分布：熊本市(1930年)　69
表5-1　ジニ係数とその要因：全国14郡　87
表5-2　ジニ係数の決定関数の推計：全国14郡　88
表5-3　村別ジニ係数とその要因：神奈川県・静岡県　89
表5-4　ジニ係数の決定関数の推計：神奈川県・静岡県　90
表5-5　農民生活に関する指標と小作料　91

表 5-6 農家と農地の構造：戦前　92
表 5-7 所得額と資産賦課額との関係：神奈川県5村(1937年)　92
表 6-1 戸数割資料による全国高額所得者と全国非高額所得者の所得分布　103
表 6-2 全国世帯の所得分布　104
表 6-3 控除後所得の控除前所得に対する割合：2市・5村　106
表 6-4 ジニ係数の長期系列　108
表 7-1 産業別所得不平等度：戦後　113
表 7-2 勤労所得と財産所得の分布：戦後　113
表 7-3 農家と農地の構成：戦前と戦後の比較　115
表 7-4 米の政府買入価格の推移　117
表 7-5 第2次世界大戦による物的・人的被害(1945年)　118
表 7-6 個人所得の構成変化　119
表 7-7 保有株式の処分内訳(1950年)　121
表 7-8 財産税の課税状況(1946・47年度計)　126
表 7-9 財産税の課税・物納内訳(1946・47年度計)　127
表 7-10 富裕税の課税状況(1950年度)　128
表 9-1 世帯規模と人口の年齢構成　159
表 9-2 所得階層別貯蓄率：戦前　161
表 9-3 所得階層別貯蓄率：戦後　162
表 9-4 ジニ係数の国際比較：発展途上国と中進国　167
付 表1 戸数割資料所蔵目録(一橋大学経済研究所附属日本経済統計情報センター)
　　　177
付 表2 所得不平等度とそれに関連した変数：全国の市町村　183
付 表3 産業別所得不平等度：福島県西白河郡白河町　198
付 表4 非1次産業の労働分配率　202

第1章　分析の目的と方法

　第1節では，日本および世界の所得分布に関するこれまでの研究を展望してその問題点を指摘し，われわれの研究の目的と意義とを明らかにする．次いで第2節では，その研究の基礎となる戸数割資料について解説し，その収集方法について述べる．最後に第3節では，戸数割資料の整理と所得分布の計測方法を解説する．なお戸数割資料と所得分布の計測についての詳細な解説は，次の章で展開される．

1　研究の展望と本書の目的

世界の研究動向

　国民の厚生水準は1人当たり所得（またはGNP）の水準ばかりでなく，所得の分布状況にも依存するとすれば，経済発展に伴って所得分布がどう変化するかということは，重要な問題となってくる．とくに急速な経済成長を経験しつつある国々では，現在においてまた将来において，所得分布が改善するか悪化するかということには極めて大きな重要性がある．もしも高度成長によって所得分布が悪化するならば，その政治的・社会的影響は計り知れない．例えば現在猛烈な勢いで成長を遂げている中国では，分布は急速に悪化しており，この現象が続けば将来この国の政治・社会体制の変革を引き起こす要因になりかねない[1]．確かに，所得分布の理論的・実証的研究[2]が第2次大戦後大きく前進した背景には，発展途上国問題への関心の高まりがあったことは事実であろう．

　この分野の研究の著しい進展にクズネッツ（S. Kuznets）の貢献が極めて大きいことは，誰しも認めるところであろう．彼は西欧数ヵ国における所得分布の長期的変化を分析し，所得分布は経済成長の初期的段階で不平等化し，後に平等化するという興味深い仮説を提示した[3]．これが「クズネッツ仮説」また

は「逆U字型仮説」，時には「U字型仮説」と呼ばれるものである．そしてその後，この仮説の検証という形をとって実に多くの研究が行われた．しかしこの仮説に対する批判や疑問も多く，必ずしもこの仮説は経済学の共有財産として認知されたとは言えない．

この仮説をめぐる研究は，主として一時点での国際比較の形をとって行われた．その先鞭をつけたのはポーカート (F. Paukert) である．彼は1965年頃の各国のデータを比較して，1人当たりGNPの違いによって，所得分布はクズネッツが予想した通りの変化を示すことを実証した[4]．その後アールワリア (M. S. Ahluwalia)，チェネリー (H. Chenery) もほぼ同じ方法で同様の結論を導いた[5]．しかしこれには主として2つの批判がある．

第1はデータ上の問題である．ラム (R. Ram) とサイス (A. Saith) はポーカート・アールワリアが用いたデータの問題点を指摘し，それを補正すればクズネッツ仮説は成り立たないと結論している[6]．特にサイスは，経済発展によって所得分布が不平等化から平等化に転ずるという現象は全く認められないとし，「U字型仮説は，経済成長と所得分布の間の関係についてのわれわれの理解の助けにならないばかりか，かえって妨げになる」とさえ述べている[7]．

第2は方法上の問題である．この仮説はもともと先進国の歴史的現象を描写したものであり，その関係が，それぞれ違った歴史と文化を持っている国々の間に成立するとは考えられない．オーシマ (H. T. Oshima) は「所得格差に影響を与える要因を考えるとき，1人当たり所得水準よりもその国の他の特徴がより重要である．したがって横断面分析はなるべく避けた方がよい」と述べている[8]．この点については，もともとクズネッツが国際間横断面分析に極めて懐疑的であったことを想起すべきである[9]．

一方時系列データによる研究も盛んに行われた．例えばオーシマと溝口敏行は，戦後いくつかのアジア諸国で，所得分布の不平等化とそれに続く平等化現象を見出している[10]．しかしサイスやフィールズ (G. S. Fields) の世界諸国を対象とした本格的分析では，必ずしもこうした関係が見出されていない[11]．しかもクズネッツが問題としたのは，経済発展の歴史的過程における所得分布の

長期的変化であったはずであり，こうした戦後期に限られた短期的分析だけでは不十分であることは否めない．

長期的分析はいく人かの人によって試みられた．ソルトウ(L. Soltow)はイギリスの歴史的データ(1688-1963年)を分析して，この仮説にどちらかというと肯定的な判断を下している[12]．またウイリアムソン(J. G. Williamson)は，イギリスについては，19世紀半ばまでの不平等化とその後の平等化を見出し，アメリカについては20世紀初めまでの不平等化とその後(特に第1次大戦以降)の平等化傾向を見出した[13]．しかし所得分布の歴史的データはどこの国でも極めて限られており，この分野の研究はいまだ充分とは言えない．

ここに日本の経験の研究が注目される理由がある．現代日本の所得分布は極めて平等であるが，かつてはどうであったろうか．明治以降の急速な「産業化」(非農業の相対的拡大)[14]の過程で，所得分布は戦後の発展途上国のように不平等化した(所得分布を犠牲にして産業化を達成した)のであろうか．もしそうなら，所得分布が平等化して今日の姿になったのはいつであろうか，またそれはいかなる理由によるものであろうか．これは，極めて興味深い問題である．この研究に成功すれば，クズネッツ仮説の検証のための材料を世界に提供し，世界における所得分布の研究水準を一段と高めることができる．またそれだけに止まらず，日本の近代経済成長の実体を解明するためにも大きな貢献となるはずである．

日本の研究動向と本書の目的

日本の所得分布の研究は主として戦後期を対象とするものであった．溝口・高山憲之・寺崎康博等による研究[15]によって，分布は1960年代に平等化，70年代に一定，80年代にわずかに不平等化という変化はあるものの，その変化はさほど大きなものではなく，また概して(国際的に)極めて平等であることが明らかになっている．

しかし戦前期についてはまだほとんどわかっていない．かつて汐見三郎・早川三代治によって注目すべき研究[16]が行われた．汐見は熊本市(1931年)，早川は北海道のいくつかの町村(1933年)における「戸数割」と呼ばれる地方税

のデータを利用して，所得分布を計測した．しかし両氏の研究は特定の地域の，しかも特定の年次についての研究であり，全国の所得分布状況とその時間的変化については，そこからうかがい知ることはできなかった．また高橋長太郎は，第3種所得税(国税)の資料により全国の所得分布を長期間にわたって計測した[17]．しかし戦前の所得税の免税点は極めて高いため，世帯の大部分はこの資料では把握できず，そこから推計された所得分布は到底実態を反映しているとは言えない．

　その後クズネッツの研究を契機として所得分布が経済学者の関心を引くようになると，わが国でもいくつかの研究が行われた．これに先鞭を付けたのが1976年の小野旭・渡部経彦の論文[18]であり，その後大槻聡幸・高松信清による研究[19]，溝口・寺崎による研究[20]などが現れた．そしていずれの研究でも，(1)所得分布は戦前期に不平等化したこと，(2)戦前の所得分布は戦後に比べて不平等であったことを示している．しかしそれらは，大槻・高松論文を別として所得分布を直接計測したものではなく，労働分配率や産業間所得格差などの動きから間接的に推測したものであった．すなわち労働分配率は，筆者たちの研究によって戦前期に長期的低下をしたことが明らかであり，また産業間所得格差も同じ時期に拡大したことが知られているからである．一方大槻・高松論文は，低所得層の所得と平均所得との格差を計算し，パレート法則を仮定した上で，この格差から所得分布の不平等度を求めたものである．しかし後に指摘するように(第2章第3節)，この仮定は非現実的であり，したがってそれを仮定した上で求められた不平等度の信頼性には大きな疑問がある[21]．

　ここでわれわれは，前述の汐見，早川の研究に注目したい．彼らの用いた戸数割地方税は，所得税と違ってほとんどすべての世帯に掛けられたから，その賦課基準(所得)の資料を多くの市町村について，しかも長期間にわたって収集することができれば，そこから戦前の所得分布とその変化をかなり正確に計測できるからである．このように，戸数割資料を大々的に収集し，それを利用して戦前全国の所得分布を推計し分析することが，われわれの研究の目的である．これによって，これまで日本の経済発展の研究においてほとんど空白となって

いた分野——戦前の所得分布の研究——を開拓することができるのである．そればかりか，世界における所得分布研究にも貴重な材料を提供することが期待される[22]．

2 戸数割資料について

概　説

戸数割資料の詳しい解説と検討は次章にゆずることにして，ここではあらましを述べることにしよう．

わが国の税体系は早くから国税と地方税とによって構成されていたが，地方税の1つである戸数割税は，1878(明治11)年に「地方税規則」が制定された際に制度として成立を見たものである．当初は統一した賦課基準は公示されず，課税の仕方もかなり恣意的であったようである．例えば1920年度についてみると，戸数割を実施していた町村のうち約半数がいわゆる「見立て割」であった．これは客観的標準を設けることなく，課税当局者が納税義務者の生活状態を「見立てる」方式であり，戸数割の不平等性が問題となった理由もここにあったと言われている．

このような背景のもとに，1921(大正10)年「府県税戸数割規則」，翌年「同規則実施細則」がそれぞれ公布され，課税標準の明示・統一が行われた．この変更は戸数割資料の表示形式にも現れている．1921年までの資料は，等級別に納税者の数と人名を表示するにすぎなかった(等級表)．これに対して1922年以降では，地域によって多少差異はあるものの，各納税者ごとに所得金額，所得賦課額，資産評価額，資産賦課額等が記録されるようになった(個人別表)．

府県税戸数割は1926(大正15)年に廃止され，それに代えて市町村税戸数割が新設された．しかし府県税戸数割規則はほぼそのまま引き継がれている．戸数割は1940(昭和15)年の地方税体系の全面的改定によって廃止され，代わって市町村民税が新設された．戸数割は成立後1939年まで半世紀以上の期間にわたって，地方税のなかで主要な税種としての地位を保ったのである[23]．

表 1-1　戸数割納税戸数，第 3 種所得税納税戸数および普通世帯数の比較：12 市

地　域	年次	納税戸数 戸数割税 集計数[a] N (1)	納税戸数 戸数割税 実数[b] (2)	納税戸数 第3種 所得税[c] (3)	普通世帯数 N' (4)	納税戸数の普通世帯数に対する割合(%) (2)/(4)	納税戸数の普通世帯数に対する割合(%) (3)/(4)[f]
岩手県盛岡市	1930	11,148	11,168	751(367)	11,442	97.6	6.6(3.4)
山形県酒田市	1939	6,084	6,084	763(255)	6,493[d]	93.7	11.8(7.8)
神奈川県横須賀市	1939	34,939	34,939	7,203(2,430)	39,435[d]	88.6	18.3(12.1)
長野県上田市	1930	7,691	7,706	828(269)	7,517	102.5	11.0(7.4)
静岡県静岡市	1939	37,037	37,150	5,136(1,129)	38,439[d]	96.6	13.4(10.4)
〃　清水市	1930	10,002	10,002	869(153)	10,619	94.2	8.2(6.7)
	1939	11,360	11,360	1,222(217)	12,612[d]	90.1	9.7(8.0)
〃　沼津市	1930	7,573	7,621	946(177)	8,020	95.0	11.8(9.6)
	1939	8,884	−	1,377(272)	9,674[d]	91.8[e]	14.2(11.4)
三重県松阪市	1939	6,900	6,905	1,202(276)	7,294[d]	94.7	16.5(12.7)
山口県萩市	1939	6,706	6,706	900(181)	7,076[d]	94.8	12.7(10.2)
愛媛県宇和島市	1930	9,040	9,468	910(211)	9,755	97.1	9.3(7.2)
〃　八幡浜市	1939	5,725	5,726	830(221)	6,646[d]	86.2	12.5(9.2)
熊本県熊本市	1939	35,145	35,147	7,961(1,805)	37,962[d]	92.6	21.0(16.2)

(注)　a　所得階層別納税戸数を集計したもの．
　　　b　戸数割賦課額表の冒頭に掲載された納税戸数(免除者を除く)．ただし熊本市は議会事務局への問い合わせによる．
　　　c　( )は同居人数(内数)．
　　　d　1940 年の計数．
　　　e　(1)/(4)．
　　　f　( )内の計数は，(3)の納税者数から同居人数を差し引いたものを(4)で除した．
(資料)　(1)(2)：各市戸数割賦課額表．
　　　　(3)：仙台，東京，名古屋，大阪，広島，熊本税務監督局『税務統計書 昭和 5 年度』1931年．『同 昭和 14 年度』1940 年．
　　　　(4)：各年の国勢調査(付表 2 を見よ)．

　所得分布の分析に戸数割資料を用いることの最大のメリットは，戸数割税がほとんどすべての世帯に課された点にある．これに対して第 3 種所得税はごく一部の高額所得者を対象にしていた．

　表 1-1 は全国 12 市[24]について，戸数割納税戸数と第 3 種所得税納税者数を国勢調査の普通世帯数[25]と比較したものである[26]．いずれの市においても，戸数割納税戸数は普通世帯数の大部分を占めるのに反して，第 3 種所得税納税者数は普通世帯のごく一部を占めるに過ぎない[27]．例えば 1939 年の熊本市では，

戸数割納税戸数は普通世帯数(1940年)の93%に当たるが,第3種所得税納税者数は16%に過ぎない.

このような理由によって,第3種所得税資料から所得分布を計測してもほとんど意味がない.次章で述べるように1939年の戸数割資料によれば,戸数は1戸当たり所得100-199円のところで大きな山を描くが,この山は同年の第3種所得税資料では把握されていない.(この年の第3種所得税の免税点は1,000円であった.)したがって,もしも第3種所得税資料によって所得分布を計測すると,不平等度を著しく過小評価することになる.ここに所得分布の計測に第3種所得税資料を用いることの限界と,戸数割資料の大きな意義があるのである.

収　集

戸数割資料が各市町村の議会議事録に収められていることを知った筆者と小野旭氏は,1974年に646の市役所に照会し,戦前期の議事録が保管されているかどうか,(保管されているならば)その中に戸数割資料が含まれているかどうかを調査した.これに対して381の市役所から回答が寄せられた.このうちの85市において戸数割資料が現存していることが判明した.そしてそのうちなるべく一地方に偏らないようにいくつかの市を選択し,それらの役場で資料を閲覧して内容を確認したうえ,それをマイクロフィルムに収めることとした.

この資料収集は極めて金と時間の掛かる仕事であったが,われわれは高松信清氏の助力をえて,1987年までに42の市町役所において,そこに保管された膨大な資料を集めることができた.翌年からは一橋大学経済研究所附属日本経済統計情報センターがこの作業を引き継ぎ,これまで14市17村(現在の行政単位による)の役場の資料を収集してくれた.現在までの収集地は図1-1に示される通り全国に及んでいる.

われわれと同センターによって収集された資料は,1939年当時の行政区分によれば210地域(16市45町149村)に及ぶが,それらはマイクロフィルムの形ですべて同センターに所蔵されている.所蔵リストは付表1として掲げられている.

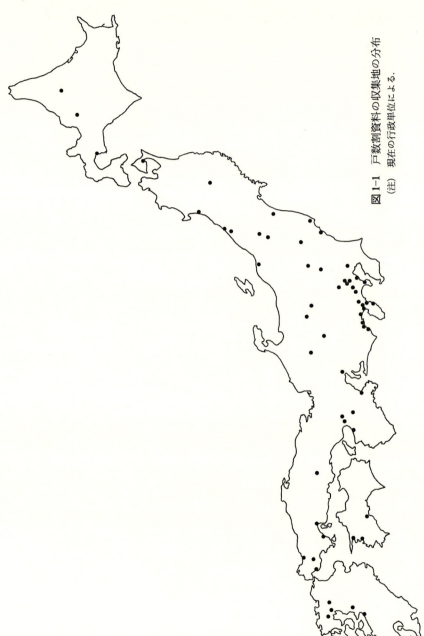

図1-1 戸数割資料の収集地の分布
(注) 現在の行政単位による.

3 資料の整理と所得分布の計測：概説

収集した資料を整理して所得分布を推計するのが次の仕事である．資料の内容が1921年以前と1922–39年とで大きく違っているので，作業の方法も異なる．まず後者から説明しよう．

1922–39年

この期間の戸数割賦課額表には，納税者の氏名と住所のほか6つの計数が掲載されている[28]．所得額(A)，控除後所得額(B)，所得賦課額(C)，資産評価個数，資産賦課額，賦課総額(D)がそれである．BはAから勤労所得控除や扶養家族控除を差し引いた所得であり，これに対する税額がCである．資産評価個数は資産(土地・建物など)の大きさを点数で表示したもので，これに対する税額が資産賦課額である．DはCと資産賦課額との合計である．

所得分布の計測にはA系列が最適であることは言うまでもない．しかしこれが得られるのは，付表1に掲げられた市町村のうち山口県玖珂郡愛宕村，愛媛県宇和島市，同八幡浜市等ごく限られた地域にすぎない．そのためA系列を用いることは断念し，B系列を用いて分析を行うことにした．しかし後に検討するように，A系列を用いて推計した所得分布とB系列を用いて推計した所得分布とはよく似ているので，B系列を用いてもさほど問題はない(第2章第3節)．

もっとも，すべての市町村とすべての年次についてB系列が得られるわけではない．それが得られない場合にはC系列を用いることとした．幸いなことに戸数割の税率は所得水準には依存せず，完全に比例的である(もちろん税率は市町村や年次によって異なる)から，C系列によって計測された所得分布は，B系列によるものと理論的には完全に一致する．実際には若干の差は認められるが，両系列による所得分布は極めてよく似ている(第2章第3節)．

B系列もC系列も得られない場合には，参考としてD系列による所得分布も計測することにした．D系列は所得額と資産額に対する賦課額であるから，

これは所得分布を正しく表しているとは言えない．しかし後に見るように，D系列による所得分布の変化はA, B, C系列によるものとおおよそ類似しているので，所得分布の長期的変化を知ることは可能であろう．

A, B系列の場合には個々の納税者の所得額[29]，C, D系列の場合には同じく税額を入力し，全サンプルを10の階層に等分し，それぞれの階層の所得総額（または税総額）が全階層の所得総額（または税総額）に占める割合(10分位表)を計算する．この計数から所得分布の不平等度を表す3つの指標を計算するのである[30]．ジニ係数(G)，変化係数(V)，上位10%の納税者の所得が占める割合(Q)がそれである．言うまでもなくGは，対角線とローレンツ曲線で囲まれた面積が，対角線で囲まれた全面積に占める比率である．それは所得分布が完全に平等ならばゼロ，完全に不平等ならば1となる．Vは分散の平方根（標準偏差）を平均所得で除したもので，完全平等のときゼロとなる．Qは10分位表における最高所得階層の所得の占める割合にほかならない．完全平等のときは10%である．これら3つの指標を併用するのは，それぞれに一長一短があり，どれが最善の指標であるか一概には言えないからである．

以上の方法で推計された全市町村の所得分布の不平等度(G, V, Q)，1戸当たり平均所得(y)，納税戸数(N)の計数は，ベンチマーク年として選ばれた3年(1923, 1930, 1937年)について，付表2として掲げられている．

1921年以前

この期間には税額別にいくつかの等級が設定され，それぞれの等級の納税者の数と人名(ときには数だけ)が記されている．

この等級表は厳密な分析には向かない．なぜなら等級の区分が十分に細かくないし，等級区分の基準である税額がいかにして決まったかは明らかではない．おそらくそれは所得と資産を含めた生活状態を考慮して決められたものであろう．したがってその税額は1922-39年の資料ではDに当たるもので，所得の大きさを正確に反映しているとは言えない．しかし戸数割等級表は，所によっては19世紀末から存在する貴重なデータであることも否定できない．このデータの欠点を配慮して注意深く扱えば，19世紀末以降の所得分布のおおまか

な動向を知ることはできるように思われる．

1) この点については第8章第2節で論及する．
2) 所得分布の理論的・実証的研究の展望としてCline(1975); Sahota(1978)がある．
3) Kuznets(1955), (1963); クズネッツ(1968), (第4章第6節)．
4) Paukert(1973)．
5) Ahluwalia(1976); Chenery(1988)．
6) Ram(1988); Saith(1983)．
7) Saith(1983), p. 382.
8) オーシマ(1989), 332頁．
9) Saith(1983), p. 369.
10) Oshima(1991), pp. 117-134; (1992). Mizoguchi(1985), (1993).
11) Saith(1983); Fields(1979), (1980), (1991).
12) Soltow(1968)．なお歴史的分析の展望としてPaukert(1973)参照．
13) Williamson(1985); Williamson and Lindert(1979)．
14) 近代経済成長の過程では，第2次産業の発展すなわち「工業化」のみならず，第3次産業の発展が見られるからである．くわしくは南(1992), 第5章第1節参照．
15) 溝口・高山・寺崎(1978); Mizoguchi and Takayama(1984); 高山(1980 a)．
16) 汐見・その他(1933); 早川(1944); Hayakawa(1951)．
17) 高橋(1955)．
18) Ono and Watanabe(1976)．
19) Otsuki and Takamatsu(1982)．
20) 溝口(1986); 寺崎(1987); 溝口・寺崎(1995)．展望論文として寺崎(1986)．
21) 溝口(1986)(表1, 152頁)とMizoguchi(1985)(Table 1 on p. 310)には，小野・渡部によるパレート係数を変換して求めたジニ係数が掲げられている．この計算はパレート法則を前提する点で大槻・高松推計と同じである．
22) 戸数割資料はこのほか，地方財政史，地方制度史，経済史等の分野でも活用されうる．これまでの研究例については佐藤(1992), 225-226頁を参照されたい．このリストに最近の業績として持田(1993)を追加しておく．
23) 次の表に示されるように，1904-24年では地方税に占める戸数割と家屋税の合計の割合は35-40%, 戸数割と家屋税とが分割可能な1930-39年では，戸数割の

割合は 21-24% であった．また 1930-39 年では市よりも町村において戸数割への依存がはるかに大きかった．

年次	地方	道府県	市	町村
1904	35.7	19.3	—	—
1914	39.7	19.8	—	—
1924	34.7	21.1	—	—
1930	21.6	—	10.8	50.4
1935	20.6	—	10.0	54.0
1939	24.0	—	10.8	62.7

(注) 地方税(決算額)に占める戸数割の割合．ただし1904年は戸数割と家屋税の合計，1939年は予算額による．
(資料) 内務省地方局『昭和14年度 地方財政要覧』1940年，26-29, 32-37, 44-45頁．

なお戦前の地方税制については藤田(1976); 水本(1993); 大蔵省財政史室(1954) を参照．

24) ここでは戸数割資料が得られるすべての市が取り上げられている．なお町村を除いたのは，第3種所得税納税者数のデータが個々の町村については得られないからである．

25) 普通世帯とは，準世帯および1人世帯以外の世帯である．

26) この表では，戸数割納税戸数として「集計数」(N)と「実数」とが掲げられている．両者は完全に一致する市もあるが，大部分の市では集計数が実数を下回っている．その差は0-4% 程度のものであるが，それが発生する原因については次の注を見られたい．

27) 普通世帯数(N′)は戸数割納税戸数(実数)より大きい．これは戸数割税を免除された世帯があったこと，などの理由によるものである．また現資料からのコピーに欠落があったり判読困難な数字があったりするので，集計された納税戸数(N)は，実際の数(戸数割賦課額表の冒頭に記されている)を若干下回る(表1-1)．

28) ごく稀に納税者の職業が記されている．これまで収集された資料の中では，福島県西白河郡白河町，栃木県足利市，大阪府岸和田市がそれである．

29) これは世帯全体の所得である．一般に世帯構成員1人当たり所得は世帯規模が大きいほど低いから，所得分布の不平等度は，世帯全体の所得のほうが世帯構成員1人当たり所得より大きい(Kuznets(1976), p.87)．したがって戸数割資料に基づく計測は，所得分布の不平等度を過大に評価する傾向がある．

30) 所得分布の不平等度の指標としては多くのものがある．それらには一長一短があり，どれが最良であるかは一概には言えない．詳しくは Dovring(1991), Ch.3; 高山(1980 b)参照．

本書ではとくに断りがなければ，所得不平等度は原データからではなく，それを10分位に区分したものから計算されていることに注意されたい．

第2章　戸数割資料の解説・利用・吟味

　戸数割資料は，戦前の所得分布を推計するための唯一のデータであり，これを全面的に利用する点にわれわれの研究の意義があることはすでに述べた．しかしこの資料は税統計としても貴重な存在である．戸数割税は，戦前日本の地方政府の主要な財源であったのである．本章では戸数割資料の詳しい解説を行いたい．

　第1節は戸数割税の沿革である．すなわち戸数割税の賦課基準は何か，主要な賦課基準である所得の内容は何か，所得はどのようにして調査・把握されたか，さらに戸数割資料はどのような問題点を持つかを明らかにする．

　第2節では，戸数割資料の整理と所得分布の計測の方法について詳しい説明を行い，第3節では推計結果の吟味を行う．すなわち戸数割資料による所得分布を第3種所得税(国税)の資料による所得分布と比較し，前者の特徴を明らかにする．また戸数割資料では所得額，控除後所得，所得賦課額，賦課総額(所得賦課額と資産賦課額の合計)が得られるが，それら4種のデータを用いて所得分布の不平等度を推計して互いに比較する．このことによって4種のデータの利用価値を検討する．

1　戸数割資料の沿革

戸数割納税義務者

　戸数割は1戸を構えるもの，あるいは1戸を構えなくても独立の生計を営むものに賦課された[1]．この地方税が対象とする納税義務者の範囲は下層にまでわたっており，これが国税と戸数割との間に見られる著しい相違点の1つである．国税たる第3種所得税(個人所得税)では，若干の項目(勤労所得，扶養家族，保険料等)に関して控除を行った後の年間所得が1,200円未満(1938年以降

は1,000円未満)のものは，租税の賦課を免除されていた[2]．しかし戸数割ではとくに免税点は設けられておらず，各市町村の役場が，貧困のため戸数割を負担する能力がないと判定した若干のものを除けば[3]，すべての戸主が納税義務者とみなされた．

戸数割税賦課基準

戸数割は納税義務者の資力に対して賦課されたが，資力の算定は所得額と資産の状況とに基づいていた．一般的な基準では，各市町村における戸数割総額中所得による部分が80％以上，資産の状況による部分が20％以下になるように課税することが定められていた[4]．所得に対する課税部分が大きいので戸数割を一種の所得税とみることもできる．しかし上記の一般的基準に服さない市町村も存在したようである．1922年より施行された戸数割規則によれば，特別の事情がある場合，資産の状況を考慮して徴収される税額部分が，戸数割総額のうち40％以内となることも認められていた[5]．後でも触れるように，所得に対する賦課額から計算した不平等指標と，資産への課税分まで含めた賦課総額に関する不平等指標との間で，乖離のみられる市町村や，ほとんど乖離のない市町村が存在する．上に述べた事柄は，地域によってなぜこのような違いが生ずるのかを明らかにする1つの説明要因ともなりうるだろう．

戸数割が賦課される所得は，地方税に関する法律施行規則によって定められていた．所得の範囲は，公社債や預貯金の利子，山林所得(収入総額より必要経費を控除したもの)，賞与，法人より受ける配当，給与・年金・恩給・退隠料，およびその他の所得を含む．最後の所得項目は個人の営業所得と考えてよく，総収入金額から原材料や賃金支払等の経費を差し引いたものと定義されている．これを第3種所得税の場合と比較すると，次のような差異がある[6]．第1に，第3種所得税では公社債の利子を第2種所得として，個人所得から分離したのに対して，戸数割ではこれを含めて課税する方法をとっていた．つまり戸数割のほうが第3種所得税よりも総合課税主義に徹している．第2に，第3種所得税では戸主および同居家族の所得のみが合算されるのに対して，戸数割では納税義務者と生計を共にするすべての同居者の所得が合算された．したが

って，戸数割の賦課額表に現れる納税義務者の所得には，彼の家族でない同居人の所得も含まれることになる．

所得調査が具体的にどのように行われたかを示す資料は乏しい．所得の把握は勤労所得よりも財産所得のほうが困難であったと思われるが，とくに業主所得の把握は難しかったに違いない．伊藤武夫は，新潟県米倉村について，「府県税戸数割規則」の下での所得の申告，調査，決定のプロセスが役場担当吏の念入りな作業によって進められたと述べている[7]．一方高松信清による，静岡市の当時の市税務職員からのヒヤリングによれば，数戸の標本農家より聞き取りで田畑別に反当たり農業所得を調べ，これを基準に各戸の農業所得を算出したという[8]．また商工業についても，同業仲間の幹部からの聞き取りに基づいて営業者各戸の所得を出していたようである．恐らくどの市町村においても，業主所得の決定については，見立割的な方法が採られた場合が多かったのではないだろうか．

第3種所得税の場合と同様に，戸数割でも勤労所得控除と扶養控除とが認められていた[9]．（控除は納税義務者の申請に基づいて行われた．）

勤労所得の控除率は所得金額によって異なる．

　　　所得 12,000 円以下　　10%
　　　所得　6,000 円以下　　20%
　　　所得　3,000 円以下　　30%
　　　所得　1,000 円以下　　40%

第3種所得税では所得 6,000 円以下のとき，その中に含まれる勤労所得について 20% の控除が定められていたに過ぎないから，戸数割のほうが控除率は大きく木目も細かい[10]．

扶養控除の対象は，納税義務者およびこれと生計を共にする同居者で，年齢 14 歳未満と 60 歳以上の者，不具廃疾者（当時の用語）である．控除率は所得 3,000 円以下の者について次の通りである．

　　　所得 1,000 円以下　　一人に付 100 円
　　　所得 2,000 円以下　　一人に付　70 円

所得 3,000 円以下　　一人に付　50 円

第3種所得税では対象者は家族のみであるが，戸数割では，生計を共にする同居人なら家族でないものも対象に含まれる．また第3種所得税では所得 3,000 円以下として一括し，戸数割のように所得額による区分は設けていない．

　控除後所得に対する税率は，戸数割では所得金額に関わりなく一定であった．ただし税率は市町村によって異なり，同じ市町村でも年次によって異なった．これに対して第3種所得税では，0.8% から 36% までの累進税率が適用されている点でも，戸数割との大きな違いがある[11]．

　一方資産は個数で表示される．何をどの量について1個とするかは，市町村それぞれで決定し統一基準はなかったようである．次は 1927 年の熊本市の例である[12]．

　　　地価 50 円以上　　　　　　　　　　10 円に付 1 個
　　　現金有価証券 500 円以上　　　　　100 円に付 1 個
　　　その他動産家屋見積もり 1,000 円以上　200 円に付 1 個

戸数割資料の問題点

　戸数割資料にはいくつかの問題がある．

　第1の問題は，それが日本全国の市町村で一律に実施された地方税ではない，ということである．昭和初期についてみると，わが国には 109 の都市が存在したが，そのうち 36 市は戸数割を採用しておらず，不採用の都市の中には東京，名古屋，大阪，京都のような大都市が含まれている[13]．町村レベルでは，188 町村で戸数割が実施されていなかった．これは戸数割に基づく所得分布の研究に大きな制約を課すものである．

　第2の問題は，それを記載した市町村議事録の散逸・焼失であり，資料の利用可能性はより一層限られてくる．原資料が個人名別に所得や税額を掲げているために，プライバシー侵害の危惧から公表が不許可になることも，本研究の障害の1つに数えられる．

　第3の問題は，戸数割資料が不在地主をどこまで把握しているか，ということである．これは第1の問題とも関連する．1921 年に公布された「府県税戸

表 2-1 農家・非農家所得比率と農業・非農業労働生産性比率

	1930 年	1936 年
(1) 戸数割資料による農家・非農家所得比率		
大阪府岸和田市	0.40[a]	
福島県西白河郡白河町	0.39[b]	0.41[c]
(2) 全国農家・非農家所得比率	0.39[d]	0.39[e]
(3) 1 次・非 1 次産業名目労働生産性比率	0.26[d]	0.26[f]

(注)　a　1928, 31, 34 年の加重平均値.
　　　b　1927-33 年の加重平均値.
　　　c　1934-39 年の加重平均値.
　　　d　1927-33 年の単純平均値.
　　　e　1934-39 年の単純平均値.
　　　f　1934-38 年の単純平均値.
(資料)　(1)　岸和田市：小野・南(1988), 表 5(31 頁).
　　　　　　白河町：付表 3.
　　　(2)　Otsuki and Takamatsu(1982), p. VII-16.
　　　(3)　南(1992), 表 9-2(212 頁) と同じ.

数割規則」の第 13 条によれば，市町村長は，当該市町村内で生じた不在者の所得を，彼らが居住する地域の市町村に通報しなけばならない[14]．ただし居住地市町村において戸数割が実施されていないときは，この限りにあらずとしている．このただし書部分は，不在地主が居住する市町村で戸数割が実施されていないなら，彼は戸数割の賦課を免れることを意味することになろう．かくして戸数割資料は，不在地主の所得を十分に把握していない可能性がある．

　第 4 の問題点は，農家の所得から自家消費分が欠落している可能性である．確かに自家消費の推定は難しく，この可能性は否定しがたい[15]．しかし前述の静岡市の場合，標本農家で調査した「農業所得」から他の農家のそれを推定しているが，標本農家の「農業所得」が農業生産額から経費を差し引いて算出されたのなら，その農業所得は自家消費を含むことになる．はたしてこのような方法で調査されたかどうかは，今となっては知るよしもない．

この点での判断材料を提供するために，戸数割資料から計測された農家の所得水準を他の産業と比較することが考えられる．大阪府岸和田市(1928-34年)と福島県白河町(1927-39年)の戸数割資料では納税者の産業が記されており，それを整理した結果によると，農林水産業の所得は全産業の39-41%となっている(表2-1)．同じ表には，全国の農家所得と非農家所得との比率も掲げられている．これは1930，1936年を中心とする期間において，いずれも0.39となっており，これと比較すると，戸数割資料による農家の所得水準と他産業との比率はかえって大きい．またこの表には，全国の農業生産性と非農業生産性との比率も掲げられている．これは1930，1936年を中心とする期間において，いずれも0.26となっている．このような統計的事実は，戸数割資料による農家の所得水準は，他産業との比較において過小ではないらしいこと，したがって戸数割資料の所得には，自家消費が全面的に欠落しているとは言えないことを示している．

2　戸数割資料の整理と所得分布の計測

資料の整理と所得分布の計測の方法については，前章でごく簡単な説明が行われた．ここでは詳しく解説する．

1922-39年

この期間の資料では個人別に所得額と納税額が得られる．

代表的な例として横須賀市を取り上げよう．ここでは1934年から1939年に

課税標準タル所得額	所得ニ依リ資力ヲ算定シテ賦課スベキ金額	資産状況ニ依リ資力ヲ算定シテ賦課スベキ金額	計	住所番地	氏名
円	円	円	円	(省略)	(省略)
210	4.12	―	4.12		
220	4.33	―	4.33		
428	8.41	2.01	10.42		
⋮	⋮	⋮	⋮		

かけて個人別表が得られる．『昭和12年度横須賀市特別税戸数割賦課額表』の冒頭の部分を掲げる．

第1欄が控除後所得額(B)，第2欄が所得賦課額(C)，第4欄が賦課総額(D)である．第1欄の数字を所得階層別に分類し，各所得階層の人数(戸数)を集計する．戸数合計30,733戸(納税戸数N)を10の階層(最低所得階層1から最高所得階層10まで)に分類して，それぞれの階層の所得総額が全階層の所得総額に占める割合(10分位表)を求める．

				所	得	階	層			
1	2	3	4	5	6	7	8	9	10	合計
1.21	1.66	3.69	3.91	4.72	5.52	7.21	10.16	15.42	45.51	100.00%

この数字から所得分布の不平等度を表す3つの指標，ジニ係数(G)，変化係数(V)，上位10%の納税者の所得が占める割合(Q)を求める．GとVはそれぞれ0.531，1.247と計算され，Qは上の表で45.51%(階層10の割合)である．またBの平均値(1戸当たり平均所得y)は475円となる．同様の計算をその他の年次(1935–39年)についても行った．

しかしB系列は，すべての市町村のすべての年次について得られるわけではない．それが得られない場合には，次のような手法で推計した．

(1) C系列が得られ，かつその年次について税率が得られる場合(税率は通常，賦課額表の冒頭に掲げられている)，C系列を税率で除してB系列に転換する(幸い税率は所得額にかかわらず一定である)．例えば静岡県清水市の1930年では，C系列を税率1.96%で除してB系列とした．

(2) いくつかの年次についてB系列が得られるが，他の年次についてはC系列とD系列だけが掲載されている場合．その例として山口県阿武郡萩町がある．そこでは1927–39年にはBとCが得られるが，1923–26年にはDしか得られない．それらの資料によって計算されたジニ係数(G)は次の通りである．

1927年ではBはDの0.969倍(0.534÷0.551)である．そこで1923年のDにこの倍率を乗じてBの推計値0.579が得られる．同様の計算を1924–26年につ

いても行う．

	B系列による	C系列による	D系列による
1923	0.579(推計)		0.561
	⋮	⋮	⋮
1927	0.534	0.532	0.551
	⋮	⋮	⋮
1939	0.549	0.541	0.580

VとQについてもまったく同じ手法が適用される．

(3) いくつかの年次についてB系列が得られるが，C系列とD系列とがすべての年次について掲載されていない(あるいはB系列が得られない年次にC系列もD系列も得られない)場合．山口県嘉川村がその例である．そこでは1922-35, 1937, 1939年についてB系列が得られるが，その他の系列はまったく得られない．それによって計算されたGは次の通りである．

	B系列による
1935	0.463
1936	0.474(推計)
1937	0.484
1938	0.469(推計)
1939	0.453

1935-37年，1937-39年の間では，それぞれGが直線的に変化したと仮定して1936, 1938年のGを推計する．

VとQについても同様である．

(4) B系列はまったく掲載されず，C系列またはD系列だけが掲載されている場合．Cはもともとbに所得税率を乗じて算定されたものであるが，幸い税率は所得額と無関係に一定である．したがって，Cによって計算された所得分布はBのそれと理論上一致する．前掲(2)の萩町の例でもBとCとの間にはほとんど差がない．そこでBが得られない場合には，Cを用いて所得分布を計算することとした．Cが得られない年次についてはDとリンクして推計した．例えば静岡県清水市ではCは1928-33年についてしか得られず，Dは

1926,1928-39年について得られる．Gの計算結果は次の通りである．

	C系列による	D系列による
1926	0.468(推計)	0.528
1928	0.476	0.537
⋮	⋮	⋮
1933	0.510	0.570
⋮	⋮	⋮
1939	0.546(推計)	0.610

　1928年のCはDの0.886倍(0.476÷0.537)なので，1926年のDにこれを乗じて0.468を推計する．同様に1933年のCはDの0.895倍なので，1939年のDにこれを乗じて0.546を得た．同様の計算をGの1934-38年について行う．
　VとQについても同様である．
　(5)C系列またはD系列だけが掲載されているが，それがいくつかの年次について欠ける場合．前掲(2)とまったく同様の方法(直線補間)で推計する．
　(6)全年次についてB系列とC系列が得られず，D系列だけ得られる場合．D系列によってG, V, Qを計算することは一応可能である．(yは計算できない．)
　このようにして推計された各市町村の所得分布の不平等指標，1人当たり所得等は，3つのベンチマーク年(1923, 1930, 1937年)について付表2に掲げられている．ここではD系列による推計値も掲げられているが，その利用には注意を要する．

1921年以前
　萩市では1889年から1921年にかけて等級表が存在する．最後の等級表である『大正10年度後期県税戸数割賦課等級人名表』では，55の等級についての戸数と税額とが掲げられている．
　次いでそれぞれの等級についての人名のリストが続く．上の表を10分位に区分したうえで計測されたGは0.630となる．

等級	戸数	分賦額	計
特1			
⋮		円	円
	1	439.290	439.290
3			
⋮			
5			
⋮			
級1			
⋮			
4	1	172.130	172.130
⋮			
50	145	0.100	14.500
合計	3,285		8,237.400

3　推計結果の吟味

第3種所得税統計との比較

　第3種所得税納税戸数の全国戸数に占める割合は非常に低い．1906年から1930年の期間についての計算結果によれば，最高は1923年の12.7%，最低は1930年の5.3%であり，期間全体の平均値は8.4%にすぎない[16]．高額所得層のみを含む1割にも満たない人々の所得分布から，日本全体の分布の状態を推定しようとするなら，それはまさに無謀な試みというほかない．われわれが戸数割資料に着目するのはこのような理由からである．

　では，第3種所得税資料による分布と戸数割資料による分布との間には，実際どの程度の違いが存在するのであろうか．両者がともに利用可能な都市として，ここでは1939年の横須賀，熊本の2市を取り上げ，所得分布を比較してみよう．図2-1は所得階級別に戸数を対応させた分布図である．第3種所得税に関する統計は所得階級別に納税戸数を与えるが，最も低い所得階級は「1,000以下」と記されている．この年の免税点は1,000円であるから，「1,000以下」には課税される所得額がちょうど1,000円の戸数が記入されていると考

えてよい．

　第3種所得税資料による分布は斜線をつけてある．2つの税務統計がともに利用可能な所得階層を見ると，所得金額が2,000円以下の範囲では第3種所得税統計による戸数が戸数割資料のそれを若干上回っている．この点について十分な説明を与えることは困難だが，ここでは次の2点を指摘しておきたい．第1の理由はこうである．国税は税務署を通じて徴収されるが，戸数割の賦課は市町村によって行われる．かりに税務署と市町村では所得の調査力に差があり，後者のほうがこの面で劣ると想定してみよう[17]．その場合，把握される戸数に差異がないとするなら，戸数割の分布は国税の分布が左方にシフトした形となり，与えられた所得水準での納税戸数は戸数割資料のほうが小さくなるはずである．

　第2の理由は，勤労所得に対する控除が第3種所得税の場合より戸数割の場合のほうで大きいという，先に指摘した事実である．このために，第3種所得税資料において高い所得階層に入る人々が，戸数割資料ではより低い所得階層に位置づけられることになる．この場合にも，第3種所得税資料による分布の左方シフトが生ずる．

個人別表

　図2-1を見ると，第3種所得税資料が上層の小部分しかカバーしていないことがわかる．第3種所得税の免税点以下のところに，実は分布の主要部分が存在するのであり，国税資料はまさに氷山の一角を捉えているにすぎない．所得分布の最頻値が著しく左端に位置していることも，戸数割資料から明らかである．

　図2-2はパレート曲線を第3種所得税資料と戸数割資料とで比較した結果である．xを所得，N_xをx以上の所得を持つ納税戸数とすれば，パレート法則は

$$N_x = A x^{-\alpha}$$

で表される．図2-2に示された右下がりの分布は上式を対数変換したもの，つまり

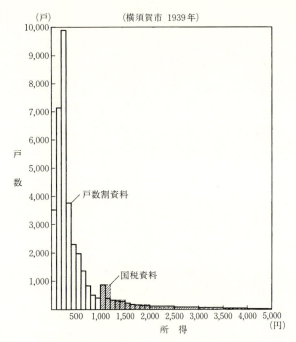

図 2-1 所得階層別納税戸数——国税(第3種所得税)資料と戸数割資料との比較：横須賀市・熊本市
(注) 戸数割資料は控除後所得(B). 所得5,000円を超える階層は省略した.

$$\ln N_x = \ln A - \alpha \ln x$$

に対応する．パレート係数 α が小さいほど所得分布は不平等と判定される．第3種所得税資料によってプロットした点はほぼ直線上に並んでいるが，戸数割資料の場合低所得階層で分布は大きく左へ屈折し，パレート法則に従っていないことがわかる[18]．しかしほぼ直線上に位置している標本を高額所得者から選んでみても，その傾斜の絶対値は第3種所得税資料のそれより小さい．もし図に記入したすべての標本を用いるなら，戸数割資料による α の推定値はますます第3種所得税資料によるものより小さくなるだろう．つまり第3種所得税資料による場合には，所得不平等度が過小に推定される事実が確認される．

1922-39年の個人別表では4つの系列(A, B, C, D)が得られるが，それらに

第2章　戸数割資料の解説・利用・吟味────27

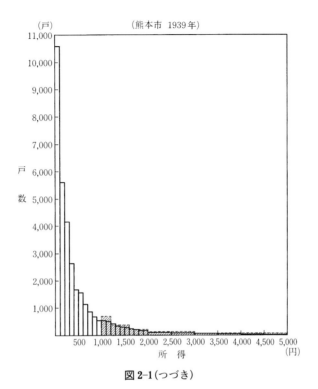

図2-1(つづき)

よって計測された不平等度を互いに比較してみよう．愛媛県八幡浜市と宇和島市周辺の2村のジニ係数を見ると，次のことがわかる(図2-3)．

第1に，AとBとの間には強い相関関係がある．しかしAによるジニ係数よりも，Bによるジニ係数のほうが大きい．このことは，控除後所得を主として用いる本書の分析では，不平等度が実際より大きく出る危険があることを示している(第6章第2節では，この点を補正して最終的な推計結果が導き出されている)．

第2に，BとCとはかなり接近している．控除率は所得額に関係なく一定であるから，Bに関する不平等度と所得賦課額Cに関する不平等度とが一致するのは当然である．にもかかわらず両者の間に若干の差が生じるのは，ふた

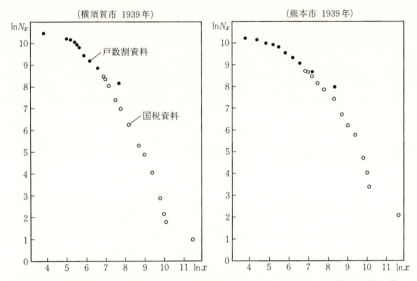

図 2-2 国税(第3種所得税)資料と戸数割資料とによるパレート曲線の比較：横須賀市・熊本市
 (注) 戸数割資料の場合は10分位データによる．

たび，BのデータとCのデータを整理する時の階層区分の差異に原因するものと思われる．

第3に，D系列によるジニ係数を他の系列によるものと比較してみよう．まずジニ係数の水準については，八幡浜市の全年次ではDが他の系列を大きく上回っている．北宇和郡九島村・来村では他の系列とほとんど差がないが，ここに掲げていない他の市町村の計測結果では，概してD系列によるジニ係数が大きい．これは資産の分布が所得の分布より不平等であることを示す．またD系列と他の系列との差が地域によって異なっているのは，戸数割賦課総額に占める資産への賦課額の割合に関して，各市町村にある程度の自由度が与えられていた事実にも起因する．もし所得の分布より資産の分布のほうがより一層不平等であるとするなら，資産への賦課額のウェイトが高い地域で，D系列とA, B, C系列との乖離幅は大きく現れる．

次いでジニ係数の変化についてD系列と他の系列とを比較すれば，D系列

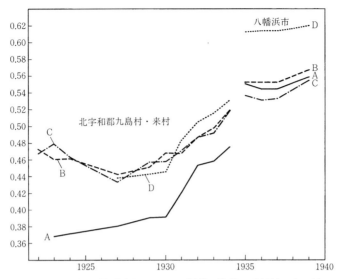

図 2-3　各種の所得指標によるジニ係数の比較：愛媛県1市2村

と A, B, C 系列との間に明確な相関が認められる．

　これらの事実は，前節における所得分布不平等度の推計の手続きの正しさを証明するものと言える．すなわち第1の事実は，A系列に代えてB系列を推計の基本にすることの正当性を，第2の事実は，B系列が得られないときにはC系列を代用するということの正当性を，それぞれ示している．さらに第3の事実は，AもBもCも得られないときD系列で不平等度を計測し，所得分布の変化を推察することが不可能ではないことを示している．

等 級 表

　1921年以前の等級表によって計測された所得分布の不平等度を，1922年以降のより正確な資料によるものと比較してみよう．

　表2-2には山口県の2町9村について，1920年頃の等級表によるジニ係数(G)と納税戸数(N)，1922-23年の個人別表による計数とが掲げられている．ところで等級表の賦課基準は明らかではないが，おそらく所得のみならず資産をも対象としていたであろう．そうだとすると等級表の税額は個人別表のD

表 2-2　等級表と個人別表によるジニ係数と納税戸数の比較：山口県2町9村

地域	等級表[c]			個人別表		
	年次	ジニ係数 G	納税戸数 N	年次	ジニ係数 G	納税戸数 N
吉敷郡宮野村	1921	0.550	750	1922[a]	0.482	746
〃　嘉川村	1921	0.606	1,174	1922[a]	0.521	1,184
〃　吉敷村	1921	0.548	520	1922[a]	0.511	514
阿武郡萩町	1921	0.630	3,287	1922[a]	0.555	3,308
玖珂郡麻里布村	1920	0.391	1,430	1923[a]	0.432	1,467
〃　川下村	1921	0.506	967	1922[c]	0.461	913
〃　愛宕村	1920	0.547	367	1923[a]	0.551	367
〃　岩国町	1919	0.664	2,390	1922[c]	0.618	1,802
〃　師木野村	1921	0.523	368	1922[c]	0.556	342
〃　灘村	1921	0.589	865	1922[a]	0.580	861
〃　通津村	1921	0.648	625	1922[b]	0.546	596

（注）a　B系列.　　b　C系列.　　c　D系列.

系列に相当することになる．したがって等級表と個人別表との比較は，D系列の得られる萩町，麻里布町，川下村，岩国町について可能である．いずれの町村においても，等級表のGの方が個人別表のそれより大きい．とくに萩町では，前者は0.630，後者は0.555と大きな差がみられる．上記4地域以外の村では，B系列とC系列による推計値が掲げられている．ここでも等級表のGのほうが大きい．

　この事実は，等級表の計数は，所得分布の不平等度を過大に計測する傾向のあることを示しているように思われる．その理由は明らかではないが，等級表では階層の区分が十分に細かくないので，それを10分位に区分する際にバイアスが生ずることなどが考えられる．なおこの表によると，納税戸数は等級表と個人別表とでほとんど違わないから，サンプルの違いによって生じたものでないことは確かである．

　しかし等級表が所得不平等度を過大に評価する傾向があるとしても，そのことは，そこから計測された不平等度が所得分布の長期的な変化を探るという目的にはなお有用であることを，必ずしも否定するものではない．

1) 「府県税戸数割規則」によれば，構戸者である戸主と同居する「独立の生計を営むもの」に関しては，構戸者のほうにまとめて課税されることになっている．すなわち戸単位による課税である．
2) 汐見・その他(1933)，98頁．
3) 負担能力の有無に関する判定は市町村によって多少異なっている可能性がある．熊本市の場合には学生や，寄宿舎とか工場に合宿する職工人夫なども，戸数割の賦課を免れていた(汐見・その他(1933)，202頁)．
4) 汐見・その他(1933)，194頁以下．
5) 田中(1922)，243頁．ただしこれは，戸数割が府県税として徴収されていた時代のことである．
6) 汐見・その他(1933)，196頁．
7) 伊藤(1974)，25頁．
8) 南・小野・高松(1981)，12頁．
9) 南・小野・高松(1981)，13頁．
10) 汐見・その他(1933)，99，196頁．
11) 汐見・その他(1934)，305頁．
12) 南・小野・高松(1981)，13頁．
13) 汐見・その他(1933)，198頁．
   戸数割税が大都市で採用されなかったのは，人間関係が希薄なところでは，住民の暮らし振りから所得を知ることが難しいためである．(そこでは戸数割税の代わりに家屋税等の独立税，および各種の国税付加税が採用された．)この税はそもそも農村共同体に適した税制度であった．
   なお東京市では1930(昭和5)年に市民の所得調査を実施した(東京市役所(1933))．しかしここでは個人別のデータが得られないので，分析には利用できない．
14) 田中(1922)，242頁．
15) 例えば寺崎(1986)，28頁．
16) 汐見・その他(1933)，190-191頁．
17) 汐見・その他(1933)，198頁でも，これと同様なことが述べられている．なお1922年，所得調査に関し税務署と市町村間に情報交換の協定が出来た(南・小野・高松(1981)，12頁)．
18) この点はすでに早川によって指摘されている(早川(1944)，264頁；Hayakawa(1951), p.178)．

第 3 章 所得分布の概観：地域別特徴

　本章では戦前期における所得分布の実態を解明する手掛かりとして，1920年代と30年代において不平等度が地域別にどのように異なり，同時期における不平等度の変化が地域別にどのように違っていたか，を検討する．これまで収集されたすべての材料を駆使した全国ベースの分析に先立って，神奈川・静岡2県を対象としたケーススタディーを行う．資料の存在するすべての市町村について全年次の所得分布の計測を行うことは不可能に近いので，全国ベースの分析は3つのベンチマーク年(1923, 1930, 1937年)について行う．その代わり上記2県については全年次の所得分布を計測し，時間的変化について木目の細かい分析を心掛ける．分析対象としてこれら2県を選択した主たる理由は，戸数割資料が最もよく揃っていることにある．

　第1節は上記2県のケーススタディー，第2節は全国ベースの分析である．これらの分析の結果，所得分布の水準と変化には農村と都市で明らかに相違があること，全国の所得分布の変化には都市のそれが大きな影響を与えていること，さらに都市・農村間の所得格差の変化も影響していることが判明する．第3節では山口県岩国市の戸数割資料を整理し，都市部と農村部で所得階層別世帯数(所得分布)がどのように変化したか，農村部から都市部への世帯の流入が岩国市全体の所得分布にどのような影響を与えたか，を分析する．第4節は要約と結論である．

1　神奈川県・静岡県

両県の経済

　神奈川県は全国でももっとも産業化の進んだ地域であった．1920年代においてもそうであったが，30年代における産業化にはめざましいものがあった．

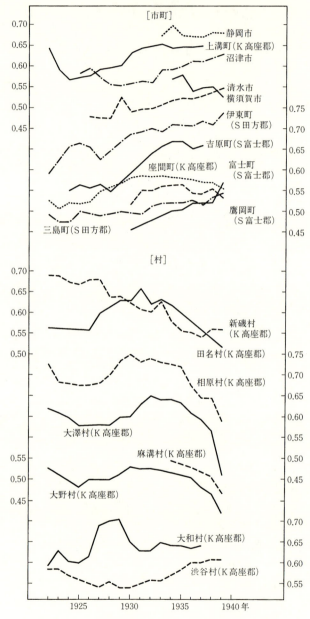

図3-1 ジニ係数の市町村別推移：神奈川県・静岡県

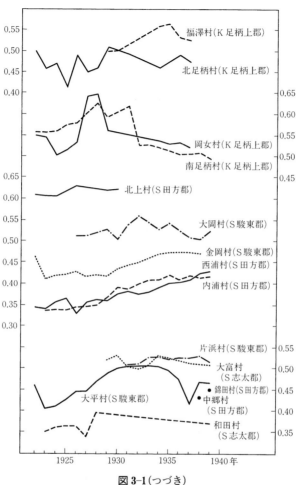

図 3-1(つづき)

(注) 1) K は神奈川県,S は静岡県を表す.
2) 対象期間中に村が町になったものは町としてある.
3) 原則として控除後所得(B),または所得賦課額(C)を税率で除して所得額 B に変換したものを用いて計算した.ただしそれらのデータの得られない年次は C,または総賦課額(D)によって算出された G とリンクして推計した.
清水市(1928-29, 1931-33 年): C 系列.
清水市(1926, 1934-39 年): D 系列.
沼津市(1926-29, 1931-36, 1939 年): C 系列.
三島市(1922, 1928-37 年): D 系列.
富士町(1939 年): D 系列.

吉原町(1932-34, 1936-37 年): D 系列.
鷹岡町(1936, 1938-39 年): C 系列.
鷹岡町(1931-35 年): D 系列.
金岡村(1922-23 年): C 系列.
金岡村(1924, 1926-32, 1934, 1936-38 年): D 系列
大岡村(1935-36, 1938-39 年): C 系列.
大岡村(1926-27, 1929-34 年): D 系列.
大平村(1938-39 年): C 系列.
大平村(1923-34 年): D 系列.
大野村(1938-39 年): C 系列.
内浦村(1927-29, 1931-35, 1938-39 年): C 系列.
内浦村(1936 年): D 系列
西浦村(1922, 1924-29, 1931-36, 1938 年): C 系列.
西浦村(1939 年): D 系列.
北上村(1922, 1924-26 年): C 系列.
北上村(1929-30 年): D 系列.
大富村(1929, 1939 年): C 系列.
大富村(1931-34 年): D 系列.

4) 伊東町は B または税率が得られないので, C によって算出された G をそのまま使用した. ただし 1928, 1933-39 年は C が得られないので, D によって計算された G とリンクして推計した.
5) 静岡市, 片濱村, 和田村は B, C のデータがともに得られないので, D によって算出された G をそのまま使用した.
6) ここには掲げていない V, Q, y の推計方法も同様である. ただし B が得られない個所, 及び C と税率が得られない個所については, y を推計することはできない.
7) データが得られない年次は直線によって補間されている.

とくに神奈川県横浜市・川崎市においては, 軍需景気を背景とした重化学工業化の波に乗って京浜工業地帯が急速に成長し, わが国第 1 の工業地帯となった. 代表的な工場としては三菱重工業横浜船渠, 浅野造船所, 日本鋼管, 芝浦製作所, 自動車工業(いすゞ自動車の前身), 日産自動車, 浅野セメント, 旭硝子, 日本製粉, 森永製菓などがある[1]. 京浜工業地帯の発展は, 神奈川県の経済・社会に多大の影響を与えた. 就業者の産業構成を見ると, 1920 年において非 1 次産業がすでに 80% を上回り, その後もこの割合は変わりないが, 非 1 次産業の内部では 2 次産業の拡大と 3 次産業の相対的衰退とが明らかである(表 3-1).

これに対して静岡県はむしろ農業県であり, 1920 年には非 1 次産業のシェアーは 40% 程度にすぎない. このシェアーはその後上昇するものの, 常に全国平均を下回っている.

このように 2 県の経済構造はかなり異なっているが, それを承知のうえで同

第3章 所得分布の概観：地域別特徴 ── 37

表3-1 就業者の産業別構成：全国と神奈川県・静岡県
(単位：％)

地域	年次	1次産業	2次産業	3次産業	全産業
全国	1920	53.8	20.5	25.7	100.0
	1930	49.7	20.3	30.0	100.0
	1940	44.3	26.0	29.7	100.0
神奈川県	1920	19.2	16.4	64.4	100.0
	1930	18.8	25.0	56.2	100.0
	1940	19.5	44.6	35.9	100.0
静岡県	1920	59.2	18.3	22.5	100.0
	1930	53.8	20.0	26.2	100.0
	1940	47.9	26.3	25.8	100.0

(資料)『国勢調査』各府県・各年版．

表3-2 9市町と17村の所得不平等度：神奈川県・静岡県(1937年)

地域	所得不平等度の指標[a]		平均所得[a]	納税戸数[b]	普通世帯数[b]
	G	V	y(円)	N	N′
9 市町[c]	0.557	1.325	474	63,804	75,070
17 村[d]	0.526	1.198	252	11,448	12,915

(注) a 各地域の加重平均値．
b 各地域の合計値．
c 横須賀市，上溝町，座間町，清水市，沼津市，三島町(1939)，富士町(1938)，吉原町(1935)，鷹岡町．
d 新磯村，麻溝村(1938)，田名村(1939)，大澤村，相原村，大野村，大和村，渋谷村，北足柄村，南足柄村，福澤村，岡本村，金岡村(1935)，大平村，内浦村，中郷村(1939)，大富村．

時に分析の対象とする．それは両県が地理的に隣接していることのほかに，両県をひっくるめた地域の経済構造が全国に近いものとなり(農業地域と工業地域のバランスがとれる)，ここから得られる事実発見が一般性を持つと考えられるからである．

地域別所得分布

両県では戸数割資料が収集された市町村数は4市，8町，26村に及んでいる[2)]．これらの資料から計測された各年次のジニ係数(G)の動きを見ると(図3-1)，市町と村との間には，Gの水準と変化に差があることが分かる．市町の

表3-3　3町と11村の所得不平等度と全県の推計：神奈川県・静岡県

地域		年次	所得不平等度の指標		平均所得 y(円)	納税戸数 N	普通世帯数 N'	産業化率 I(%)
			G	V				
(A)	3町,11村の計測値[a]							
	3町	1923	0.565	1.524	423	2,299	2,398	43.2
		1930	0.580	1.682	386	2,453	2,588	48.4
		1937	0.656	1.981	282	2,596	3,576	50.8
	11村	1923	0.568	1.323	287	6,722	6,916	24.8
		1930	0.586	1.422	238	7,183	7,589	32.6
		1937	0.553	1.291	244	7,689	9,121	35.9
(B)	全県の推計値[b]							
	(1)	1923	0.566	1.494	348	—	543,016	64.2
		1930	0.582	1.687	327	—	646,146	62.1
		1937	0.630	1.853	271	—	785,103	66.4
	(2)	1923	0.566	1.496	349	—	543,016	64.2
		1930	0.582	1.688	328	—	646,146	62.1
		1937	0.630	1.853	271	—	785,103	66.4

(注)　a　3町と11村の加重平均値．N, N'は合計値．
　　　3町：上溝町，座間町，吉原町．
　　　11村：新磯村，田名村，大澤村，相原村，大野村，大和村，渋谷村，北足柄村，南足柄村，岡本村，内浦村．
　　b　3町, 11村のG, V, yを両県のN'で加重平均して求めた．くわしくは本文参照．
　　(1)は市町村の境域として各年次のものを用いた場合，(2)は1940年の境域を固定した場合である．

Gは上昇傾向を示しており，その結果観察期間の末には市町と村との間には明らかな格差が発生している．

その点を確認するために，1937年時点における9市町と17村のGと変動係数(V)の加重平均値を見よう[3](表3-2)．これによると明らかに分布は市町において不平等である．そしてそれ以前の動きについては，(長期系列の得られる)3町と11村の加重平均値を見るのが適当である(表3-3のパネルA, 図3-2)．これによると，1923年時点では不平等度は市町と村の間で違いはなかったが，不平等度はその後とくに30年代に拡大し，1937年時点での大きな格差を生み出したことがわかる．

両県の所得分布

両県全体の所得分布をベンチマーク年について推計することが次の課題であ

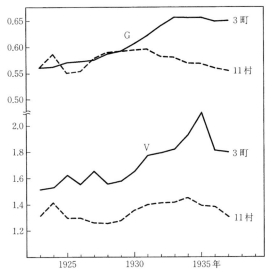

図 3-2 3町と11村のジニ係数と変動係数の推移:神奈川県・静岡県
(資料) 表3-3のパネルA

る．推計はすでに計測された3町，11村の不平等度(表3-3のパネルA)をそのまま両県の全市町，全村に適用するという方法で行われる．(全市町はいわば「都市部」を代表し，全村は「農村部」を表すと考えてもよい．) ただし市町村は，(1)それぞれの年次(1920年，1930年，1940年)の境域による場合と，(2)1940年の境域に固定した場合の2通りについて定義する．

まず全市町，全村の普通世帯数(N')をこれら2通りの定義にしたがって計算する(表3-3のパネルB)．次に3町，11村の1人当たり所得(y)，ジニ係数(G)，変動係数(V)をそのまま全市町，全村に当てはめて全市町，全村のy, G, Vを計測するのである．同じ表に掲げられたその結果によると，2つの推計(1) (2)の間では全く差がない．すなわち両県のGは0.56から0.63程度，Vは1.5から1.9程度であったこと，GもVも，1923-30年と1930-37年の両期間ともに上昇したこと，とくに後者の期間における上昇が大きかったことが知られる．そしてこの変化は産業化のパターンと符合している．産業化が停滞した

20年代には所得分布は多少不平等化したが，産業化が急速に進行した30年代には所得分布は急速に不平等化したのである[4]．

2 全 国

市町と村の所得分布

これまでに収集・整理された戸数割資料によって，16市，45町，149村 (1939年の時点での行政区分による)の所得分布が計測された．3つのベンチマーク年について計測された不平等度の指標は付表に掲げられている．ここでの分析はGによって行うが，VおよびQを用いても結論には変わりない．

各市町村のGにはどの年次でも大きな格差が認められる．データの得られる全市町村を「市町」と「村」とに分類し，それぞれのGを計測してみる(ただし1923-39年に市に昇格した町は市とし，同じく町に昇格した村は町としてある)．表3-4のパネルA, Bはそれぞれ全市町，全村の推計結果である．そしてそこでは，いずれも4種類の計測結果が掲げられている．(1)(2)は各市町村のGの単純平均値である．このメリットは，計算にウエイトとして所得額を必要としないため，所得賦課額(C系列)，賦課総額(D系列)によって所得分布を計測した地域も含めることができる点にある(C, D系列では1戸当たり所得(y)を知ることができない)．(3)(4)は，すべての標本をプールして計測した場合である．この計測は所得額(B系列)を用いた場合に限られるが，所得賦課額(C系列)を税率で除してB系列に変換した場合も含まれる．また(1)(3)は各年次においてデータの得られる市町村をすべて用いた場合であり，(2)(4)は3年次すべてにデータのある市町村に限って行った場合である．市町村数は減るが時系列変化を見るには適している．当然標本数は，(1)(3)(2)(4)の順で大きい．

まず市町と村のGの大きさを比較しよう．1923, 1930, 1937年のいずれにおいても，市町のそれは村のそれを上回っており，所得分布がより不平等であることが明らかである．このことは(1)(2)(3)(4)のいずれにおいても確認される．

表 3-4 市町村の所得分布

地域		年次	所得不平等度の指標 G	V	Q(%)	平均所得 y(円)	納税戸数 N	産業化率 I(%)	市町村数	Gの変化 (1923-37年)
(A) 市町	(1)単純平均値	1923	0.562	1.346	48.51	—	87,335	66.6	36	
		1930	0.579	1.375	49.32	—	168,075	72.1	43	0.038
		1937	0.600	1.427	50.85	—	246,699	73.8	42	
	(2)単純平均値	1923	0.551	1.313	47.51	—	63,725	66.3	26	
		1930	0.570	1.344	48.31	—	77,547	68.8	26	0.060
		1937	0.611	1.490	52.92	—	89,395	72.9	26	
	(3)プール計算	1923	0.603	1.442	51.54	510	64,992	71.4	31	
		1930	0.624	1.520	53.98	494	145,270	78.3	36	0.031
		1937	0.634	1.525	53.90	447	194,592	82.7	39	
	(4)プール計算	1923	0.574	1.357	48.97	472	38,260	67.4	20	
		1930	0.586	1.362	48.80	385	44,660	69.3	20	0.044
		1937	0.618	1.480	52.60	348	55,296	72.0	20	
(B) 村	(1)単純平均値	1923	0.534	1.152	41.20	—	53,633	29.7	86	
		1930	0.544	1.185	42.17	—	67,342	30.1	106	0.001
		1937	0.535	1.148	40.86	—	66,758	29.6	97	
	(2)単純平均値	1923	0.540	1.173	41.90	—	41,161	26.5	66	
		1930	0.552	1.212	42.98	—	42,745	26.5	66	0.003
		1937	0.543	1.171	41.55	—	44,649	27.4	66	
	(3)プール計算	1923	0.560	1.193	42.51	349	49,911	34.3	80	
		1930	0.584	1.268	44.89	282	60,195	32.7	95	0.027
		1937	0.587	1.296	45.98	281	60,850	34.8	89	
	(4)プール計算	1923	0.571	1.236	44.02	328	37,241	31.6	60	
		1930	0.584	1.320	46.57	263	38,675	30.2	60	0.021
		1937	0.592	1.300	45.93	255	40,406	31.0	60	
(C) 市町村	(1)単純平均値	1923	0.542	1.209	43.35	—	140,968	40.6	122	
		1930	0.554	1.240	44.24	—	235,417	42.2	149	0.013
		1937	0.555	1.232	43.88	—	313,457	43.0	139	
	(2)単純平均値	1923	0.543	1.213	43.49	—	104,886	37.8	92	
		1930	0.557	1.249	44.49	—	120,292	38.5	92	0.019
		1937	0.562	1.261	44.76	—	134,044	40.3	92	
	(3)プール計算	1923	0.590	1.360	48.69	440	114,903	53.1	111	
		1930	0.621	1.487	52.81	432	205,465	60.6	131	0.038
		1937	0.628	1.498	53.04	408	255,442	68.2	128	
	(4)プール計算	1923	0.575	1.312	47.17	401	75,501	47.7	80	
		1930	0.595	1.355	48.26	328	83,335	49.5	80	0.035
		1937	0.610	1.420	50.41	309	95,702	51.2	80	

(注) 1) (1)(3)は各年次にデータの得られるすべての市町村について計算したものであり，(2)(4)は全年次に共通してデータの得られる市町村について計算したもの．
2) Iの 1923, 1937 年はそれぞれ 1920, 1940 年の計数．(1)(2)は単純平均値，(3)(4)は加重平均値．ただし 1937 年は，同年の各市町村の I を 1930 年の各市町村の就業者数で加重平均した．

(資料) 付表 2.

表 3-5 市町村のジニ係数の変化：
1923-37 年

ジニ係数の変化	市町数	村数	合計
0.0 未満	4	31	35
0.0 以上 0.1 未満	15	28	43
0.1 以上	7	7	14
合計	26	66	92

(資料) 付表 2.

次に市町と村の G の時間的変化を比較しよう．この分析のためには，同一の市町村についての計測値(2)(4)を見るのが適当であろう．それによると，村の G は 1923-37 年の期間に大きな変化は示さなかったが，市町はかなりはっきりとした上昇傾向を示した．例えば(4)によると，村の G の上昇幅は 0.021，市町のそれは 0.044 である．このような市町と村の不平等度の違いは，両地域における産業化の進展度の違いと関連していることは第 4 章第 1 節で論ずる．

この事実を別の方法で確認しよう．いま 1923 年と 1937 年の両年にわたってジニ係数が推計されている 92 市町村を，その間のジニ係数の上昇幅で分類してみる(表 3-5)．それによると 66 の村のうち，ジニ係数の上昇幅が 0.0 未満（ジニ係数が低下した）村は約半数の 31 に達するのに対し，26 の市町では 4 つにすぎない．市町では 0.0 以上 0.1 未満が 15 にも達しており，0.1 以上でも 7 つを数える．

市町村の動向

これまで市町と村のそれぞれの所得分布の変化を見てきたが，それらを総合した市町村ではどうであろうか．戸数割統計が 3 年次に共通して得られる 80 市町村をプールして計算されたジニ係数は，1923-37 年に 0.035 の上昇を見せている（表 3-4 パネル C の(4)）．これによって市町村のジニ係数の上昇は，主に市町の動向に依存したことがわかる．しかし市町村の動向には，市町と村との所得格差の変化も影響するはずである．

この点を厳密に検討するためには，市町村の所得分布の要因分解が必要である．表 3-6 の(1)は市町村全体の対数分散，(2)は市町と村の間の対数分散，そして

第3章 所得分布の概観:地域別特徴――― 43

表 3-6 市町村の所得分布の要因分解

年次	対　数　分　散				
	市町村の 全分散 (1)	市町と村の 間の分散 (2)=(1)−(3)	市町と村の内部の分散		
			合計 (3)	市町 (4)	村 (5)
1923	1.44895	0.01525	1.43370	1.60789	1.29803
1930	1.51279	0.01948	1.49331	1.70456	1.31685
1937	1.56987	0.04503	1.52484	1.54719	1.50433

(注)　1)　資料が3年次に共通して得られる20市町, 60村について
 の計測.
　　　2)　(3)は(4)と(5)の加重平均値.

(3)は市町と村のそれぞれの対数分散の加重平均値である．(2)は市町と村の所得格差から発生する所得分布の不平等度, (3)は市町と村の内部の所得分布の不平等度の合計を表す．これによると, 市町村全体としての不平等度は市町と村の内部の不平等度によるところが大きい．これは市町においても村においても, 地域によって大きな差があり, 市町で都市部を村で農村部を代表させるとするわれわれの前提の限界を示すものであろう．おそらくはかなり同質的な地域を選べば「地域」の影響は薄れ, 市町と村との差は明確になるものと思われる．これは今後の検討課題としたい．

次には時間的変化を観察しよう．(1)の市町村の分散は1923年から1937年まで増加しているが, この増加は(2)の市町・村間の分散の増加と, (3)の市町村内部の分散の増加の双方によるものである．全体の所得分布の悪化傾向には, 都市と村のそれぞれにおける所得分布の悪化ばかりでなく, 都市と村の間の所得格差の変化も影響していたことが知られる．

所得格差の要因

次に都市・農村間所得格差についてさらに詳しく分析しよう．しかしわれわれの推計では, 都市・農村間所得格差は3年次についてしか得られず, 時系列的変化を見るには不十分である．そこでここでは農家・非農家の所得格差に注目しよう．もちろん都市世帯のすべてが非農家ではないし, 農村世帯のすべてが農家ではないが, 都市・農村間所得格差の代理変数として, あるいはその重

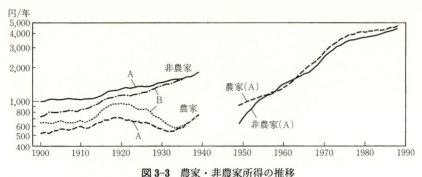

図 3-3　農家・非農家所得の推移
(注)　A：全国消費者物価指数(1934-36 年＝1)でデフレート．
　　　B：農村，都市消費者物価指数(1934-36 年＝1)でそれぞれデフレート．
　　　7 カ年移動平均値．
(資料)　戦前の農家・非農家所得：Otsuki and Takamatsu(1982), p. VII-15.
　　　　戦後の農家・非農家所得：総務庁統計局(1987), 486, 490, 548, 550 頁．
　　　　消費者物価指数：南(1992), 図 9-4(225 頁)参照．

要な決定要因として，農家・非農家の所得格差を分析することは許されるであろう．

　図 3-3 は農家と非農家の 1 人当たり所得の変化を描いたものである．消費者物価で実質化した所得は，農家と非農家の間で違った変化を示している．農家所得は 1910 年代に上昇したものの，1920 年代と 30 年代初頭に掛けて減少するため，戦前全体としては大きな変化はない．他方非農家所得は 1910 年代以降明瞭な上昇傾向を示している．(この差は農家所得と非農家所得に別々のデフレーターを適用した場合でも同様である．) この結果農家所得の非農家所得に対する比率は，世紀の変わり目から 1910 年代半ばまでほぼ一定で，その後明らかに低下している(図 3-4)．(この低下は別々のデフレーターを適用した場合においてより明瞭である．)

　次に農業・非農業間の生産性格差の変化を見ると，それは戦前においてはっきりとした低下傾向があることがわかる(図 3-5)．これが農家・非農家所得格差の拡大の基本的要因であったのである．生産性格差の拡大は産業化(非農業の相対的成長)の結果であるから，産業間所得格差の拡大は産業化の必然的な帰結だったと言えよう．

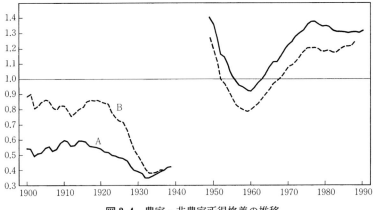

図 3-4　農家・非農家所得格差の推移

(注)　A：農家所得/非農家所得.
　　　B：農村消費者物価指数でデフレートした農家所得/都市消費者物価指数でデフレートした非農家所得.
　　　7カ年移動平均値.
(資料)　図 3-3.

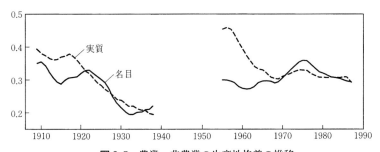

図 3-5　農業・非農業の生産性格差の推移

(注)　各産業の GDP（戦前は 1934-36 年価格，戦後は 1985 年価格）/労働者数.
　　　7カ年移動平均値.
(資料)　南(1992)，表 9-2(212 頁)参照.

したがって次のように言うことができる．都市では工業化の結果として生産性が急速に上昇し，それを背景として工業労働者の所得が上昇し，都市住民の生活が改善された．しかし成長に取り残された農業の生産性は停滞し，それが農村住民の生活の改善を遅延させた．こうして都市と農村との所得格差は拡大

し，それが日本全体としての所得分布の悪化を招いたのである．

1921年以前の動向

以上の分析は1922-39年を対象とするものであった．1921年以前にも戸数割税は存在したが，賦課税表が残っている町村は極めて限られているし，残っている税表も22年以降の税表よりはるかに簡略化されたものである（第2章第1節）．第1に，統計は賦課総額のみで所得額と所得賦課額は得られない．第2に，それは個人別統計ではなく税等級別戸数にすぎない．

これまで収集された等級表は117市町村に及ぶが，そのうち比較的長期に連続した系列が得られる39市町村を選び，それについて所得不平等度指標を計測してみた．そして10年毎の3つの期間の平均値を計算したのが表3-7である．ここでは以下の2点を指摘したい．第1は，これらの指標が1890年代から1910年代まで上昇しており，本章で見出した1920年代以降の所得分布の悪化が，実はもっと以前から続いていたらしいことである[5]．第2は，所得分布は19世紀末においてもかなり不平等であったことである．例えばジニ係数は0.48という高い水準にあった．

このような所得分布の状況については，おそらく20年代以降と同様の要因が作用していたのではないだろうか．第1に農村の社会・経済システムは20年代とまったく変わっておらず，第2に農家・非農家間にはすでに50％程度の大きな所得格差が存在していたこと（図3-4）等が，19世紀末から20世紀初頭にかけての不平等な所得分布の背景にあった，と思われる．また20世紀初頭から非農業部門の分配率が低下しており（図4-2），これが都市部したがって全国の所得分布をいっそう悪化させた一要因だったのではないか，と想像される．

3 世帯異動と所得分布：岩国市の分析

岩国市の経済

岩国市は1940（昭和15）年4月，玖珂郡の2町（岩国・麻里府）と3村（川下・愛宕・灘）が合併して生まれたものであり，これは全国でも有数の工業地

表3-7 19世紀末からの所得分布の変化：39市町村

地　域[a]	所　得　不　平　等　度　の　指　標[b]									納税戸数[b]
	G			V			Q(%)			N
	1891〜1900	1901〜1910	1911〜1921	1891〜1900	1901〜1910	1911〜1921	1891〜1900	1901〜1910	1911〜1921	1911〜1921
岩手県　　　盛岡市	0.657	0.755	0.759	1.850	2.209	2.204	65.00	75.82	75.67	7,096
宮城県伊具郡　北郷村	0.385	0.458	0.526	0.709	0.852	1.061	24.42	28.97	36.93	477
山形県　　　酒田市	0.759	0.776	0.778	2.179	2.255	2.367	74.83	77.19	80.74	4,023
〃　西置賜郡長井村	0.524	0.650	0.590	1.103	1.402	1.424	39.28	49.75	50.96	728
〃　　　　　豊田村	0.410	0.682	0.730	1.030	1.711	1.965	38.63	59.83	67.91	539
福島県石城郡　窪田村	0.252	0.383	0.494	0.533	0.800	1.098	24.41	31.58	40.79	800
〃　〃　　　　川部村	0.125	0.258	0.408	0.227	0.491	0.795	14.26	21.68	30.01	391
〃　〃　　　　平町	0.450	0.561	0.692	0.946	1.263	1.713	35.57	45.58	59.74	3,231
〃　〃　　　　鹿島村	0.138	0.316	0.445	0.252	0.585	0.855	15.90	22.73	30.55	214
〃　〃　　　　四倉町	0.179	0.311	0.570	0.334	0.602	1.224	16.67	24.75	45.20	615
〃　西白河郡白河町	0.514	0.532	0.703	1.196	1.290	1.862	44.36	47.39	64.78	2,522
長野県小縣郡　上田町	0.649	0.702	0.678	1.734	1.863	1.831	60.95	60.64	64.06	5,074
〃　北佐久郡小諸町	0.685	0.725	0.743	1.876	2.044	2.146	65.59	70.76	73.98	1,719
静岡県駿東郡　金岡村	0.389	0.334	0.428	0.789	0.682	0.902	30.38	27.78	34.57	666
〃　田方郡　西浦村	0.233	0.304	0.328	0.420	0.631	0.633	19.21	26.86	25.55	434
〃　富士郡　吉原町	0.531	0.571	0.668	1.233	1.335	1.679	44.64	48.02	58.83	638
愛知県愛知郡　呼續町	0.449	0.355	0.383	0.976	0.721	0.768	37.02	29.00	30.12	2,071
岡山県上房郡　高梁町	0.630	0.664	0.715	1.435	1.612	1.794	50.49	56.38	62.03	1,427
〃　〃　　　　松山村	0.455	0.496	0.625	1.016	1.106	1.454	38.52	40.90	51.36	632
〃　〃　　　　津川村	0.663	0.683	0.652	1.683	1.764	1.646	59.03	61.67	58.03	586
〃　川上郡　宇治村	0.465	0.522	0.616	0.951	1.102	1.207	35.21	39.71	42.93	414
〃　〃　　　　高倉村	0.523	0.537	0.587	1.161	1.178	1.261	42.02	42.56	43.74	431
〃　〃　　　　落合村	0.542	0.556	0.497	1.161	1.214	1.043	41.36	43.01	37.88	694
山口県吉敷郡　嘉川村	0.593	0.578	0.613	1.366	1.305	1.411	48.87	46.66	50.00	1,189
〃　阿武郡　萩町	0.587	0.588	0.612	1.202	1.262	1.407	40.68	44.05	49.50	3,271
〃　〃　　　　山田村	0.533	0.529	0.569	1.023	0.985	1.103	33.45	31.60	34.71	752
〃　〃　　　　椿村	0.445	0.580	0.578	0.901	1.238	1.199	33.58	43.59	41.89	543
〃　玖珂郡　川下村	0.567	0.530	0.512	1.258	1.149	1.094	45.01	41.73	39.99	986
〃　〃　　　　愛宕村	0.523	0.443	0.497	1.185	1.000	1.132	43.61	38.34	42.06	371
〃　〃　　　　岩国町	0.719	0.641	0.638	1.754	1.570	1.637	60.40	55.43	58.07	2,377
〃　〃　　　　通津村	0.618	0.632	0.638	1.374	1.407	1.445	46.57	48.95	49.91	618
〃　〃　　　　小瀬村	0.249	0.388	0.458	0.475	0.700	0.847	17.56	24.52	28.81	608
〃　〃　　　　北河内村	0.551	0.502	0.537	1.073	1.033	1.184	36.51	37.54	43.12	606
〃　〃　　　　南河内村	0.450	0.475	0.495	0.828	0.898	0.986	28.92	31.56	35.57	465
〃　〃　　　　藤河村	0.503	0.417	0.508	1.025	0.838	1.043	37.02	31.90	38.76	678
〃　厚狭郡高千帆村	0.427	0.530	0.562	0.806	1.163	1.269	29.07	41.72	45.21	1,152
〃　〃　　　　須恵村	0.284	0.294	0.485	0.550	0.605	1.116	23.46	26.05	41.52	2,470
佐賀県三養基郡田代村	0.251	0.425	0.442	0.478	0.872	0.909	21.21	32.79	34.29	820
熊本県八代郡　松高村	0.670	0.649	0.820	1.650	1.672	2.392	56.17	58.27	81.32	470
平　　均[c]	0.476	0.521	0.579	1.070	1.190	1.362	38.97	42.75	48.23	52,798

(注) a　市町村の境域は1921年時点におけるもの．
　　 b　各期間の全年次(所によってはデータの欠ける年次もある)の単純平均値．
　　 c　各市町村の単純平均値．ただしNは合計．
(資料) 戸数割資料等級表における賦課税額(D系列)．

帯を形成していた．これは就業者の産業構成を見ると明らかである．1次産業は 1920–40 年に 31% から 26% に低下し，代わって 2次産業が 22% から 46% へと大きく躍進している．（3次産業は 48% から 29% へ低下した．）

岩国町・麻里府町では従来，製糸・織布・製紙・竹材等の在来型の工業が存在していたが，20年代末より近代工場の建設が活発になり，岩国の経済は大きく変貌することになった．すなわち 1927 年にはわが国最大の人絹工場である帝国人造絹糸岩国工場が操業を開始し，その後東洋紡績，山陽パルプ工業等が工場を建設した．錦川の豊富で良質な水がこれらの工場の立地条件となっていたのである[6]．

このような急速な工業化は所得分布に影響しないはずはない．岩国町・麻里府町の G は，それぞれ 1930 年から 1939 年にかけて 0.633 から 0.665 へ，0.344 から 0.429 へ上昇している（表 3–8）．また両町を一緒にして（両町のサンプルをプールして）計算された G は，0.573 から 0.581 への上昇である．一方この都市地域を取り巻く愛宕村・灘村・通津村の農村地域では，灘村において G の上昇が見られるが，愛宕村・通津村では低下しており分布がかえって平等化している．しかし 3 村の合計では，G は 0.501 から 0.518 へと上昇しており，分布の不平等化が見られる．

世帯異動

ところで，上記工業地域ではその必然的な結果として大量の人口流入が見られ，農村地域では人口の流出が生じた．このような人口移動（したがって世帯の移動）は，両地域における所得分布の変化にどのような影響を与えたであろうか．すなわち都市地域（岩国村・麻里布町）と農村地域（愛宕村・灘村・通津村）における不平等化は，どの程度世帯の移動によって説明されるものであろうか．あるいは世帯の移動とはあまり関係がなく，もっぱら残留世帯自身の所得分布の変化によって生じたものであろうか．また農村地域から都市地域への世帯の移動は，どのような所得階層に多く発生したものであろうか．

この分析のために，2 時点(1930, 1939 年)における全納税者の氏名と控除後所得額(B)とを入力し，2 時点間の氏名をマッチングする．両年次に同一の氏

表3-8 世帯異動と所得分布:山口県玖珂郡2町・3村

年次		所得不平等度の指標 G	V	平均所得 y(円)	納税戸数 N	所得不平等度の指標 G	V	平均所得 y(円)	納税戸数 N
			麻里布町				岩国町		
1930	残留	0.331	0.729	305	1,131	0.651	1.562	531	1,257
	消滅	0.355	0.794	292	1,227	0.609	1.382	431	1,241
	計	0.344	0.764	298	2,358	0.633	1.487	481	2,498
1939	残留	0.486	1.226	564	1,131	0.683	1.693	653	1,257
	発生	0.389	0.941	404	2,603	0.641	1.546	442	1,615
	計	0.429	1.061	453	3,734	0.665	1.633	534	2,872
			2町合計						
1930	残留	0.586	1.408	409	2,407				
	消滅	0.558	1.276	346	2,449				
	計	0.573	1.349	377	4,856				
1939	残留	0.622	1.523	604	2,407				
	発生	0.539	1.274	400	4,119				
	計	0.581	1.412	474	6,606				
			愛宕村				灘村		
1930	残留	0.526	1.076	266	234	0.443	0.912	238	536
	消滅	0.586	1.329	241	139	0.455	0.924	211	368
	計	0.550	1.165	257	373	0.449	0.919	227	904
1939	残留	0.453	0.902	457	234	0.432	0.851	247	536
	発生	0.526	1.157	374	163	0.503	1.085	255	674
	計	0.487	1.002	423	397	0.473	0.982	252	1,210
			通津村				3村合計		
1930	残留	0.493	1.126	222	350	0.482	1.022	239	1,123
	消滅	0.582	1.358	239	244	0.529	1.157	225	748
	計	0.533	1.231	229	594	0.501	1.074	233	1,871
1939	残留	0.472	1.004	130	350	0.501	1.036	254	1,123
	発生	0.547	1.213	129	242	0.536	1.166	245	1,076
	計	0.505	1.095	130	592	0.518	1.100	250	2,199

(注) 残留数と消滅数を2町または3村について合計しても,それぞれ「2町合計」と「3村合計」と一致しないのは,2町の間または3村の間での人口移動などによるものである.
(資料) 戸数割資料B系列.

名が発見されればそれは「残留」とされ,第1年次の氏名が第2年次に見当たらない場合は,死亡・引退(世帯主の交代)・流出による「消滅」とみなされる.そして第1年次にない氏名が第2年次に現れる場合は,世帯主の交代・分家による「発生」・流入となる.表3-9,表3-10は,それぞれ上記2町と3村の所得階層間異動を遷移行列の形で整理したものである.そして上記表3-8には,

表 3-9 所得階層間世帯異動：山口県玖珂郡岩国町・麻里布町

1930年＼1939年	0-100	101-200	201-300	301-400	401-500	501-600	601-700	701-800	801-900	901-1000	1001以上 (円)	小　計	消　滅	合　計
0- 100(円)	320	110	65	36	21	7	4	2	1	0	7	573(23.8)	663(27.1)	1236(25.5)
101- 200	130	175	151	91	43	26	13	11	5	5	20	670(27.8)	680(27.8)	1350(27.8)
201- 300	46	70	92	95	43	24	17	9	2	3	20	421(17.5)	397(16.2)	818(16.8)
301- 400	19	22	31	36	19	11	10	4	8	5	23	188(7.8)	192(7.8)	380(7.8)
401- 500	4	10	12	21	21	8	16	4	7	8	15	126(5.2)	126(5.1)	252(5.2)
501- 600	2	8	8	5	7	10	12	10	5	4	24	95(3.9)	102(4.2)	197(4.1)
601- 700	1	2	8	8	3	3	3	5	3	1	12	49(2.0)	51(2.1)	100(2.1)
701- 800	0	2	5	5	3	6	2	4	2	3	20	52(2.2)	48(2.0)	100(2.1)
801- 900	3	1	1	1	1	3	2	1	2	3	10	28(1.2)	23(0.9)	51(1.1)
901-1000	1	0	5	3	0	2	1	2	1	5	9	29(1.2)	28(1.1)	57(1.2)
1001以上	4	2	3	5	4	2	7	2	4	7	136	176(7.3)	139(5.7)	315(6.5)
小　　計	530 (22.0)	402 (16.7)	381 (15.8)	306 (12.7)	165 (6.9)	102 (4.2)	87 (3.6)	54 (2.2)	40 (1.7)	44 (1.8)	296 (12.3)	2407 (100.0)	2449 (100.0)	4856 (100.0)
発　　生	858 (20.4)	886 (21.1)	1061 (25.3)	422 (10.1)	221 (5.3)	198 (4.7)	109 (2.6)	80 (1.9)	41 (1.0)	26 (0.6)	297 (7.1)	4199 (100.0)		
合　　計	1388 (21.0)	1288 (19.5)	1442 (21.8)	728 (11.0)	386 (5.8)	300 (4.5)	196 (3.0)	134 (2.0)	81 (1.2)	70 (1.1)	593 (9.0)	6606 (100.0)		

(資料) 表3-8と同じ。

表 3-10 所得階層間世帯異動：山口県玖珂郡愛宕村・灘村・通津村

1930年＼1939年	0-100	101-200	201-300	301-400	401-500	501-600	601-700	701-800	801-900	901-1000	1001以上(円)	小計	消滅	合計
0- 100(円)	254	41	16	17	5	2	3	1	0	0	0	339(30.2)	300(40.1)	639(34.2)
101- 200	104	172	43	20	7	1	2	2	0	0	2	353(31.4)	184(24.6)	537(28.7)
201- 300	16	71	60	26	11	2	2	0	4	0	1	193(17.2)	128(17.1)	321(17.2)
301- 400	0	11	24	27	10	11	2	3	1	0	3	92(8.2)	48(6.4)	140(7.5)
401- 500	1	1	8	11	11	9	1	3	0	1	4	50(4.5)	31(4.1)	81(4.3)
501- 600	0	0	2	5	4	2	7	1	1	0	1	23(2.0)	13(1.7)	36(1.9)
601- 700	0	1	1	3	2	4	0	3	3	1	2	20(1.8)	11(1.5)	31(1.7)
701- 800	0	0	0	1	2	3	2	0	1	2	1	12(1.1)	6(0.8)	18(1.0)
801- 900	0	1	0	0	0	0	0	3	0	0	1	5(0.4)	3(0.4)	8(0.4)
901-1000	0	0	0	1	0	1	1	0	1	0	2	6(0.5)	4(0.5)	10(0.5)
1001以上	0	0	0	0	1	3	1	3	0	5	17	30(2.7)	20(2.7)	50(2.7)
小 計	375 (33.4)	298 (26.5)	154 (13.7)	111 (9.9)	53 (4.7)	38 (3.4)	21 (1.9)	19 (1.7)	11 (1.0)	9 (0.8)	34 (3.0)	1123 (100.0)	748 (100.0)	1871 (100.0)
発 生	435 (40.4)	248 (23.0)	150 (13.9)	86 (8.0)	49 (4.6)	22 (2.0)	24 (2.2)	11 (1.0)	5 (0.5)	6 (0.6)	40 (3.7)	1076 (100.0)		
合 計	810 (36.8)	546 (24.8)	304 (13.8)	197 (9.0)	102 (4.6)	60 (2.7)	45 (2.0)	30 (1.4)	16 (0.7)	15 (0.7)	74 (3.4)	2199 (100.0)		

(資料) 表 3-8 と同じ。

「残留」,「消滅」,「発生」に分類された各世帯グループ別の所得不平等度が掲げられている.

まず2町と3村の世帯異動を観察しよう. 2町では, 1930年に存在した戸数(N) 4,856 のうち, 1939年までに消滅したものが 2,449, 1939年までに残留したものが 2,407 とほぼ均衡している. しかしこの間 4,199 戸が新たに発生した(1930年の戸数に対する割合, すなわち発生率は 87%)ので, 総戸数は 6,606 と大幅に増加した(1930年の戸数に対する割合, すなわち増加率は 136%). 一方3村では, 1930年の総戸数 1,871 のうち 748 戸が消滅し, 残留は 1,123 であった. 新たに発生した戸数は 1,076 (発生率は 58%) で, この結果総戸数は 2,199 へと増加した(増加率は 118%). 増加率は2町が3村を大きく上回っており, 都市地域における激しい人口増加を反映している.

都市地域における世帯の増加は, この地域における新世帯の誕生(世帯主の交代・分家)と, 他地域からの人口流入とによるものであった. 人口流入の主たる源泉は山口県内外の農村地域であろうが, その地名は知ることができない. しかし2町を取り囲む3村もその1つであることは間違いない. 3村における消滅世帯のなかには死亡と家督の委譲のほか, 他地域への移動が含まれる. そしてその移動のうちあるものは, 近隣である上記2町へ移動したことが考えられる. そこで3村の消滅世帯の氏名と2町の発生世帯の氏名をマッチングさせると, 3村から2町への移動世帯を見つけることが可能である. この方法で見出された世帯は5戸にすぎなかった. すなわち3村からの流出の大半は, 他地域(山口県の他地域, 他県, さらには海外)へと向かったのであろう.

次に1戸当たり所得 (y) の格差について見よう. まず2町の y は3村よりはるかに大きく, しかもこの格差は拡大している. 1930年では 1.62 倍, 1939年では 1.90 倍である. 1930年の欄において, その後の9年間に消滅する世帯の y が残留する世帯よりも小さく, 1939年の欄において, それに先立つ9年間に発生した世帯の y が残留世帯よりも小さいことは, 2町と3村で変わりない. (厳密に言えば消滅世帯と残留世帯との格差, 発生世帯と残留世帯との格差は, 明らかに2町の方が3村より大きい.) 消滅世帯が残留世帯よりも所得が低い

のは，死亡または引退に近づいている高齢者の所得が比較的低いこと，都市部へ吸引される農業労働者は低所得者が多いことによるものであろう．また発生世帯が残留世帯より所得が低いのは，家督を受け継いだ者が若年者であること，労働移動が低所得者に多いことなどによるものであろう[7]．

　最後にここでの主たる目的である所得分布について観察しよう．まず2町の残留世帯のGは，1930-39年の間に0.586から0.622へ大きく上昇しており，これが全世帯のGの上昇の要因であることがわかる．消滅世帯のG(0.558)は発生世帯のそれ(0.539)よりも大きく，世帯の消滅・発生という異動が全世帯のGの上昇の要因ではない，と言える．これに対して3村では，残留世帯のGの上昇に加えて，発生世帯が消滅世帯よりGが大きいことも，全世帯のGの上昇にある程度の貢献をしていることがわかる．

4　要約と結論

　本章における神奈川・静岡2県のケーススタディーと全国ベースの分析（戸数割資料の収集された全市町村に関する分析）は，市町と村との対比の形をとって行われた．いま市町で都市，村で農村，市町村で全国を代表するものとすれば，そこから得られた結論は次のように要約できる．

　(1)　都市の所得分布は農村より不平等である．都市のそれは1920年代と30年代の双方，とくに30年代において不平等化した．農村の所得分布にも不平等化が見られるが，それは都市に比べて微弱である．

　(2)　全国の所得分布はこの期間に明らかに不平等化した．

　(3)　全国の所得分布の悪化は都市における所得分布の悪化と，都市・農村間の所得格差の拡大によって発生した．

　(4)　全国レベルの所得分布の悪化は，暫定的な分析によると，19世紀末から続いていたようである．

　山口県の岩国工業地帯の2町の各世帯の氏名を1930, 1939年についてマッチングさせた結果によると，この期間にこの町に残留していた世帯の所得分布

の悪化が，全世帯の所得分布の悪化の支配的要因であったことがわかる．これに対してこの地域に隣接した3村について同様の計測をすると，全世帯の所得分布の悪化は，残留世帯の所得分布の悪化のみならず，新たに発生した(世帯主の交代・流入)世帯がこの期間に消滅した(死亡・流出・引退)世帯より不平等度が高い，ということにも依存することが判明した．また2町でも3村でも，残留世帯の所得は消滅世帯と発生世帯よりも高い．さらに2町の流入世帯と3村の消滅世帯の氏名をマッチングさせると，3村から2町へ流入したものはごく僅かであり，3村の流出の大部分は他地域へと向かったものと思われる．

1) 高村・その他(1984)，212-217頁．
2) これら市町村のうち，戦前期において行政区画の変遷があったものは次の通りである．
   神奈川県：

高座郡上溝村	→上溝町	町制改称	1926年1月1日
三浦郡久里濱村	→横須賀市	編入	1937年4月1日
高座郡座間村	→座間町	町制	1937年12月20日
足柄上郡南足柄村	→南足柄町	町制	1940年4月1日

   高座郡相原村
   高座郡大野村
   高座郡大澤村
   高座郡上溝町 ⎫
   高座郡田名村 ⎬→相模原町　合併改称　1941年4月29日
   高座郡新磯村 ⎭
   高座郡座間町
   高座郡麻溝村

   静岡県：

駿東郡沼津町	→沼津市	合併市制	1923年7月1日

   駿東郡楊原村 ⎫
   安倍郡入江町 ⎬
   安倍郡清水町 ⎬→清水市　合併市制　1924年2月11日
   安倍郡不二見町 ⎬
   安倍郡三保村 ⎭

第3章　所得分布の概観：地域別特徴──55

富士郡加島町	→富士町	改称	1929年8月1日
富士郡鷹岡村	→鷹岡町	町制	1933年1月1日
田方郡北上村	→三島町	編入	1935年4月1日

ただし静岡県駿東郡楊原村，志太郡小川村，東益津村，東益津村，焼津町の4町村は実際の分析には用いられない．

3) 第i地域(町または村)のジニ係数をG_i，同地域の総所得が全地域の総所得に占める割合を$m_i(=Y_i/\sum_i Y_i)$とすると，全地域のジニ係数の「近似値」は次式で表わされる(高山(1981)，323頁)．

$$G = \sum_i m_i G_i$$

第i地域の変化係数をV_i，同地域の平均所得と第1地域(任意に選択される)の平均所得との比率を$\lambda_i(=y_i/y_1)$，同地域の世帯数が全地域の世帯数に占める割合を$n_i(=N_i/\sum_i N_i)$とすると，全地域の変化係数は次式で表される(Ono and Watanabe(1976), p.364)．

$$V = \sqrt{\sum_i(\lambda_i V_i)^2 n_i + \sum_i \lambda_i^2 n_i - (\sum_i \lambda_i n_i)^2} / \sum_i \lambda_i n_i$$

なお，全サンプル(個人別所得額)をプールすることによって所得分布を直接計測することも可能である．しかし個人別所得額が得られる市町村は限られているので，ここでは取り上げない．かつて山口県の3町・5村について計測した結果によると，加重平均による間接的方法と上記の直接的方法とではさほど違わない．例えば1930年の3町のGは，それぞれ0.525, 0.534である(南・小野(1987), 339頁)．しかも時間的変化のパターンは全く同一であり(南・小野(1987), 図3(338頁))，間接的方法を用いても大過がないことを示している．

4) 同様の分析はかつて山口県についても行われ，神奈川・静岡県とほぼ同様の結論が得られた(南・小野(1987))．

5) 1911-21年のGは0.579(表3-7)であり，それは1923年の0.590(表3-4パネルCの(3))，0.575(同じく(4))とあまり違わない．なお1921年以前の系列と1922年以降の系列との接続は，第6章第3節で試みられる．

6) 岩国市史編纂委員会(1971)，247-367頁．

7) 3村から2町への移動者5名の所得の平均は，1930年が302円，1939年が755円である．サンプルが極めて少ないので多くのことは言えないが，移動によって所得が上昇したことだけは確かであろう．所得の増加がなければ移動はありえないはずであるから，この結果は当然である．

第4章　都市の所得分布とその要因

　前章では神奈川・静岡・山口の3県と全国市町村の分析を通じて，市町の所得不平等度が村のそれより大きいこと，1920年代と30年代を通して市町の所得不平等度が上昇するのに対し，村では低下か一定，上昇してもごく僅かであったことが明らかにされた．こうした所得分布の水準と変化における地域間格差はどうして生じたのであろうか．本章では，「都市」に焦点を合わせてこの設問に応えるが，ここでは「都市」を便宜的に行政区画の「市町」と定義することにする．

　第1節では，都市の所得分布の不平等度が産業化の進展度に依存することを指摘する．第2節では，この事実の背後に，不平等度が農業部門より非農業部門においてより大きいという事実，農業と非農業の所得格差の拡大，さらに，所得の低い農村人口が大量に都市に流入するという事実があることが指摘される．第3節では，非農業部門における所得分布の悪化が，労働分配率の低下と非農業部門内部の賃金格差の拡大とで説明される．第4節は要約と結論である．

1　所得分布と産業化

　所得分布を規定する基本的要因として産業化に注目する．ここで1つの作業仮説をおく．それは，所得分布は産業化に伴って不平等化する，あるいは所得分布は産業化の進んだ地域ほど不平等である，というものである．産業化が進めば（あるいは産業化のより進んだ地域では），所得の高い新しい職業が登場して拡大し所得分布は不平等化する（より不平等である）からである．産業化によって1人当たり所得の上昇によって（1人当たり所得の高い地域では）より不平等になる．この仮説は，第1章で紹介した「クズネッツ仮説」の前半部分（経済発展の初期的段階では産業化によって所得分布は不平等化する）に相当する．

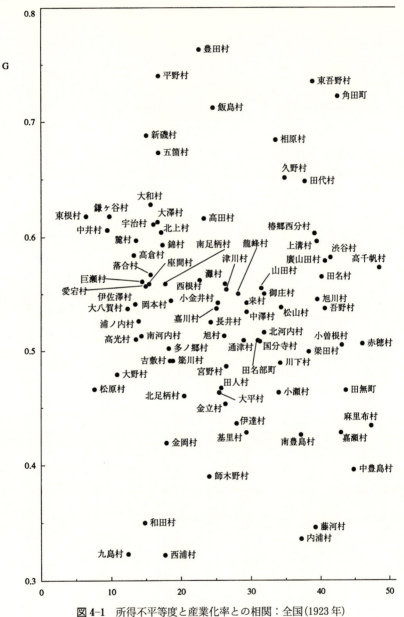

図 4-1 所得不平等度と産業化率との相関：全国(1923年)
(注) データの得られるすべての市町村を対象とする．すなわち控除後所得(B)のみならず，所得賦課額(C)および総賦課額(D)を用いて算出された市町村も含む．
(資料) 付表 2.

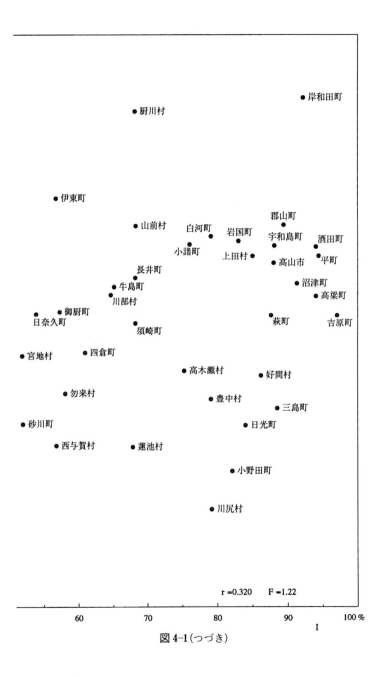

図 4-1（つづき）

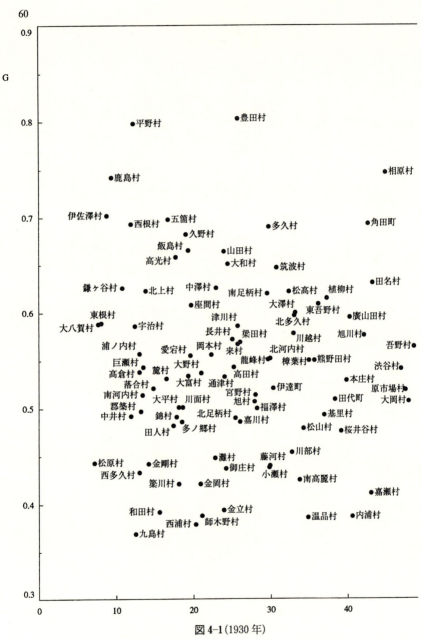

図 4-1 (1930年)

(注) 1930年の回帰線は平野村,豊田村を除いて計測された.相関係数は5%の水準で有意.

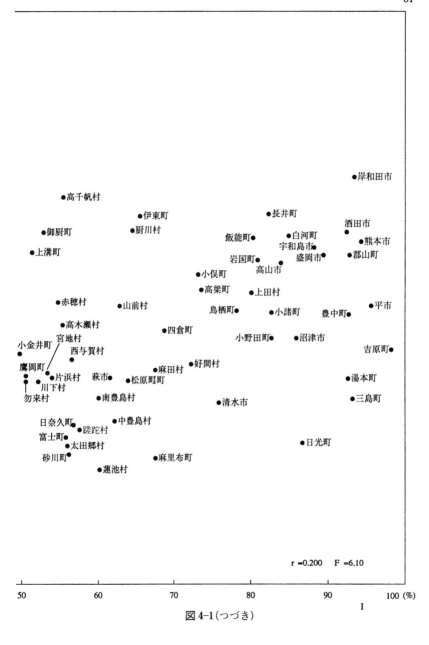

図 4-1（つづき）

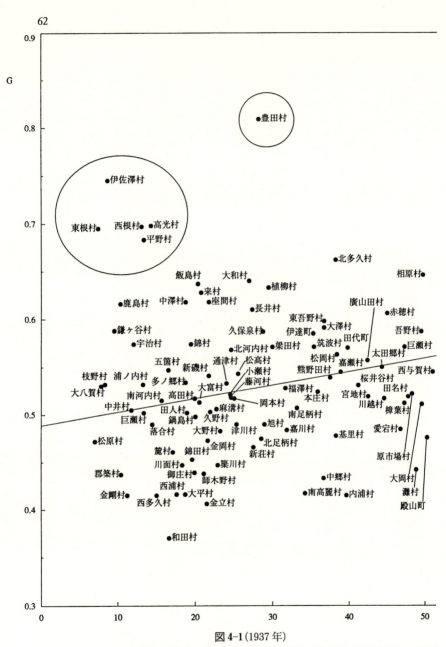

図 4-1 (1937年)

(注) 1937年の回帰線は東根村, 西根村, 平野村, 豊田村, 伊佐澤村, 高光村を除いて計測された. 相関係数は1%の水準で有意.

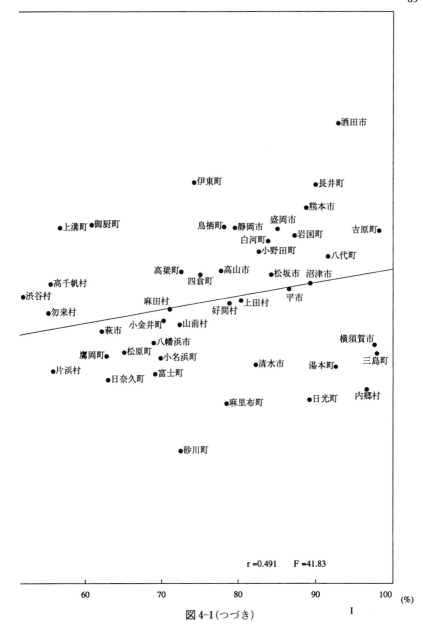

図 4-1(つづき)

産業化率(I)の動きを全国市町村について見ると(表3-4 のパネルA・Bの(4)), 20市町のIは60村より大きく, 1920-40年における変化は20市町が60村より大きい. 前者は67.4%から72.0%へ上昇しているのに対して, 後者は31%のレベルでほとんど一定である. したがって都市部における不平等な所得分布は, 高い産業化率によってある程度説明可能であり, 都市部における所得分布の急速な不平等化は, 急速な産業化に依存しているということがわかる.

所得分布の不平等度と産業化率との関係は, ベンチマーク年について両者の相関を計測することによって直接確かめられる. データの得られる全市町村(賦課額しか得られない地域も含む)のGとIとの関係を描いた図4-1によると, 1923年では相関がなく, 1930年では微弱な相関があり, 1937年では明らかな相関が認められる. (不平等度の指標としてV, Qを用いても結果には変わりない.) したがって, 所得分布の地域間格差は1920年代初めには明らかではなかったが, その後の産業化の進展によって次第にその姿を現した, と言うことができよう[1].

2 産業別所得分布と人口都市集中

産業別所得分布

都市における産業化と所得分布の悪化との関係はどうして生ずるのであろうか. これについては第1に, 非1次産業の内部の所得分布が1次産業より不平等だという可能性, 第2に, 非1次産業と1次産業との所得格差が産業化の過程で拡大するという可能性, 第3に農業人口の流入の影響とが指摘できる.

まず非1次産業の内部の所得分布が1次産業より不平等であれば, 前者の比重の増大は全産業の所得分布の不平等化をもたらす. ところで産業別の所得分布の推計には, 個々人の職業と所得額とが必要である. 戦後では『就業構造基本調査』によって3年ごとに世帯主の職業と所得を知ることできるし, 同じく『家計調査』でも毎年同種の情報が得られる. 戦前でも家計調査が行われたが,

表 4-1 産業別所得不平等度：福島県西白河郡白河町

年次	産業	所得不平等度の指標			平均所得	納税戸数
		G	V	Q(%)	y(円)	N
1927-1930年(1929年を除く)	1次産業	0.540	1.108	39.04	188	352
	2次産業	0.716	1.931	67.15	412	924
	3次産業	0.673	1.681	58.93	502	2,570
	非1次産業	0.686	1.754	61.37	478	3,494
	全産業	0.682	1.739	60.70	451	3,846
1931-1935年	1次産業	0.451	0.905	32.95	162	384
	2次産業	0.675	1.797	63.11	320	908
	3次産業	0.633	1.511	53.33	371	2,674
	非1次産業	0.645	1.586	55.90	359	3,582
	全産業	0.639	1.562	55.35	339	3,966
1936-1939年	1次産業	0.453	0.912	33.18	170	379
	2次産業	0.693	1.888	65.84	336	888
	3次産業	0.654	1.601	56.26	396	2,636
	非1次産業	0.666	1.672	58.64	381	3,524
	全産業	0.658	1.650	59.97	360	3,903

(注) 各年次の計数の単純平均値.
(資料) 付表3.

そこでは世帯主の職業は調査されていない．わずかに協調会の『生計費調査報告』[2]では世帯主の職業が調査されているものの，その産業分類は不十分であり，対象は俸給生活者と職工に限られている．また年次も1年(1921年)のみであり，サンプルもきわめて小さい．これに対して福島県西白河郡白河町，大阪府岸和田市においては，戸数割税賦課表が納税者の職業を記載している．これは悉皆調査であるから，俸給・賃金生活者のみならず自営業主等をも対象として含まれる．

小野旭氏と筆者はかつてこの資料を整理して産業別所得分布を計測した[3]．資料には極めて多くの職業が記載されているが，われわれはそれらを『昭和5年国勢調査』の職業分類にしたがって分類した．分類は農林水産業，建設業，鉱工業，商業・金融・保健・不動産業，運輸・通信・公益事業，サービス業，公務・その他の7つである．表4-1には，白河町の計測結果が通常の3大産業分類に集約して掲げられている．1次産業のジニ係数(G)は0.45-0.54であるが，

非1次産業のそれは 0.65-0.69 という高さであり，非1次産業の不平等度が1次産業より大きいことは疑いない[4]．この推計は控除後所得 (B系列) によって計算されているため，不平等度が過大になっているが，産業間比較には充分耐えうると思われる．

さらに農業と非農業の所得格差が拡大すると，農業・非農業それぞれの所得分布が一定でも，全体としての所得分布は不平等化する．農業と非農業の所得格差が拡大したことは，すでに第3章第2節で指摘した．

人口都市集中

急速な都市産業の成長は労働需要を拡大させ，農村人口の都市への流入を引き起こした．

筆者の計測によると，農家人口の純流出数と純流出率は 1920 年代から 1930 年代前半まで増大している (表 4-2)．例えば年間の純流出数は 1920-25 年が 15 万人，1925-30 年が 21 万人，1930-35 年が 47 万人と増加し，1935-40 年には 45 万人となっている．このような急速な流出の結果，農家人口はこの間ほぼ一定の水準に止まっている．一方非農家人口は急速な増加を見せる．その増加数は年間 60-90 万人にのぼる．この増加は，非農家人口の自然増加と農家人口の純流入とによって説明される．いまこの増加に占める農家人口の純流入数 (これは純流出数に等しい) の割合を計算すれば，それはこの期間に明らかな上昇傾向を見せている (欄 8)．

農家人口は必ずしも農村人口ではないし，非農家人口は必ずしも都市人口ではない．また農家人口の流出者のすべてが都市に流入したわけでもない．しかし上の数字からは，農村から都市への移動が活発に行われていたことは見て取れよう．この結果都市人口は急速に増大した．いま市部人口を都市人口とみなすと，それは 1898 年には 534 万人であったが，1920 年には 1010 万人，1940 年には 2758 万人へと加速度的に増大している[5]．(この数字は，当該年の市域に現住する人口を基準としたものであり，したがってこの増加には，市町村合併に伴う市域の拡大の効果も含まれている．)

ところで第3章第3節における岩国市の分析では，村からの流出世帯の所得

表4-2 農家人口と非農家人口の変動 (単位:千人)

		1920年	1925年	1930年	1935年	1940年
人口						
総人口	(1)	55,391	59,179	63,872	68,662	71,367
農家人口	(2)	29,819	30,273	31,636	31,708	31,391
非農家人口	(3)=(1)−(2)	25,572	28,906	32,236	36,954	39,976
			1920-25年	1925-30年	1930-35年	1935-40年
人口変動(1年当たり)						
農家人口						
増加数	(4)		91	273	14	−63
純流出数	(5)		146	205	465	450
純流出率(%)	(6)		0.49	0.66	1.47	1.42
非農家人口						
増加数	(7)		667	666	944	604
移動効果(%)	(8)=(5)/(7)		21.9	30.8	49.3	74.5

(注)　沖縄を除く.
(資料)　(1)　総務庁統計局(1987), 94, 104頁.
　　　　(2)　Minami(1973), Table A-12(p. 316).
　　　　(4)(5)(6)　Minami(1973), Table 6-8(p. 121).
　　　　　　ただし, 1920-25年の(4)(5)(6)は誤りがあったので訂正した.
　　　　(3)(7)(8)　本表の計数により計算.

は残留世帯のそれより低く,また都市への流入世帯の所得はもともと都市に居住していた世帯よりも低いことが示唆された.この関係は納得の行くものである.第1に,戦前期には長子相続制によって農家の資産は長男に相続されたから,この期間の農家の流出は主として次三男が中心であった.彼らの所得は長男より低かったはずである[6].第2に,彼らは都市に流入すると中小企業やサービス自営業などに吸収され,不熟練労働として社会の底辺を形成することになる.氏原正治郎による京浜工業地帯の調査によると,日本の労働市場は中小企業と大企業とに分断しており,後者の労働者が停年後に前者に移動することはあっても,前者の労働者が後者に転職することは極めて困難であった[7].こうした状況のもとでは,人口の都市集中は都市の所得分布の悪化をもたらすことになる.すなわち,工業化は農村人口の都市への移動を引き起し,都市の所得分布を悪化させたと考えられる.

3 労働分配率

賃金所得の分布

いま賃金所得が非賃金所得(財産所得等)より平等に分布しており,かつ賃金所得の割合(労働分配率)が上昇するならば,全体としての所得分布は平等化するはずである.この関係を厳密に定式化しておこう[8].

賃金所得 W と非賃金所得 R とが,それぞれ貧困者の所得 W_p, R_p と非貧困者の所得 W_n, R_n とから構成されるものとしよう($W=W_p+W_n$, $R=R_p+R_n$, $Y_p=W_p+R_p$, $Y_n=W_n+R_n$, $Y=Y_p+Y_n$).この時貧困者所得に対する非貧困者所得の比率 Y_n/Y_p は,労働分配率 $S=W/R$ の関数として表される.ただし $w_p=W_p/W$, $r_p=R_p/R$.

$$Y_n/Y_p = [(1-w_p)S + (1-r_p)]/(w_p S + r_p)$$
$$d(Y_n/Y_p)/dS = (r_p - w_p)/(w_p S + r_p)^2 \gtreqless 0 \text{ as } r_p \gtreqless w_p$$

かくして「低所得者の所得は主として賃金所得からなり,高所得階層の所得は主として非賃金所得からなる」という条件のもとでは,労働分配率の上昇によって所得格差は縮小し,所得分布は平等になる.

では賃金所得が非賃金所得より平等に分布しているという仮定は事実であろうか.これを証明する戦前のデータとしては,熊本市の1930年の戸数割資料のみであろう.そこでは所得階層別戸数が全所帯,勤労者所帯のそれぞれについて掲載されている.それによって計算されたジニ係数は,全所帯が0.663,勤労者所帯が0.406であり,明らかに賃金所得は総所得(したがって非賃金所得)より所得分布が平等である(表4-3)[9].

労働分配率の変化

労働分配率の長期系列は,かつて筆者と小野旭氏によって推計された.その概要は補論に紹介されているが,推計は法人企業部門(I)と個人業主部門(II)とに分けて行われた.賃金したがって分配率の決定メカニズムが,両部門間で異なると考えられるからである.その結果は図4-2に描かれている.なお

表4-3 全世帯と勤労者世帯の所得分布:熊本市(1930年)

	所得不平等度の指標			平均所得	納税戸数
	G	V	Q(%)	y(円)	N
全世帯	0.663	1.658	58.30	590	31,975
勤労者世帯	0.406	0.837	32.20	662	17,548

(注) 戸数割資料B系列.
(資料) 汐見・その他(1933), 42-45頁.

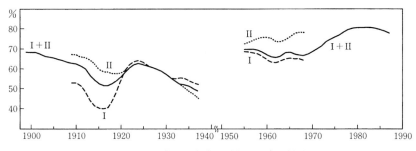

図4-2 非1次産業の労働分配率の推移
(注) I:法人企業部門. II:個人業主部門. 7カ年移動平均値.
(資料) 付表4.

1905年以前と1971年以降は,簡単な手法によって延長推計したものである.

戦前については分配率の動きは2部門で異なっている.すなわちI部門には明瞭な趨勢はないが,II部門には低下傾向が認められ,その結果非1次産業全体についても明瞭な低下傾向が現れている.以下ではその理由を説明しよう[10].

I部門は資本主義的企業であり,賃金・利潤はそれぞれ労働と資本の限界生産力によって決定される,と考える.いまCES生産関数を仮定する.

$$Y = [\delta(EK)^{-\rho} + (1-\delta)(FL)^{-\rho}]^{-1/\rho}$$

Y, K, L はそれぞれ実質生産額,実質資本ストック,労働力であり,E, F はそれぞれ資本と労働の能率であり,δ と ρ は関数の形を規定する係数である.実質賃金 w が労働の限界生産力に等しく,実質利潤率 r が資本のそれに等しいとする.

$$w = (1-\delta)F^{-\rho}(Y/L)^{1-\rho}$$
$$r = \delta E^{-\rho}(Y/K)^{1-\rho}$$

これより次の式が得られる．

$$G(K/L) = (1-\sigma)[G(F)-G(E)]+\sigma G(w/r)$$

ここで $G(\ )$ は（　）内の変数の成長率であり，σ は代替の弾力性 $[1/(1+\rho)]$ である．この式を変形して次式をうる．

$$G(w/r)-G(K/L) = (1-\sigma)\{G(w/r)-[(F)-G(E)]\}$$

したがって $\sigma<1$ であるならば，$G(w/r) \gtreqless G(F)-G(E)$ の時，$G(w/r) \gtreqless G(K/L)$ となり，労働分配率が上昇，一定，低下することがわかる．ところで上掲の $G(K/L)$ の式に実際の数字を当てはめて計測すると，確かに σ は1より小さい[11]．したがって，戦前（戦後も同様）における分配率の長期的一定性は，$G(w/r)$ がたまたま $G(F)-G(E)$ に等しかったということによって説明される．

II 部門は資本主義的分配原理が働かない部門である．すなわち労働の限界生産力が賃金の生存水準（SL）より低いため，賃金が限界生産力ではなく SL に等しく決定される．SL は社会や文明の進歩を反映して長期的には上昇するが，その上昇は平均生産性（$AP=Y/L$）の上昇には及ばず，分配率（SL/AP）は低下する．そしてこの低下は，限界生産力が上昇して SL に等しくなり，賃金が限界生産力によって決定される時点，すなわちルイス（W. A. Lewis）の「転換点」に達するまで続く．この部門の分配率の長期的低下は（1950年代における低下も），転換点に達する過程で生じた現象であったのである．わが国は，1950年代における労働需要の激増によって，1960年頃に転換点を通過したというのが筆者の説であり，今では広く認められている（第8章第1節）．したがって個人業主部門も1960年を過ぎると，法人企業部門と同じ分配原理によって支配されることになる[12]．

要するに，個人業主部門（したがって非1次産業全体）の分配率の低下傾向は，個人業主部門に滞留する過剰労働が，同部門と非1次産業の賃金の上昇を阻害した結果であった，と言うことができる[13]．

賃金格差の変化

ここで取り上げるのは製造業内部の賃金格差[14]であるが，ここから得られた結論は，非1次産業全体にも当てはまると考えてよかろう．

戦前では，製造業の企業規模別賃金が得られる年次は極めて限られている．それが最初に得られるのは1909(明治42)年と1914(大正3)年であるが，そこでは明瞭な格差は認められない．しかし1932(昭和7)年になると，明らかに格差が存在する．したがって賃金格差は1920年代に発生したということが，大方の理解となっている．これらの資料では1920年代は空白となっているが，東京市製造業のデータはその間の状況をよく捉えている．それによると，1917年から1930年代初頭に掛けて賃金格差が確かに拡大しており，その後縮小傾向に転じている．

1920年代は日本経済の体質改善の時期であり，産業構造の近代化(重工業化)や設備・経営の合理化が行われた．その一環として近代産業は，熟練労働力を温存し不熟練労働力を解雇し，新規採用を手控えた．終身雇用制度・年功序列型賃金体系は，熟練労働力を繋ぎ止めるための方法として，この頃多くの企業で採用され始めたのである．かくして熟練労働力の需要は減退せず，不熟練労働力の需要は大きく減退した．熟練労働力を多く抱える大規模企業の平均賃金が，不熟練労働力を多く抱える中小企業に比べて上昇したのは，このためである．

1914年に始まった第1次世界大戦によってわが国に未曾有の好景気が到来し，一時農業や非農業の中小企業に滞留する過剰労働が減少し彼らの賃金は大きく上昇したが，1920年代には不熟練労働力は過剰基調に逆戻りしたのである．すなわち過剰労働の再現が，賃金格差の発生の基本要因であったと言えよう．

4 要約と結論

都市の所得分布が，1920年代と30年代に悪化したことは間違いのないところであろう．

その要因としては，第1に，都市における非農業労働のシェアーの増加(産業化)が挙げられる．なぜなら非農業労働の所得分布は農業より不平等である

からである．第2に，農業・非農業間の所得格差の拡大がある．両産業内部の所得分布が一定でも，所得格差の拡大によって全体としての所得分布は悪化する．第3に，農村人口の都市への流入がある．所得の低い階層の流入は都市の所得分布の不平等化をもたらす．農業・非農業間の所得格差の拡大と人口の都市集中は産業化の結果でもあるから，結局これら第1，第2，第3の要因は，所得分布に対する産業化の影響として一括することができよう．

第4の要因は，非農業内部の所得分布の悪化であり，これは労働分配率の低下と，賃金格差の拡大とによって説明される．労働分配率については，賃金所得の所得分布が非賃金所得(財産所得等)より平等であるという事実が指摘される．この時労働分配率の低下は所得分布の悪化をもたらす．労働分配率の低下は，経済の一部に大量の過剰労働力が存在するため，技術革新によって生産性が上がっても賃金がそれほど伸びないからである．一方賃金格差の拡大も過剰労働力の存在と関係している．過剰労働力を抱える中小企業の賃金の伸びは制約されるから，大企業との格差が拡大するのである．したがってこれらの要因はいずれも過剰労働力の存在に起因するものであり，過剰労働力が，戦前わが国の所得分布悪化における基本的要因であったことがわかる．

このように戦前期都市における所得分布の悪化傾向は，「過剰労働力を伴った経済成長」の必然的帰結であった，と要約することが許されよう．

戦前における不平等化について指摘した諸要因の多くは，戦前・戦後間の不平等度の格差の説明要因ともなりうる．すなわち第7章第1節によれば，農村(または農業)と都市(または非農業)の双方において，戦前の所得分布は戦後に比べて著しく不平等であった．そして都市のそれが戦前において不平等であった点については，次の理由が考えられる．第1には，農業・非農業の所得格差が戦前においてより大きかったこと，第2には，労働分配率が戦前において小さかったこと，第3には，非農業部門内部の賃金格差が戦前において大きかったこと，がそれである．このうち最も重要なのは，おそらく労働分配率の低さ(利潤分配率の高さ)であったと思われる．すなわち非農業部門において，不平等な所得分布によって特徴付けられる財産所得の割合が高かったことが，この

部門全体の所得分布を不平等にし，それが都市，ひいては全国の不平等な所得分布の主たる理由であった，と思われる[15].

1) この図では賦課額を用いて計算されたジニ係数が含まれており，これは通常所得額を用いた場合よりも大きい．したがってこの図の解釈には注意を要する．しかし所得額のみを用いて行った山口県のケーススタディーでも，同じ結論が得られている(南・小野(1987), 338-341頁).

   また全国データ(図4-1)によると，産業化率(I)と1戸当たり所得(y)との間には密接な相関がある(下表).

1923	0.498 (35.66)
1930	0.618 (84.06)
1937	0.413 (25.85)

   ( )内の数字はF値.

2) 協調会(1925).
3) 小野・南(1988).
4) 岸和田市についても計測を行ったが，そこでは1次産業でも非1次産業並の高い不平等度を示している(小野・南(1988), 31頁). この原因と，これが例外であるか都市における農業の一般的現象であるかについては，いまのところ何とも言えない.
5) 岡田(1993), 197-198頁.
6) 増井(1995), 第1部第2章参照.
7) 氏原(1966), 424-425頁. 隅谷(1967), 74-82頁にも同様の主張が見られる.
8) 南・Kim・谷沢(1993), 363頁.
9) 戦後の全国データにおいても同様のことが見出される(表7-2). これは日本以外の国でも，例えば台湾について確認される(Kuo, Ranis and Fei(1981), p. 87).
10) 詳しくは南・小野(1978 b), 232-235頁; Minami and Ono(1981), pp. 314-318 参照.
11) 戦前では資本ストックのデータがI, II部門別に得られないので，$G(K/L)$の式を部門別に計測することができない．そこで両部門の合計(非1次産業)について計測すると(1909-38年, 7カ年移動平均による), σは0.10, $G(F) - G(E)$は3.12%となる(Minami and Ono(1981), p. 317).
12) 戦後の分配率については多くの研究がある．例えば小野(1973), 第3部; 吉川(1994).

13)　図4-2で明らかなように戦前の分配率には激しい変動がある．これも過剰労働の存在によって説明される．すなわち好況になって利潤が上昇しても，過剰労働の圧力によって賃金がさほど延びないため分配率が低下し，不況になると利潤が大幅に落ち込むので分配率が上昇する．詳しくは南・小野(1978 b)，235-236頁；Minami and Ono(1981), pp. 318-319 参照.

14)　Minami(1973), Chap. 8；南(1992)，231-238頁参照．賃金格差の変化については尾高(1984)参照．

15)　このことはロックウッド(W. W. Lockwood)によっても指摘されている．彼は「財産所得は日本の国民所得のうち大きな分け前を占めていたばかりでなく，それはまた高額所得層におもに集中されていた．これが個人所得の分布に見出される大きな不均等のおもな理由である」(ロックウッド(1958)，368頁)と述べている．

第4章 補論　非1次産業の労働分配率の推計

1　推計の概要

1906–70年(戦争と戦後の混乱期である1941–52年を除く)が推計の中心である[1]．そのうち1906–40年では要素所得と分配率とがともに推計される．しかし1953–70年については，経済企画庁による要素所得の推計値(『国民所得統計年報』後に『国民経済計算年報』，以下では経済企画庁データと呼ぶ)が得られるので，それをそのまま採用しそこから分配率を推計する．

この期間の前後(1896–1905年，1971–89年)は，ごく簡単な方法によって分配率を推計する．すなわち1906年，1970年の分配率をベースとし，その前後を労働生産性の平均賃金に対する比率の動きを当てはめて，それぞれ遡及，延長する．

推計は産業別に行われるが，その産業はM産業とS産業，およびその合計である非1次産業(M+S)である．M産業とは製造業，鉱業，建設業，公益事業の4業種の合計であり，S産業はその他の非1次産業で，商業，金融・保険，不動産，サービス業等である．また推計の中心である1906–70年については，M産業の4業種のそれぞれについても推計が行われる．

1906–70年における推計の最大の特徴は，各産業をさらに法人企業部門(I)と個人業主部門(II)とに二分割する点にある．(前者は近代部門，後者は非近代部門と呼んでもよい．)なぜなら両部門間には賃金と生産性に大きな格差が存在し，賃金したがって分配率の決定メカニズムも異なると考えられるからである．要素所得(Y_p)は，両部門の所得の合計として推計される．

$$Y_p = Y_1 + Y_2$$

このうちY_1は，法人所得および法人による利子支払額(A_1)と，この部門の雇用者の賃金所得(W_1)の合計である．A_1とW_1は戦後については経済企画庁データより求められるが，戦前については推計しなければならない．法人所得

は『会社表』などの資料で，利子支払額は負債額と利子率によって計算する．W_1 は雇用者数と1人当たり賃金によって計算される．Y_2 は雇用者の賃金所得 (W_2') と個人業主所得 (A_2') の合計として求められる．W_2' は雇用者数と1人当たり賃金によって計算され，A_2' は基本的には業主数と業主1人当たり所得によって計算される．

$$Y_1 = A_1 + W_1$$
$$Y_2 = A_2' + W_2'$$

したがって

$$Y_p = (A_1 + A_2') + (W_1 + W_2')$$

次に分配率は次のように求められる．まずI部門の分配率は W_1/Y_1 として簡単に計算することができる．しかしII部門については簡単ではない．それは個人業主が，経営者・資本家であると同時に，労働者(自己雇用)でもあるからである．したがって A_2' には経営者・資本家としての報酬すなわち利潤 (A_2) と，労働者としての報酬すなわち賃金とが含まれていると考えるべきである．さらに A_2' には，個人業主のもとで働く家族従業者の労働に対する報酬も含まれているはずである．すなわち A_2' は3つの所得に分割されることになる．第1は A_2，第2は業主の帰属賃金，第3は家族従業者の帰属賃金である．したがって Y_2 は，A_2 と賃金所得の合計 (W_2) とに分割される (W_2 は雇用者に実際に支払われた賃金 (W_2') と，業主・家族従業者の労働評価との合計である)．

$$Y_2 = A_2 + W_2$$

したがって

$$Y_p = A_p + W_p$$

ただし

$$A_p = A_1 + A_2$$
$$W_p = W_1 + W_2$$

ここでII部門の分配率は W_2/Y_2，全部門のそれは W_p/Y_p として求められる．

問題はいかにして Y_2 を A_2 と W_2 とに分割するかである．具体的にはまず W_2' を算出し，これに業主・家族従業者の労働評価を加算して W_2 を求め，そ

れを Y_2 から差し引いて A_2 を求める．業主・家族従業者の労働評価は，業主数と家族従業者数に適当と思われる賃金を適用して計算される．その賃金としては彼らの属するⅡ部門の雇用者の賃金を用いる．すなわちここでは，業主と家族従業者はそれぞれ業主と家族従業者として働くか，この部門の雇用者として働くかについては無差別であり，彼らの労働所得は「機会費用」(opportunity cost)で評価されると仮定するのである．

2 戦 後

1953-70年については，経済企画庁データによる要素所得 (Y_p) とその構成要素をそのまま利用することができる．したがって作業の中心は Y_2 を A_2 と W_2 とに分割する $(W_2$ を推計する)ことにある．いずれの推計作業も産業別に行われる．

(1) 従業上の地位別就業者数の推計

従業上の地位別(個人業主，雇用者，家族従業者)就業者数を推計する．ただしⅠ部門には，個人業主と家族従業者は存在しない(雇用者のみである)と仮定する．経済企画庁データによる就業者数には政府企業の分を含んでいるので，これを差し引いて民間の就業者数を計算する．

(2) 要素所得の推計

Ⅰ部門．経済企画庁データによる「法人所得」「その他所得」の合計より，政府の事業所得と財産所得を差し引いて A_1 を得る．次に同じ資料による「雇用者所得」より政府の雇用者所得を差し引いて $W_p'(=W_1'+W_2')$ を求める．W_p' より後に推計される W_2' を控除して，$W_1'=W_1$ を得る．かくて A_1+W_1 として Y_1 をうる．

Ⅱ部門．W_2' は，この部門の雇用者数に1人当たり賃金 (w_2') を乗ずることによって計算される．w_2' は，民間企業全体の平均賃金 (w_p') に賃金格差 (w_2'/w_p') を乗じて求められる．この賃金格差は国税庁の『民間給与実態調査』から得られる．A_2' は経済企画庁データの「個人業主所得」である．かくて $W_2'+A_2'$ として Y_2 が得られる．

(3) 分配率の推計

I 部門. W_1/Y_1 として簡単に求められる.

II 部門. W_2 は雇用者所得 (W_2') と,業主・家族従業者の帰属賃金総額との合計である.業主の帰属賃金は,この部門の労務者と職員の1人当たり賃金の平均値 (w_2') を業主数に乗じることによって,家族従業者の帰属賃金は,この部門の労務者の1人当たり賃金を家族従業者数に乗じることによって,それぞれ推計される.労務者の1人当たり賃金は,w_2' に労務者対全労働者の賃金格差を乗じて求める.この賃金格差は労働省の『毎月勤労統計』より得られる.こうしてこの部門の分配率 (W_2/Y_2) と全部門の分配率 (W_p/Y_p ただし $W_p = W_1 + W_2$, $Y_p = Y_1 + Y_2$) が求められる.

(4) 1971-89 年の延長推計

この期間については,1970年の分配率をベースとして簡単な手法で延長する.すなわち経済企画庁データによる要素所得を就業者数で除して1人当たり所得 (y_p) を求め,同じく雇用者所得を雇用者数で除して1人当たり賃金 (w_p) を求め,その比率 (w_p/y_p) の1970年を1とする指数を作成し,それを1970年の分配率に乗じてこの期間の分配率 (W_p/Y_p) とする.この期間では部門 (I, II) 別推計は行われず,産業も M, S, M+S の大分類にすぎない.

3 戦 前

推計は 1906-40 年を中心として行われる.そこでは利潤や賃金などの要素所得を推計して積み上げ,部門別の要素所得 (Y_1, Y_2) とその合計 (Y_p) とを推計する.次に部門別の分配率 (W_1/Y_1, W_2/Y_2) とその平均値 (W_p/Y_p) を計算する.これらの推計手順は産業によって多少異なるが,ここでは最も重要な製造業を例にとって説明しよう.

(1) 従業上の地位別就業者数の推計

1920, 30 年については『国勢調査』を基礎にした昭和同人会の推計値,1940年については『国勢調査』の計数をそのまま利用する.その他の年次については,南推計の産業別就業者数(『長期経済統計』の計数を補正したもの)を,次

の方法で従業上の地位別に分割する．まず雇用者数は『工場統計表』および『農商務統計表』の従業者数とパラレルに変化したと仮定し，それに一定数を乗じて推計する．業主数は，『工場統計表』『農商務統計表』の工場数とパラレルに動いたと仮定して推計する．家族従業者数は，就業者数より雇用者数と業主数を差し引いて求める．

以上で推計された雇用者数には政府企業の雇用者が含まれているので，次の方法で控除する．官営従業者数は『工場統計表』『農商務統計表』より求める．公営従業者数は『工場統計表』より得られるが，それが得られない期間については官営従業者数とパラレルに変化したと仮定して，それに一定数を乗じて推計する．

(2) 民間雇用者数の部門分割

次にこの民間雇用者数を2部門に分割する．すなわち民間雇用者数に「法人雇用比」(民間雇用者数に占めるⅠ部門の割合)を乗じてⅠ部門の雇用者数を得る．1921-26年については，「法人雇用比」は主税局『主税局統計年報書』所載の営業税表の法人，非法人別雇用者数より算出する．それ以外の年次については，1921, 1926年の2時点間の傾向を延長して推計する．民間雇用者数よりⅠ部門の雇用者数を差し引けばⅡ部門雇用者数が得られる．この数字によって業主1人当たり雇用者数を算出すれば，1906年は0.725，1920年は1.001，1930年は0.786，1940年は1.424となり上昇傾向が見られる．戦後の最初の年である1953年の計数は1.379であるから，上記の戦前の計数はだいたい納得のいくものである．

(3) Ⅰ部門雇用者の職員・労務者別分割

Ⅰ部門の雇用者数(L_1)を職員と労務者に分割するのが次の作業である．これはL_1に「職員比」(L_1に占める職員の割合)を乗じて職員数とする，というものである．「職員比」は1919-40年は『工場統計表』より算出する．それは0.06から0.10へ上昇しているが，1918年以前は1919年の水準で一定であったと仮定する．

(4) A_1の推計

A_1は法人利潤と利子支払額の合計である．

法人利潤は，商工省『会社統計表』の法人純益金－純損金として計算する．ただし1906-20年については，藤野正三郎推計の積立金の年々の増加額に一定数を乗じて推計する．利子支払額は，法人の社外負債に利子率を乗じて求める．『会社統計表』では社債しかわからないので，その他の負債を含むように修正する必要がある．すなわち『会社統計表』の社債に，三菱経済研究所『本邦事業成績分析』の社外負債と社債の比率を乗じて社外負債とする．ただし『会社統計表』の社債は1906-20年には得られないので，この間は藤野推計に一定数を乗じて推計する．利子率は都市銀行の利子率の平均値である．

(5) W_1の推計

これはⅠ部門の労務者賃金所得と職員賃金所得の合計である．これらはそれぞれ労務者数×労務者1人当たり賃金，職員数×職員1人当たり賃金として計算される．労務者と職員数とはすでに(3)で推計されているので，ここでは1人当たり賃金の推計を行う．

労務者賃金(1年当たり)は，職工1日当たり賃金(『長期経済統計』)に年間労働日数を乗じて求める．労働日数は1909-40年は労働運動資料委員会の計数を用いる．1906-08年は1909年に等しいと仮定する．職員賃金は，1930年の『東京市民の所得調査』の計数をベンチマークとし，これ以外の年次は労務者賃金に1930年の職員賃金・労務者賃金比率を乗じて推計する．

(6) A_2'の推計

これは納税業主の所得と非納税業主の所得の合計として推計される．

納税業主の所得は，『主税局統計年報書』の第3種所得に，脱税が10％と仮定してこれを加算したものである．非納税業主の所得は，免税点以下の業主自身の所得と，彼等のもとで働く家族従業者の帰属賃金の合計と考える．このうち業主自身の所得は，免税点以下の業主数にその1人当たり所得を乗じて求められる．免税点以下の業主数は，(1)で得られた業主数より納税業主数(営業税表における営業人員－同じく会社数)を差し引いて求める．1人当たり所得は，

1910, 1935年をベンチマークとし，その他の年次は納税業主1人当たり所得の動きを考慮して推計する．ベンチマークはⅠ部門の職員賃金に等しいと仮定する．

家族従業者の帰属賃金は，非納税業主の家族従業者数に同1人当たり賃金を乗じて得られた．同家族従業者数は，(1)で得られた家族従業者数に，業主総数に占める非納税業主の割合を乗じて求められる．すなわち業主1人当たり家族従業者数は，納税業主と非納税業主の間で等しいと仮定するのである．

家族1人当たり賃金としてはⅡ部門の労務者賃金を用いる．Ⅱ部門の労務者賃金は，Ⅰ部門の労務者賃金に部門間の賃金格差を乗じて推計する．問題はこの格差の推計である．いま2つの仮定をおく．第1は，労務者賃金における部門間格差が職員賃金の格差，したがって労職平均賃金の格差(w_2'/w_1')に等しいという仮定である．第2は，この格差(w_2'/w_1')が，農業年雇賃金の製造業平均賃金に対する比率(θ)とリニアの関係を持って変化する，という仮定である．これはⅠ部門の労働者はⅡ部門の労働者より熟練度の高い労働者であると考えられるが，これらの相対的関係は不熟練労働の代理としての農業労働と，熟練労働の代理としての製造業労働との相対的関係と緊密な関係にある，と考えて差し支えないからである．（製造業労働は不熟練労働も含むが，平均的には農業労働に比べて熟練度が高い．）そこでw_2'/w_1'とθとの関係を戦後(1953-70年)について計測すると次式が得られる．

$$w_2'/w_1' = -0.178 + 2.601\theta$$

ただしw_1'は前節の(2)のW_1を雇用者数で除して算出され，w_2'は同じく(2)で推計されている．農業賃金は年雇賃金であり，製造業賃金は『毎月勤労統計』のものである．いまこの関係式が戦前にも成立すると仮定する．そこでこの式に戦前期の年々のθを代入することによって，w_2'/w_1'が得られる．戦前のθは，農業年雇賃金と製造業賃金((5)で求められたⅠ部門の労務者賃金)との比率である．ただしこの計算によると，w_2'/w_1'は1906-19年に1を超えるので，この期間はそれを1と仮定する．すなわち賃金格差は1906-19年には存在せず1920年代に発生したと仮定するのである．この仮定は事実に合ってい

る．こうして求められた賃金格差(w_2'/w_1')をⅠ部門の労務者賃金に乗じて，Ⅱ部門の労務者賃金とする．

(7) W_2' の推計

これはⅡ部門の雇用者数((2)で推計)にⅡ部門の労務者職員平均賃金(w_2')を乗じて求められる．w_2' を推計するためそれを以下のように分解する．

w_2' ＝Ⅰ部門の労務者賃金×(Ⅱ部門の労職平均賃金／Ⅰ部門の労務者賃金)

　　＝Ⅰ部門の労務者賃金×(Ⅰ部門の労職平均賃金／Ⅰ部門の労務者賃金)

　　　×(Ⅱ部門の労職平均賃金／Ⅰ部門の労職平均賃金)

上式の第3項は w_2'/w_1' であり，これは(6)で推計されている．第2項については，1953–55年の『毎月勤労統計』では平均1.14となるので，それをそのまま戦前にも仮定する．すなわち戦前におけるⅠ部門の労務者賃金と労職平均賃金との格差は，戦後の初期と等しい水準で一定であったと仮定するのである．

(8) 分配率の推計

前項までの作業で得られた A_1 と W_1，それに A_2' と W_2' とをそれぞれ合計することによって，各部門の要素所得(Y_1, Y_2)と，その合計として両部門の要素所得(Y_p)を得る．この推計作業は産業別に行われたが，それを合計して民間非1次産業全体の要素所得が得られる．次に分配率の推計に入る．

Ⅰ部門の分配率は W_1/Y_1 として容易に求められる．

Ⅱ部門の分配率(W_2/Y_2)を求めるためには，Y_2 を A_2 と W_2 とに分割しなければならない．W_2 は，すでに得られた W_2'，個人業主の労働報酬，家族従業者の労働報酬との合計である．個人業主の労働報酬については，(7)で推計されたⅡ部門の労職平均賃金(w_2')，家族従業者の労働報酬については，(6)で推計されたⅡ部門の労務者賃金をそれぞれ適用することによって推計される．

(9) 1896–1905年の延長推計

1906年以降については要素所得を構成要素別に推計し，その合計として要素所得を求め分配率の推計を行った．これ以前の時期については，データの利用可能性が限られているので同様の推計は不可能である．そこで，ごく簡単な方法で Y_p と W_p とを延長推計し，分配率(W_p/Y_p)を求めることにする．ただ

しこのような推計をあまり長い期間について行うのは意味がないので，ここでは 10 年間(1896-1905 年)に限定する．またこの期間では部門(I, II)分割は行わず，また産業分類も M, S, M+S の大分類に止められる．

Y_p：要素所得(Y_p)の NDP(市場価格表示で政府企業の分を含む)に対する比率は，1906-10 年において平均 0.772 である．これが 1896-1905 年にも一定であったと仮定して，これをこの期間の NDP(『長期経済統計』)に一律に乗じて Y_p を推計する．

W_p：これは就業者数(L_p)と 1 人当たり賃金(w_p)との積として求められる．L_p については政府企業を含む計数が得られるので，そこから政府企業就業者数を控除して求める．すなわち 1906-10 年における政府企業就業者数の割合は，平均 0.269 であったので，それを 1896-1905 年にも仮定する．w_p は，製造業の賃金(『長期経済統計』)に一定数を乗じて推計する．すなわち 1906-10 年における w_p の製造業賃金に対する比率は 0.297 であるので，これを 1896-1905 年の製造業賃金に乗じて w_p を求める．

4　推計結果の吟味

要素所得と分配率の産業別および部門別推計値は，南・小野(1978 a)の付表[2]に掲げられている．本書の付表 4 は，そのうち両部門の平均分配率(W_p/Y_p)を再録したものである．

南・小野(1978 a)では，われわれの推計と他推計との比較検討が行われた[3]．第 1 は戦前の要素所得の推計の比較である．すなわち『長期経済統計』における市場価格表示の NDP(政府企業を含む)から，間接税－補助金と政府企業のNDP を差し引いて，要素価格表示の民間 NDP を求め，それとわれわれの要素所得(Y_p)と比較する．次に要素所得の土方成美推計・山田雄三推計との比較が行われた．第 2 は戦前・戦後の分配率の推計の比較である．1 つは非 1 次産業に関する大川一司推計[4]との比較であり，もう 1 つは製造業に関する山田雄三推計，篠原三代平推計，梅村又次推計との比較である．これらの比較の結果については上記の論文を参照されたい．

非1次産業の分配率の推計結果は図4-2に描かれているが,戦前の動きについては2つの注目すべき特徴が指摘された(第4章第3節).第1は長期的低下傾向,第2は著しい波動の存在である.そしていずれの特徴も,経済の一部に過剰労働力が存在するという事実と関連していることが指摘された.

　分配率のこのような特徴は,先進国の経験では見られないものであった.第1に,クズネッツ等の推計によると,イギリス(1860-1975年),フランス(1853-1960年),ドイツ(1895-1975年)では分配率は明らかに上昇しており,アメリカ(1899-1929年)ではほとんど一定で,戦後にかけて上昇している[5].第2に,アメリカの製造業と非農業,カナダの製造業,イギリスの全産業の分配率の各年の動きを詳細に検討しても,そこには明瞭な波動は認められない[6].日本とこれら先進国との差が過剰労働力の存在・不存在から発生したとすれば,日本と同様に過剰労働力が存在したと思われるイタリアのような国の経験が注目される.

1) これは南・小野(1978)の要約である.この推計は,南・小野(1975 a), (1975 b); Minami and Ono(1978)における推計を全面的に改定したものである.これらの推計方法については,大川一司の先駆的研究(大川(1965); Ohkawa(1968))に多くを負うている.
2) 南・小野(1978 a),付表(161-169頁).ここでは要素所得と分配率以外にも,それに関連した重要な変数(生産性,賃金,利潤率,就業者数)の推計値が掲げられている.
3) 南・小野(1978 a), 153-156頁.
4) 大川(1965); Ohkawa(1968).
5) 南・小野(1978 a),図11(159頁).
6) 南(1992),表9-18(241頁).

第5章　農村の所得分布

　戦前の農村の住民，あるいは農民の経済状態については，これまで経済史家の手によって多方面の研究が積み重ねられてきた．地主小作制度，農村金融，小作争議，出稼ぎ等々がそこでの主たる関心事であった．しかしそこには所得分布という視点が存在しない．地主・自作農・小作農という階級間の経済状態の比較が行われるが，全村民の所得分布がどの程度不平等であったか，不平等性は時間とともにどう変化したか，という問題はそこでの関心の外にあったのである．

　農村全体における所得分布の研究としては，小野・渡部の研究，寺崎の研究がある[1]．これらは『農家経済調査』の結果を基礎にしている点で共通している．この調査は全国でわずか200-300程度の農家を対象にしたものであり，しかもその農家は比較的大きな規模の農家に限られている，という問題がある．寺崎は，別の資料による経営規模別農家戸数を用い，『農家経済調査』による階層別平均所得を適用するという形で，この問題を巧妙に回避している．しかし各階層の平均所得が数少ない農家から得られたものである以上，所得分布の推計結果の信頼性には自ずから限界がある．本章では，「農村」を便宜上行政単位の「村」と定義し，戸数割資料が収集された約90の村を対象として分析を進める（1921年から1939年までの期間に町に昇格した村は町と見なす）．それとて全国で1万を数える村（1930年）のごく一部にすぎず，それによる分析は依然として巨象の背中を撫でる感じがなくはない．しかし対象となっている村の間である安定的な関係が認められるならば，それを全国に及ぼすことはある程度許容されるのではないだろうか．

　ところで第3章では，村の所得分布は市町と対比して次の特徴を持つことが指摘された．第1にその所得分布の不平等度は比較的小さく，第2にそれは1921-39年の期間全体では顕著な変化を示さなかった．本章では，このような

村の所得分布を規定する経済的・社会的要因を検討することを目的とする．第1節では土地所有制度，第2節では商業化と兼業化が所得分布に与える影響を分析し，第3節では要約と結論が述べられる．なお戦後については第7章第1・2節で論ずる．

1 土地所有制度

地主小作制度

土地所有制度を表す変数として小作農比率(TR_1)と小作農地比率(TR_2)を用いる．前者は農家戸数に占める小作農の割合，後者は耕地面積に占める小作農地の割合である[2]．基礎データは各府県・各年度の『府県統計書』から得られる．しかしそれらのデータの多くは，郡市別に表章されているにすぎず，村別の表章は極めて限られた府県と年次にすぎない．一方ジニ係数(G)は村別に推計されており，郡別の推計は厳密にはほとんど不可能である(当該郡のすべての村で戸数割統計が得られるわけではない)．このような資料上の困難性から，ここでは2種類の分析を併せて行うことにした．第1は全国の14の郡に関する全般的な分析であり，第2は特定の府県における村別の分析である．

表5-1は第1の分析のための資料である．ここでは全国の郡のうち，戸数割資料と農家戸数・耕地面積の計数がともに得られる14の郡が選ばれている．それは北は福島県から南は熊本県に及んでいるが，1つの郡のすべての村についてジニ係数が推計されているわけではないので，止むなく3村以上についてその推計値が得られる郡に限定している．

表5-2は，これら全郡の3年次にわたる計数をプールして計測したものである．まず式(1)によると，GとTR_2との間には微弱ながら相関が認められる(ここで3つの年次の違いを2つのダミー変数で表す回帰式も推定してみたが，いずれも有意ではなかった)．一方GとTR_1との間の関係は有意ではないので表では省略してある．(2)から(8)は，この基本式にいくつかの説明変数を追加した場合の推計結果である．いずれの方程式においてもTR_2は有意であり，

表5-1 ジニ係数とその要因：全国14郡

(単位%：G以外)

年次	地域	G	TR_1	TR_2	PR	SR_1	SR_2	NR
1923年	栃木県足利郡 3村	0.609	34.3	59.0	66.0	21.6	9.8	43.5
	神奈川県高座郡 5村	0.612	24.4	46.1	17.8	68.6	33.1	25.9[a]
	山口県吉敷郡 3村	0.521	24.6	44.0	82.7	6.6[a]	0.1	35.3
	〃 玖珂郡 6村	0.529	15.5	38.9	63.0	25.3[a]	0.5	31.1
	愛媛県北宇和郡 3村	0.473	21.8	35.1	40.0	68.6	18.3	39.2
	佐賀県佐賀郡 4村	0.460	23.0	47.7	87.2	55.9	2.9	15.9
	熊本県八代郡 3村	0.578	32.7	54.3	66.0	4.3	0.4	26.0
1930年	栃木県足利郡 4村	0.628	33.6	58.6	67.0	29.0	15.1	41.4
	神奈川県高座郡 5村	0.639	24.0	47.8	19.2	66.2	35.3	25.9[a]
	大阪府豊能郡 5村	0.505	40.9	56.6	21.8	2.5	0.3	26.6
	〃 北河内郡 3村	0.611	46.7	63.9	88.6	4.4	1.3	29.2
	山口県玖珂郡 8村	0.519	13.5	34.0	68.0	25.3[a]	0.8	28.0
	愛媛県北宇和郡 3村	0.508	18.6	34.3	37.9	71.1	35.0	30.9
	佐賀県佐賀郡 5村	0.491	20.8	47.7	89.3	66.7	5.3	16.2
	〃 三養基郡 3村	0.511	33.0	54.5	84.2	44.9	8.1	16.2
	〃 小城郡 3村	0.595	21.5	49.4	79.9	60.9	7.1	14.8
	熊本県八代郡 8村	0.537	33.8	54.3	66.0	14.3	2.0	25.5
1937年	福島県石城郡 5村	0.579	31.9	41.6	62.5	37.6	8.8	16.9
	栃木県足利郡 4村	0.562	33.1	58.1	67.1	28.8	15.2	29.2
	神奈川県高座郡 5村	0.571	28.9	51.3	19.0	61.6	27.5	25.9
	静岡県駿東郡 3村	0.545	23.5	42.5	39.7	50.8	17.3	21.1
	〃 田方郡 3村	0.489	24.4	53.1	39.4	34.0	14.9	24.6
	大阪府北河内郡 3村	0.509	46.1	62.3	87.6	2.8	0.8	25.0
	山口県玖珂郡 8村	0.519	15.1	34.0	67.4	25.3	6.2	23.7
	佐賀県佐賀郡 5村	0.546	20.6	48.6	89.1	48.8	4.5	15.2
	〃 三養基郡 3村	0.508	31.7	52.4	84.7	31.2	6.0	17.0
	熊本県八代郡 8村	0.571	42.2	54.3	66.0	11.1	1.8	24.8

(注) G：ジニ係数．表側の村の全サンプルをプールして計算した．
 TR_1：小作農比率(小作農家戸数÷農家戸数×100)．ただし静岡県の1930年は農業者数による．郡の平均値．
 TR_2：小作農地比率(小作農地面積÷耕地面積×100)．郡の平均値．
 PR：田面積比率(田面積÷耕地面積×100)．郡の平均値．
 SR_1：養蚕農家比率(養蚕戸数÷農家戸数×100)．郡の平均値．
 SR_2：桑畑面積比率(桑畑面積÷耕地面積×100)．郡の平均値．
 NR：兼業比率(兼業農家戸数÷農家戸数×100)．郡の平均値．
 a：1937年の計数をそのまま使用した．
(資料) G以外：『府県統計書』各府県・各年版．

表 5-2　ジニ係数の決定関数の推計：全国 14 郡

定　数	説　明　変　数				R	F 値
	TR_2	PR	SR_2	NR		
(1) 0.450	0.194×10^{-2}				0.344	3.36
(8.56)	(1.83)					
(2) 0.469	0.232×10^{-2}	-0.609×10^{-3}			0.448	3.02
(8.94)	(2.20)	(1.57)				
(3) 0.405	0.249×10^{-2}		0.183×10^{-2}		0.529	4.66
(7.72)	(2.48)		(2.32)			
(4) 0.416	0.189×10^{-2}			0.144×10^{-2}	0.415	2.49
(7.04)	(1.80)			(1.25)		
(5) 0.441	0.223×10^{-2}	-0.510×10^{-3}		0.102×10^{-2}	0.475	2.23
(7.14)	(2.08)	(1.26)		(0.85)		
(6) 0.384	0.241×10^{-2}		0.169×10^{-2}	0.101×10^{-2}	0.552	3.37
(6.70)	(2.39)		(2.10)	(0.92)		
(7) 0.410	0.270×10^{-2}	-0.156×10^{-3}	0.127×10^{-2}		0.525	3.05
(6.61)	(2.69)	(0.31)	(1.15)			
(8) 0.376	0.239×10^{-2}	-0.979×10^{-4}	0.183×10^{-2}	0.106×10^{-2}	0.553	2.42
(5.19)	(2.30)	(0.18)	(1.60)	(0.92)		

(注)　1923, 1930, 1937 年の全サンプルをプールして計測した.
　　　（　）内の数字は t 値を示す.
(資料)　表 5-1.

　土地制度が耕地面積で把握される時，それはジニ係数にある程度の影響を与えることが知られる.

　第2の分析は，特定の府県についての村別のデータを利用するものである. この分析には，ここから得られた結論が全国に適用出来るかどうかわからないという難点はあるが，所得分布と土地所有制度の計数がともに村ベースに統一される(被説明変数と説明変数とが整合的である)こと，地域が比較的同質的となり所得分布に及ぼすと予想される地域の違いの影響を取り除くことの点で，かえって望ましいとも言える.

　分析に選定された府県は神奈川・静岡の2県であり，その基本データは表5-3に一括されている．これらの府県が選定されたのは，所得分布の推計値と土地制度関連のデータとが得やすいからである．またこれら2県は隣接しているため，地理的条件の違いが結果を左右することはないと考えられる．データ

表5-3 村別ジニ係数とその要因：神奈川県・静岡県

(単位%：G以外)

		G	TR_1	TR_2	PR	SR_1	SR_2	NR
神奈川県 (1937年)	高座郡新磯村	0.541	35.6	48.7	24.8	72.8		15.1
	〃 麻溝村	0.506	31.1	43.6	9.3	84.7		15.5
	〃 大澤村	0.519	23.2	40.4	2.3	84.2		58.2
	〃 大野村	0.483	34.5	45.7	1.5	83.9		17.4
	〃 田名村	0.519	33.6	48.5	5.7	76.6		20.3
	〃 相原村	0.646	44.5	64.3	0.4	73.9		24.1
	足柄上郡北足柄村	0.475	6.8	29.0	28.8	53.2		20.8
	〃 南足柄村	0.507	19.9	47.1	64.5	58.3		22.6
	〃 福澤村	0.528	23.7	57.3	53.7	50.4		15.7
	〃 岡本村	0.517	18.5	51.5	45.7	57.0		29.7
静岡県 (1930年)	駿東郡金岡村	0.429	35.6		53.2	81.3	12.8	10.3
	〃 大岡村	0.507	51.3		57.3	53.7	20.5	14.6
	〃 大平村	0.501	61.2		55.4	71.8	35.6	13.6
	〃 片濱村	0.517	31.8		39.5	44.9	18.5	38.1
	田方郡内浦村	0.387	21.1		16.0	—	—	60.0
	〃 西浦村	0.379	9.7		14.3	13.9	1.5	31.9
	〃 北上村	0.623	37.9		26.0	76.0	14.5	3.5
	志太郡大富村	0.534	35.2		88.7	41.2	3.1	5.4
	〃 和田村	0.392	8.4		80.4	33.4	2.6	22.2

(注) 各変数の概念については表5-1参照．
　　 TR_1：静岡県は農業者数における小作の割合．

の都合上神奈川県では1937年，静岡県は1930年に限られる．しかも静岡県ではTR_2のデータは得られない．表5-4の式(1)によると，GとTR_1との間には有意な関係が認められる．この式にはダミー変数(D)が含まれているが，これは両県が対象とする年次が異なっている点を考慮したものである．この変数も有意であり，(たとえTR_1が同じでも)両県(したがって両年次)でGが異なる値を取ることを示している．この表にはこの式のほか7本の回帰式が計測されている．いずれにおいてもTR_1が有意であり，土地所有制度が所得分布に影響を与えるという全国の計測結果を確認するものとなっている．

以上の分析から，地主小作制度の発達した土地では所得分布が不平等であることを，結論できるように思われる．このことは，小作農の収入が自作農の8割程度であることから当然の帰結と言えるかもしれない(表5-5)．地主小作制

表 5-4　ジニ係数の決定関数の推計：神奈川県・静岡県

	定数	説明変数					R	F値
		D	TR_1	PR	SR_1	NR		
(1)	0.378 (11.22)	0.655×10^{-1} (2.66)	0.296×10^{-2} (3.33)				0.700	7.68
(2)	0.370 (8.29)	0.695×10^{-1} (2.43)	0.298×10^{-2} (3.25)	0.161×10^{-3} (0.31)			0.702	4.86
(3)	0.396 (9.17)	0.614×10^{-1} (1.73)	0.290×10^{-2} (2.26)		-0.170×10^{-3} (0.17)		0.665	3.70
(4)	0.512 (17.07)	0.527×10^{-1} (1.83)				-0.168×10^{-2} (1.73)	0.522	3.00
(5)	0.405 (8.65)	0.651×10^{-1} (2.62)	0.264×10^{-2} (2.71)			-0.737×10^{-3} (0.83)	0.716	5.25
(6)	0.544 (5.81)	0.407×10^{-1} (2.11)	0.261×10^{-2} (2.47)	-0.524×10^{-4} (0.78)		-0.203×10^{-3} (1.88)	0.548	2.15
(7)	0.402 (6.35)	0.600×10^{-1} (1.57)	0.292×10^{-2} (2.18)	-0.809×10^{-4} (0.13)	-0.213×10^{-3} (0.19)		0.666	2.5
(8)	0.402 (7.27)	0.625×10^{-1} (1.68)			-0.171×10^{-3} (0.16)	-0.234×10^{-3} (0.20)		

(注)　神奈川県(1937年)と静岡県(1930年)の全サンプルをプールして計測した.
　　　D：神奈川県を1,静岡県を0とするダミー変数.
(資料)　表 5-3.

度が所得分布に悪い影響を与えることは，これまで経済史家によって暗黙の内に前提されてきたことであり，その想定が決して誤りではなかったのである[3]．ところで全国の小作農の割合，および小作農の耕地の割合はいずれも1920年から1940年にかけて僅かながらも低下しており(表 5-6)，戦前期において地主小作制度がすでに崩壊しつつあったことを示している[4]．1920年代から激化した小作争議，工業生産物に対する農業生産物の相対価格の低下によって，農業は割りの合わない投資対象になりつつあり，地主階級は土地を手放して非農業に投資する傾向が顕著になったのである[5]．この傾向は農村の所得分布を改善する方向に作用したと想像される．

小作料と農地分布

ここで 2 つのコメントを付け加えるのが適当であろう．

第 1 は小作料の変化である．勧業銀行調査による普通田の実納小作料と小作

表5-5 農民生活に関する指標と小作料

	1910年	1920年	1930年	1938年
農家種類別収入比較[b](%)				
小作農/自作農		80.0[a]	86.3	94.8
自小作農/自作農		96.7[a]	92.2	101.7
農家・非農家の実質所得[c](円)				
農家	523	706	514	703
非農家	1005	1281	1509	1731
農家・非農家の所得格差[d](%)				
農家/非農家	52.0	55.1	34.1	40.6
田の小作料				
実納小作料[e](石/反)		1.15[a]	1.03	1.05
小作料率[f](%)		62.2[a]	54.4	55.1

(注)　当該年次を中心とする3年間の平均.
　　　a:1922年を中心とする3年間の平均.
(資料)　b:『農家経済調査報告』各年版.
　　　c:Otsuki and Takamatsu(1982), p. VII-16 の所得額を Ohkawa and Shinohara(1979), pp. 387-388 の消費支出デフレーター(1934-36=1)で除して求めた.
　　　d:cの比率として計算した.
　　　e:栗原(1974),第43表(111頁).
　　　f:実納小作料を田の反収(梅村・その他(1966),168, 217頁より算出)で除して求めた.

料率(収穫高に占める小作料の割合)は,1920年代に明らかに低下している(表5-5).これはおそらく,20年代において盛んであった小作争議の影響であったと思われる[6]が,地主小作制度の崩壊が所得分布に与える影響をある程度増幅したはずである.もっとも30年代に入ると小作料・小作料率は微増に転じており,これは地主小作制度の崩壊が所得分布に与える影響を相殺する方向に働いたと言えよう.

　第2は所有農地分布の変化である.これについては有名な栗原百寿の「中農標準化仮説」がある.それによると上層農家と下層農家とが減少し,中間の1-2町の農家が増加したという[7].1戸当たり所得が経営規模と正比例する(これは『農家経済調査』でも確認される)ならば,中農標準化は所得分布を改善する方向に作用したはずである.所得分布と農地の分布との間に存在すると予想される関係は,本来ならば実証の対象となるべき問題である.しかし所得分

表5-6 農家と農地の構造:戦前 (単位:%)

	1910年	1920年	1930年	1940年
農家戸数の構成				
自作農	33.4	31.3	31.1	31.1
自小作農	39.2	40.6	42.4	42.1
小作農	27.4	28.1	26.5	26.8
合計	100.0	100.0	100.0	100.0
農家戸数の構成				
専業農家	68.6	70.1	72.2	68.9
兼業農家	31.4	29.9	27.8	31.1
合計	100.0	100.0	100.0	100.0
経営面積の構成				
田	51.2	49.9	54.2	52.8
畑	48.8	50.1	45.8	47.2
合計	100.0	100.0	100.0	100.0
経営面積の構成				
自作地	54.6	53.7	52.3	54.5
小作地	45.4	46.3	47.7	45.5
合計	100.0	100.0	100.0	100.0

(資料) 加用(1983), 2, 4頁.

表5-7 所得額と資産賦課額との関係:神奈川県5村(1937年)

地　域	サンプル数	相関係数	F値
高座郡			
新磯村	545	0.871	1,709
麻溝村	583	0.838	1,369
大野村	898	0.803	1,630
足柄上郡			
北足柄村	329	0.679	279
岡本村	583	0.986	20,943

(注) 所得額は控除後所得(B系列).

布に対応する耕地分布のデータ(経営規模別耕地面積)は,ごく少数の例外を別にして村別はもちろん郡別にも得られない.

ところで戸数割税は所得ばかりでなく資産に対しても賦課されており,したがって賦課税表には通常資産点数(資産の大きさを点数化したもの),または資産賦課額が記入されている.戸数割では税率が同一なので資産賦課額は資産点

数に正比例する．村民（その多くは農民であるが）の資産の大部分は農地であるから，資産賦課額の分布はほぼ農地の分布を代表していると考えてもよかろう．表5-3に登場する神奈川県の10村については，そのうちの5村において資産賦課額が計上されている．表5-7は各個人の所得額（控除後）と資産賦課額との相関係数であるが，これによると両者の間には高い相関があることがわかる．

2 商業化と兼業化

商業化

ここで農村の商業化とは，それまで米の現物取引を中心とした経済に，養蚕・畜産・園芸作物等の商業作物が普及していく過程を指す[8]．この現象は経済史家の間で「小商品経済化」と呼ばれてきたものである．これが農民の所得分布にどのような影響を与えたかについては，先験的にはなんとも言えない．例えば零細農民の間での養蚕の普及は，おそらく村全体の所得分布を平等にするであろうが，中規模・大規模農民の間でのそれは所得分布を悪化させるであろう．養蚕にしても園芸作物にしても，おそらくその普及は中規模・大規模農民から始まり，零細農民への普及はその後の段階となろう．そうだとすると，一般に商業化はその初期段階では所得分布を悪化させ，成熟段階では改善すると考えられる[9]．要するに，商業化の所得分布に対する影響は実証によって知るほかないのである．

商業化を表すものとしてここでは2つの変数を取り上げる．第1は耕地面積における畑の割合（100−PR）である（PRは田の割合）．養蚕・畜産・園芸作物の普及が著しければPRは小さいはずである．全国14郡の表5-2と神奈川・静岡両県の表5-4によると，PRの有意性は低い．しかし符号は概ねマイナスであり，田の割合の上昇が所得分布を改善する（畑作の普及が所得分布を悪化させる）ことを示す．

第2は養蚕の普及度を表す変数で，養蚕農家の割合（SR_1）と桑畑面積の割合（SR_2）である．表5-2では土地所有制度を表す変数が面積ベース（TR_2）なので，

養蚕の普及度も SR_2 を用い，表5-4では土地所有制度が戸数ベース(TR_1)で捉えられているので，養蚕の普及度は SR_1 で表すことにしよう．2つの表では結果は必ずしも一致していない．表5-4では SR_1 はいずれもマイナスであるが有意性はまったくない．養蚕の普及度の違いは所得分布にほとんど影響していない．しかし表5-2では SR_2 は4本の回帰式のいずれにおいてもプラスであり，そのうち2本については明らかに有意である．その他の2本については有意ではないが t 値はさほど低くはない．したがって全国ベースでは，養蚕の普及は所得分布を悪化させる方向に働いたということになる．

このように当時の商業化については，それは所得分布をどちらかというと悪化させる方向にあった，と言えよう[10]．もっともこの結論を一般化することは危険である．なぜなら初めに述べたように，商業化の段階によってその影響が違うはずだからである．商業化の先進地や，商業化が本格化した戦後の農村では商業化は全階層の農民に行き渡ったから，商業化は所得分布を改善したと言えるかもしれない．

戦前における商業化の先進地域の例として神奈川県高座郡を挙げることが出来よう．1927年の小田急線の開通によってその一部が東京・横浜等と直結し，1931年の相模鉄道（後に国鉄相模線）の全通によって厚木・八王子間が鉄道で結ばれ（八王子と橋本間は横浜線），高座郡の各村は八王子・茅ヶ崎・寒川・大和・伊勢原・厚木等との結びつきを深めた．この地方は養蚕等の畑作によりももともと商品化が進んだ地域であったが，繭価格の低落によって養蚕収入は減少した．このためこの地方では各種商品作物を栽培し京浜地方に出荷した．この中では大野村はみつばの栽培で成功し，西瓜も評判がよく連日出荷に追われた．新磯村のなす・きゅうり等の蔬菜は，初め横浜方面に集荷されていたが，後に小田急線座間駅から東京に出荷されるようになった．田名村では養鶏，高座郡全体では養豚が普及した．とくに豚は1935年の全国肉畜博覧会で金賞を受賞し，「高座豚」として全国に知られることとなった[11]．表5-1に見られる高座郡各村の所得分布の改善（5村全体としてのジニ係数は，1923-1937年に0.612から0.571へ低下した）の背景には，このような変貌があったのである[12]．

兼業化

　最後に農村における労働市場の変化の影響を考察しよう．まず農民の兼業化を取り上げる．農民が余った時間を非農業活動に使うことが普及することによって，農村の所得分布はどのように変わるであろうか．これについては先験的には何とも言えない．下層農民の兼業化は所得分布を改善するであろうが，中上層農民のそれは所得分布を悪化させるはずだからである．兼業率として，農家のうち兼業を行っているものの割合(NR)をとる．この変数を回帰式に加えて計測すると，そのパラメータは表5–2ではいずれもプラス，表5–4ではいずれもマイナスとなる．しかしいずれの場合でも，その変数のパラメータはすべて有意ではない．すなわち兼業化は所得分布に目立った影響を与えなかった，ということになろう．

　このような結果となった理由の1つとして，NRが兼業農家の割合であり，各農家の兼業の程度は問わないということがあるかもしれない．もしも農家所得に占める兼業所得の割合によって兼業化を捉えることができたとしたら，かなり違った結論が得られたかもしれない．とくに兼業化が本格的になった戦後では，それは所得分布に無視しえない影響を与えたであろう．もちろん兼業化が全農民に行き渡った後では，兼業所得の増加はさほど大きな影響を与えないかもしれない．

　また都市工業地帯に近い村では，そこでの就業機会の拡大の余波を受けて脱農が促進されよう．所得分布に対する影響は一概には言えないが，おそらく脱農は小作農をはじめとする比較的貧しい農民に生ずるものであろう．そうだとすれば脱農現象は所得分布を改善するはずだからである．

3　要約と結論

　所得分布の計測に用いられる戸数割資料自体はごく一部の地域に限られており，しかも所得分布の説明に必要とされる農村の経済構造を表すデータもきわめて不備である．このため，村落の所得分布の地域間格差と歴史的変化に対す

る分析は，どうしても不十分なものにならざるをえない．しかしこうした問題を認めるにしても，本稿はこの分野での初めての試みとして一定の意義を持ち，そこから導かれたいくつかの事実発見は，戦前日本の経済・社会を理解するための1つの材料を提供するものと言えよう．

本章では戦前の村の所得分布を規定すると思われるいくつかの要因を分析した．第1の要因は地主小作制度であり，それが所得分布に悪い影響を与えるという関係が指摘された．これは，これまでの経済史家によって暗黙のうちに想定されていた関係が計量的に確認されたことを意味する．戦前期には地主小作制度は弱体化の過程にあったから，これは所得分布の改善に一定の貢献をしたはずである．第2の要因は商業化であり，それらは戦前ではいまだ成熟段階には達していなかったから，所得分布を悪化させる方向に作用したと考えられる．第3の要因は農民の兼業化であり，これについては確定的な事実は得られなかった．このようなプラスとマイナスの要因が相殺されて，村落における比較的安定的な所得分布が生まれたのであろう[13]．

1) Ono and Watanabe(1976); 寺崎(1987).
2) この際自小作の扱いが問題となる．これを小作に近いと考えて小作・自小作の割合をとることもできよう．
3) 日本の地主は，国際比較的に見て，零細で所得も高いものではなかった．1936年当時で，都市の公務員や教師と同等の所得を小作料のみで得ようとすれば，6.5 ha の良質な水田が必要であった(ドーア(1965), 7頁)．また50 ha 以上の大地主は2,400戸にすぎず，その農地は全小作地の9%にすぎなかった(川越(1993), 158頁)．したがってわが国においては，所得分布に及ぼす地主制度の影響をあまり高く評価することは慎まねばならない．
4) 地主制の凋落傾向については中村政則(1979), 271-275頁に詳しい分析がある．それによると，5町以上の典型的地主階級が明らかに減少し，5町未満零細地主は逆に増加している．
5) 地主制凋落の実体については中村政則(1976), 148-153頁; 永原・その他(1972), 終章を参照.
6) 小作料の変化については栗原(1974), 第2章第2節; 森(1976), 320頁参照.

7) 栗原(1974), 33-34頁. 中農標準化の現象は綿谷(1959), 図4・5(236頁)に要領よく図示されている.
8) 例えば西田(1968), (1975).
9) 農業技術の普及が所得分布に及ぼす影響については, 溝口(1993), 53頁; 寺崎(1987), 126頁参照.
10) 長野県埴科郡五加村の所有規模別所得構成(1929年)を見ると, 村民の所得に占める養蚕等商品生産の割合(平均では20-40%)は全農民階層に及んでいるものの, 下層より中間層・上層(とくに中間層)において大きい(大石・西田(1991), 404, 414頁). これが所得分布に与えた影響は正確には知りえないが, どちらかというと, それを悪化させる方向に作用したのではないかと思われる.
11) 相模原市役所(1971), 277-281頁.
12) この地方では, 京浜工業地帯や近隣工業地帯の余波を受けて非農業就業者が急増している(高座郡全体では1920-40年に1.55倍に増加し, 総就業者に占める割合は30.9%から43.3%へ上昇した). これはある程度都市人口の流入によるものであるが, これによる中所得層の拡大が所得分布を改善したのかもしれない. この地方の所得分布の変化の要因については一層の研究が必要であろう.
13) 1920-30年代における農村不況に対して政府はいくつかの対策を行った. 第1に, 1926年には「自作農創設維持補助規則」, 1937年には「自作農創設維持補助助成規則」, 1938年には「農地調整法」を制定し, 小作農に資金を提供して自分の土地を与えようとする政策を実施した. しかし利率は高くこれを利用する小作人は少なかったし, 彼らが取得した土地もどちらかと言えば地主が持て余していた係争中の土地が多く, この政策は地主に有利だというのが一般的な見方であった. 第2に, 政府は1932年時局匡救事業と呼ばれる農村不況対策を実施した. これは各地に公共土木事業を起こし現金収入の機会を農民に与えようとするものであった. しかしこの政策は3年間で打ち切られ, その後は財政的負担のない農山漁村経済更正計画に切り換えられた. したがって, これら農村対策は農民の所得分布に決定的な影響を与えたとは思われない(これら農村対策については中村政則(1976), 169-181頁, (1979), 302-317頁; 森(1976)を参照されたい).

第6章　全国の所得分布の推計

　この章では全国の所得分布の推計と分析を行う．これを戦後の所得分布と接続して，戦前から戦後にいたる長期間の変化を明らかにする．

　第3章第2節では，150-180に及ぶ市町村の戸数割資料をプールしてジニ係数を推計したが，それによると，1920年代初めでも0.55を超える高い水準にあり，しかもその後上昇傾向を示している．すなわち戦前日本の所得分布は非常に不平等であり，その不平等度は時とともに増大したということになる．しかしこの程度の数の市町村の資料から，全国の状況を判断することには慎重でなければならない．限られた資料からいかにしてより妥当な全国推計値を導くかが，本章の目的である．第1節と第2節では，1923, 1930, 1937年のベンチマーク年に関する推計を行う．前者では基本的推計を行い，後者ではその吟味と修正を通じて最終的な結果が導かれる．第3節では19世紀末以降1910年代までの推計を試み，第2節の推計と合わせて戦前における長期的変動を明らかにする．第4節は要約と結論に当てられる．

1　ベンチマーク年の推計

　もっとも安直に全国の所得分布を求めるには，（戸数割資料が収集された）全市町村の全納税者をプールして試算する方法がまず考えられる．表3-4パネルCの(3)は150-180の市町村に関するものであり，(4)はそのうち3つのベンチマーク年に共通して資料の得られる80市町村についての推計値である．しかしこれには次の問題がある．第1に，そもそも戸数割資料（したがって上記の推計）は東京，大阪，名古屋，京都等の大都市をカバーしていない．資料が収集された地域のうち最も大きいのは横須賀，静岡，熊本等で，世帯数は1940年でもせいぜい4万戸の市にすぎない（東京市は142万戸，大阪市は72万戸）．

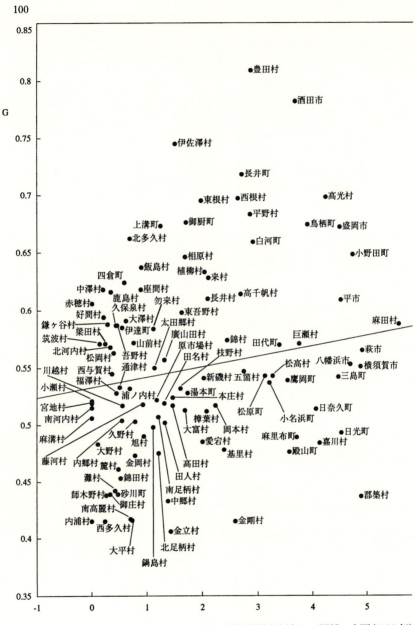

図 6-1 ジニ係数と高額所得者割合との関係：全国(1937年)

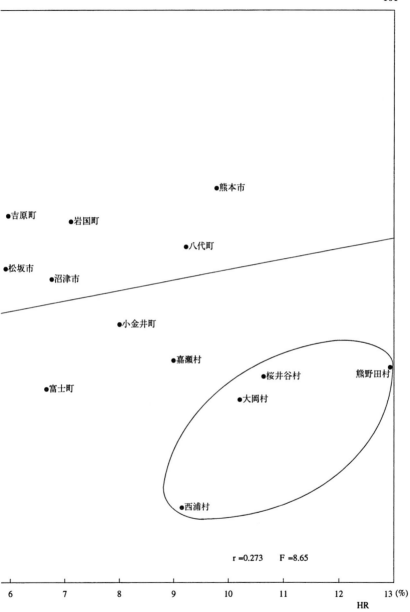

(注) 1) 回帰式は円に囲まれた4村を除いて計算された．相関係数は1％の水準で有意である．
2) 1923, 1930年における相関係数(括弧内はF値)は，それぞれ0.113(1.11), 0.247 (7.42)である．後者は1％の水準で有意である．

第2に，資料の収集地は標本抽出によって選定されたものではなく，たまたまその市町村で戸数割税が採用され，その資料が残存し，その資料の複製が許可されたという偶然の結果にすぎない．

しかし全国の所得分布の推計にはこの資料を利用するしか方法がないので，われわれは次の仮定を置くことによって，これらの問題点を回避することにする．

第1の仮定は，各市町村間の不平等度の格差は高額所得者の存在によるもので，非高額所得者の所得分布は同一である，というものである．産業化によって所得分布が悪化するという事実の背後には，産業化によって，高額所得者が絶対的・相対的に増加したという事実があるように思われる．いま高額所得者を1人当たり所得1,500円以上の者と定義しよう[1]．全納税戸数(N)に占める彼らの割合，高額所得者比率(HR)は，1937年では，Gとの間に確かに相関がある(図6–1)[2]．これに対して，非高額所得者について計測したGとIとの間には，いずれの年次においても相関はまったくない[3]．

次に所得分布を，非高額所得者と高額所得者のそれぞれについて計測してみよう(表6–1)．パネルA, Bがその結果であり，(1)はすべての市町村を用いた場合，(2)は3年次に共通してデータの得られる市町村に限った場合である．これによると非高額所得者と高額所得者の不平等度は，全体のそれ(表3–4パネルCの(4))より小さい．また両者の所得には極めて大きな格差が存在する．例えば1937年では，非高額所得者の所得は高額所得者の7–8%にすぎない．この大きな所得格差が全体の所得分布を不平等にしているのである．

第2の仮定は，資料の収集地が，まったくの偶然ではあるが標本抽出の結果と一致しており，全国の所得分布の状況を正しく反映している，というものである．この仮定を正当化することは難しいが，やむを得ない仮定として前提しよう．

これらの仮定のもとでは，戸数割資料が収集された市町村の非高額所得者の所得分布を，全国の非高額所得者の所得分布と見なすことができる．その計数は表6–1のパネルBに掲げられている．

表 6-1 戸数割資料による全国高額所得者と全国非高額所得者の所得分布

	年 次	所得不平等度の指標			平均所得	納税戸数
		G	V	Q(%)	y(円)	N
(A) 高額所得者	(1) 1923	0.382	0.881	34.83	3,716	4,573
	(1) 1930	0.375	0.862	34.30	3,643	6,625
	(1) 1937	0.356	0.807	32.66	3,501	11,231
	(2) 1923	0.384	0.890	35.09	3,695	2,445
	(2) 1930	0.346	0.787	32.09	3,356	2,214
	(2) 1937	0.350	0.798	32.44	3,395	2,490
(B) 非高額所得者	(1) 1923	0.481	0.919	32.23	304	110,330
	(1) 1930	0.502	0.980	34.41	279	196,725
	(1) 1937	0.517	1.025	35.89	265	244,211
	(2) 1923	0.476	0.912	32.18	291	73,056
	(2) 1930	0.512	1.008	35.20	245	81,121
	(2) 1937	0.524	1.050	36.81	227	93,212
(C) 非高額所得者 (修正値)	(1) 1923	0.354	0.675	26.20	395	109,680
	(1) 1930	0.362	0.703	27.33	368	195,421
	(1) 1937	0.378	0.745	28.66	346	242,779
	(2) 1923	0.346	0.662	26.01	382	72,699
	(2) 1930	0.362	0.708	27.57	337	80,839
	(2) 1937	0.368	0.734	28.66	310	92,870

(注) 1) (1)はデータの得られる全市町村について計算したもの．(2)は3年次に共通してデータの得られる市町村について計算したもの．
2) パネルCの修正値の計算については本文参照．

次に全国高額所得者の所得分布を求める．これは大蔵省主税局によって公表されている第3種所得税(個人所得税)の結果によって，問題なく計測することができる(表6-2パネルA)．このGの推計値は，非高額所得者のG(表6-1パネルBの(2))より小さい．高額所得者の間では所得分布ははるかに平等である．

表6-2には1人当たり(1戸当たり)所得(y)と，世帯数(N′)とが掲げられている．パネルAの全国高額所得者のN′は第3種所得税納税者数[4]であり，パネルBの全国全世帯のN′は国勢調査による普通世帯数である．(全国全世帯数から上記納税者数を差し引くと，全国非高額所得者数となる．) 全世帯数に占める高額所得者の割合は，1923年では4.5%，1930年では3.7%，1937年で

表 6-2　全国世帯の所得分布

		年次	所得不平等度の指標			平均所得	世帯数
			G	V	Q(%)	y(円)	N′
(A) 高額所得者		1923	0.433	1.095	41.93	4,241	518,332
		1930	0.434	1.090	41.72	4,291	461,466
		1937	0.456	1.161	43.89	4,564	568,723
(B) 全世帯	(1)	1923	0.616	1.482	52.82	485	11,512,357
		1930	0.623	1.500	53.26	429	12,600,276
		1937	0.653	1.627	57.38	446	13,798,648
	(2)	1923	0.618	1.507	53.71	472	11,512,357
		1930	0.643	1.584	56.00	396	12,600,276
		1937	0.674	1.732	60.82	409	13,798,648
(C) 全世帯 (修正値)	(1)	1923	0.506	1.219	45.22	571	11,512,357
		1930	0.501	1.206	44.81	514	12,600,276
		1937	0.539	1.344	49.14	523	13,798,648
	(2)	1923	0.505	1.233	45.77	560	11,512,357
		1930	0.512	1.260	46.49	484	12,600,276
		1937	0.547	1.408	51.32	488	13,798,648

(注)　G, V, Q, y：パネル A は第 3 種所得税統計.
　　　　　　　パネル B は表 6-1 パネル B の標本と本表パネル A の標本をプールして計算した.
　　　　　　　パネル C は表 6-1 パネル C の標本と本表パネル A の標本をプールして計算した.
　　　N′：パネル A は第 3 種所得税納税戸数. 納税者数から同居人数を差し引いて求めた.
　　　　　　パネル B, C は『国勢調査』による普通世帯数. 1923, 1937年の計数は, それぞれ 1920 年と 1925 年の平均値, 1935 年と 1940 年の平均値.

は 4.1% となっている.

　全国世帯の所得分布は，上記の非高額所得者の所得分布と，上記の高額所得者の所得分布を結合することによって推計される．すなわち，y＝1,500 円以上の階層については第 3 種所得税統計の所得分布をそのまま仮定する．そして 1,500 円未満の階層については，戸数割統計から計測された 132 市町村(1937 年の場合)の所得階層別世帯数に修正係数を乗じて，全国ベースに膨らませたものを適用するのである．修正係数とは，全国普通世帯数に占める非高額所得者の割合である．1937 年を例にとると，全国普通世帯数 13,798,648(表 6-2 パ

ネルB)から高額所得者数568,723(表6-2パネルA)を差し引いた13,229,925が全国非高額所得者数である.しかし戸数割資料でカバーされたものは244,211(表6-1パネルBの(1))であり,それは前者の54.174分の1である.そこで表6-1パネルBの(1)の全標本に一律にこの倍率を乗じて,全国非高額所得者の所得階層別人員を求める.これに高額所得者の所得階層別人員を加えて全国世帯の所得分布を計算するのである.こうして算出された全国世帯の所得分布の不平等係数が,表6-2パネルBの(1)である.しかしこの推計では,3年次で用いられた戸数割資料の範囲(市町村)が異なるため,異年次間の連続性に問題が残る.そこで3年次に共通した範囲に限定して計測したのがパネルBの(2)である.いずれの年でもジニ係数は0.6を超えており驚くほど高い.

2 推計の問題点と補正

ではこの推計値に問題はないであろうか.第3種所得税統計は全国をカバーしており,東京等大都市を含まないという問題はまったく存在しない.また税額の評価能力は税務署の方が市町村役場より高いとも考えられるので,統計の信頼性も戸数割統計よりは高いと考えられる.問題は戸数割統計にある.以下ではその点を吟味しよう.

第1は,われわれの推計が,東京等大都市の所得分布を充分に反映しているかどうか,という問題である.ここで再び図6-1を見よう.そこでは各市町村のGが,高額所得者の割合(HR)と正の相関関係を有していた.ところで全国のHRは1937年において4.1%であり,この数値をこの回帰線に当てはめることによって,一応全国のGが推定される.それは0.56近傍であり,これと比較すれば表6-2パネルBの推計値はかなり高い,と言えよう.

第2は,戸数割資料の所得額の信頼性である.もしもそれが過少に評価されているとしたら,高額所得者以外の世帯の分布(戸数割資料による)と高額所得者のそれとを結合すると,全体の所得分布が過大に評価されるという可能性である.

表 6-3 控除後所得の控除前所得に対する割合：2 市・5 村 (単位：%)

山口県玖珂郡愛宕村	9 年[a]の平均	86.9
愛媛県八幡浜市	5 年[b]の平均	91.8
〃 宇和島市	3 年[c]の平均	72.1
〃 北宇和郡九島村・来村	9 年[d]の平均	84.5
〃 〃 高光村	1 年[e]	77.6
広島県安芸郡温品村	2 年[f]の平均	69.7
平 均		80.4

(注) 戸数割資料 B 系列の A 系列に対する割合.
a：1923, 1925, 1930, 1933-38 年.
b：1935-39 年.
c：1922, 1932-33 年.
d：1923-24, 1927, 1929-34 年.
e：1922 年.
f：1930, 1934 年.
(資料) f：佐藤(1992)，表 3(231 頁).

戸数割資料の所得額については，差し当たり 2 つの問題が考えられる．

(1)農家の自家消費が除外されているという可能性である．この点についてはすでに第 2 章第 1 節で検討した．その結果は，自家消費がいくぶん過少評価されているという懸念はあるが，それが全面的に除外されているということはない，というものであった．

(2)所得分布の計測は控除後所得(B 系列)によって行われたため，控除分だけ所得が過小になっているという可能性である．控除前所得(A 系列)の得られる市町村は全国でも極めて限られている．表 6-3 には，それらの市町村における A 系列に対する B 系列の比率が掲げられている．その単純平均値は 80% であり，所得控除率は平均 20% 程度であったことがわかる．

そこで戸数割資料による全国世帯の平均所得 y (表 3-4 パネル C の (4)) に 0.20 を乗じて控除額を求める．それは 1923, 1930, 1937 年でそれぞれ 97 円，96 円，88 円となる．この控除額を非高額所得者の B 系列に一律に加算して，控除前所得を求める．それを用いて計算した所得分布(表 6-1 パネル C)は，補正前(パネル B)より平等となっている．そしてこの所得分布と高額所得者の所得分布とを結合すると，表 6-2 パネル C の修正値が得られる．このうち(2)は

3年次に共通した資料によって計測されたもので，これがわれわれの最終結果である．これは補正前(パネルBの(2))よりかなり平等となっている．

この最終結果によると次のことがわかる．第1に，戦前日本の所得分布が極めて不平等であった(Gは観察期間中0.50以上であった[5])こと，第2に，Gはこの期間において上昇した(その結果1937年にはほぼ0.55となった)ことは間違いない事実であろう．

3 長期系列の推計

以上ではベンチマーク年(1923, 1930, 1937年)の所得分布を推計した．表6-4と図6-2の系列IIがそれである(ここには戦後の推計値(系列III・IV)も掲げられているが，これについては第7章第1節で解説する[6])．

ところで1921年以前にもいくつかの町村では戸数割資料が残存する．しかしそこでは所得や税額が個人別に掲げられておらず，税額(したがって所得)の等級別に納税者数が掲げられているにすぎない(第3章第2節)．表3-7にはその資料から計算した年々の所得分布の不平等度を，3つの期間(1891-1900, 1901-1910, 1911-1921年)のそれぞれについて平均した計数が掲げられている．これが表6-4と図6-2の系列Iである．しかしこの不平等度は，このままではベンチマーク年の計測値に接続することはできない．第1に，用いられた町村数がいかにも少ない(ベンチマーク年では高額所得者については全国の計数が用いられ，非高額所得者についてはかなり多数の市町村の計数が用いられた)．第2に，この期間のジニ係数は賦課税総額(D系列)から求めたもので，ベンチマーク年のように所得額から計算したものではない．第3に，賦課税総額は個人別の計数を集計したものではなく，初めからいくつかの等級に集約されたものが用いられている．第4に，ベンチマーク年の計測で行ったような修正(税額控除分の調整など)が行われていない．第2と第4の問題点は不平等度を過大に推計する原因となる．

このように系列Iの水準には問題がある．しかしその変化は信頼に値するも

表6-4 ジニ係数の長期系列

年　次	ジニ係数 G	
	I	I′
1891-1900 (1895)	0.476	0.395
1901-1910 (1905)	0.521	0.433
1911-1921 (1915)	0.579	0.481
	II	
1923	0.505	
1930	0.512	
1937	0.547	
	III	IV
1956	0.313	
1959	0.357	
1962	0.382	0.376
1968	0.380	0.349
1974		0.344
1980		0.337
1985		0.359
1990		0.372

(資料)　I：表3-7.
　　　　I′：Iの修正値(本文参照).
　　　　II：表6-2パネルCの(2).
　　　　III：Wada推計：Wada
　　　　　　(1975), Table 3.1-1(p.525)
　　　　IV：溝口・寺崎推計：溝口・
　　　　　　寺崎(1995), 表1(61頁).

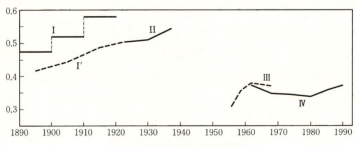

図6-2　ジニ係数の長期的変化
　(資料)表6-4.

のと考え，この仮定のもとでベンチマーク年以前への延長推計を試みよう．ま ず 1891-1900, 1901-1910, 1911-1921 年の系列 I を，それぞれ 1895, 1905, 1915 年の計数と仮定する．次にジニ係数は 1915 年から 1923 年までは，1923-1937 年と同じ率で変化したと仮定し[7]，1923 年の系列 II (0.505) から 1915 年の計数 を遡及推計する．それは 0.481 となる．これはこの年の系列 I (0.579) の 0.831 倍であるから，この倍率 (I'/I) を 1895, 1905 年の系列 I に乗じて修正値を求める．それが表 6-4 と図 6-2 の系列 I′ である．

1910 年代以前についてこのような推計が許されるならば，それと 1920 年代以降の推計とを接続することによって，わが国の所得分布は 19 世紀末期から第 2 次大戦以前まで一貫して不平等化したという結論が導かれる．その解釈については第 3 章第 2 節で述べたので繰り返さない．

4 要約と結論

われわれは手始めに，これまで戸数割資料が収集された全市町村の所得分布を計測した（第 3 章第 2 節）．しかしそれは東京等の大都市を含まないという問題があり，そのため本章では，全国の高額所得者に賦課された所得税の資料を併用して，その問題点を回避しようとした．すなわち全国の全世帯が高額所得者と非高額所得者とによって構成されると考え，前者の所得分布を全国の所得税資料によって推計し，後者の所得分布を戸数割資料による所得分布で代表されると仮定した．そして最後にこの推計値を吟味したのち，さらに補正を行って最終的な推計値を得たのである．

その結果 1920-30 年代のわが国の所得分布は極めて不平等であり，しかも時間の経過とともにいっそう不平等となったことが判明した．このような現象をもたらした要因については，すでに都市（第 4 章）と農村（第 5 章）に分けて検討が行われている．そこでは都市の所得分布がより不平等であり，時の経過とともにその度合いが高まったこと，農村の所得分布は歴史的に余り大きな変化はなく，また都市ほどではないがかなり不平等であったことが明らかになってい

る．したがって全国の所得分布が不平等であったのは，両地域，わけても都市における不平等な分布によるものであり，また全国の所得分布の悪化は，主として都市における分布の悪化によるものであり，それに加えて都市農村間の所得格差の拡大に影響されたためである，と結論できよう（第3章第2節）．

1921年以前については，戸数割資料が不完全であるため暫定的推計に止めざるを得なかった．しかしそれを大胆な仮定のもとで1920年代以降の推計と接続すると，所得分布は，19世紀末から第2次大戦以前までの約40年間を通じて不平等化し続けたことが判明した．

1) 全国所得税の免税点は1923年で800円，1930年，1937年で1,200円である．しかし戸数割資料の階層区分の関係で1,500円以上を高額所得者とみなした．
2) 非高額所得者のジニ係数と産業化率との相関係数(括弧内はF値)は，1923年，1930年，1937年においてそれぞれ0.059(0.32), 0.184(4.06), 0.000(0.00)である．
3) このことは，高額所得者の地域分布が所得分布の地域間格差の要因であることを示す．高額所得者の地域分布については谷沢の研究(1992)がある．なおyとHRとの間には，当然ながら密接な関係がある．1923年，1930年，1937年の相関係数(括弧内はF値)は，それぞれ0.840(208), 0.789(183), 0.901(495)である．
4) 大蔵省主税局『主税局第50回統計年報書 大正12年』1925年，131-141頁，『主税局第57回統計年報書 昭和5年』1932年，22-32頁，『主税局第64回統計年報書 昭和12年』1939年，16-19頁．
5) アメリカ政府推計の所得分布表(ロックウッド(1958), 361頁)から計算された1930年のジニ係数は0.471で，われわれの推計よりかなり小さい．
6) この推計結果は，個人所得の府県間の分散を計算したバロー(R. J. Barro)等の結果(Barro and Sala-i-Martin (1992), Fig. 4 (p. 324))と驚くほどよく似ている．それは1930年から1940年まで上昇し，1940年から1950年まで急落し，それ以降は比較的変動幅が小さくなっている．
7) 1923年以前への遡及推計について1923年から1937年(1930年ではなく)までの傾向を適用したのは，1930年は大不況の最中であり，異常な状況にあったと考えられるからである．

第7章　戦後の所得分布とその要因

　前章までの分析で，戦前日本の所得分布が極めて不平等であったことを折に触れて指摘した．一方現代日本の所得分布は先進国の中でも平等とされている．では所得分布は，いつ頃どのような理由で大幅に平等化したのであろうか．本章は戦後の所得分布を分析して，そのような疑問に答えようとするものである．

　第1節では不平等度の戦前・戦後比較と，戦後期における変化について概観する．そこでは，第1に，不平等度が終戦直後に劇的に低下した事実が指摘される．これはこれまで広く信じられてきたことであったが，必ずしも確定的な証拠がある訳ではなかった．本書において戦前の推計値が得られるに及んで，ようやく本格的な議論ができるようになったのである．そして終戦直後の劇的な低下は，農村と都市，または農業と非農業の双方について見られたことがわかる．第2に，不平等度は1950年代にわずかに上昇し，60年代以降は多少の変動があるものの傾向としては一定であった事実が指摘される．そしてそのような変化は主として非農業部門における同様の変化から生じたものであり，この背後には，60年頃に労働市場が過剰基調から不足基調へ変化したという事実があったことが指摘される．

　第2の事実(不平等度の戦前・戦後格差)については節を改めて詳しく論ずる(第2節)．まず農村または農業部門における戦前・戦後格差の主たる要因として，農地改革を取り上げる．都市または非農業部門における戦前・戦後格差については，いくつかの要因が指摘される[1]．戦時中の爆撃が都市圏の資産家の物的資産を破壊し，終戦直後の超インフレが全国の資産家の金融資産を減価させ，これらが富裕層の所得の減少を引き起こした可能性について論ずる(第3節)．次いで，終戦直後に占領軍の強力な指導のもとで実施された経済民主化政策の効果について論ずる．すなわち第4節では財閥解体，第5節では財産

税・富裕税の実施を取り上げる．最後に要約と結論が述べられる(第6節)．

1 概　　観

戦前との比較

戦後初期の所得分布についてはワダ(R. O. Wada)の研究がある．それによると，1956年の全国のジニ係数は0.313である．これは1937年のわれわれの推計値(0.547)に比べると格段に小さく，この間に所得分布が急激に平等化したことは疑いない(表6-4, 図6-2)．

同じ年について産業別ジニ係数を計測すると，平等化はあらゆる産業について発生したことがわかる(表7-1)．これを1936-39年の白河町(表4-1)と比較してみよう．1次産業については戦後は0.316で，戦前の0.453より小さく[2]，非1次産業については戦後は0.335で，戦前の0.666よりはるかに小さい．また非1次産業を2次産業と3次産業に分けてみても同様である．所得分布の平等化はあらゆる産業に見られるのである．しかし戦前と戦後とのギャップは，農業より非農業においてより大きいことに注目したい．すなわち全国の所得分布の平等化において，非農業したがって都市部における平等化がより重要な意味を持っていたのである．

農業と非農業におけるこのような変化が，いかなる要因によって生じたかを考察するのが次節以降の目的である．その前に非1次産業の労働分配率の動きに触れておこう．それは1930年代の後半では約50％にすぎなかったが，1950年代半ばでは70％に達している(図4-2)．このような労働分配率の戦前・戦後ギャップは，この産業のジニ係数のギャップにきれいに対応している．所得分布の劇的な改善のかなりの部分は，分配率の段階的上昇によって説明されるように思われる．なぜならすでに述べたように(第4章第3節)，賃金所得の分布は非賃金所得の分布より平等であるからである．このことは，戦後データから計測された表7-2においても確認される．

表7-1　産業別所得不平等度：戦後

年次	産業	所得不平等度の指標			平均所得[a]	世帯主数
		G	V	Q(%)	y(千円)	N
1956年	1次産業	0.316	0.600	23.80	15.52	5,604
	2次産業	0.333	0.655	26.57	20.22	5,384
	3次産業	0.334	0.650	26.23	22.69	7,318
	非1次産業	0.335	0.658	26.63	21.64	12,702
	全産業[b]	0.336	0.654	26.31	19.77	18,333
1959年	1次産業	0.348	0.657	25.73	21.51	5,574
	2次産業	0.378	0.748	29.24	31.58	6,208
	3次産業	0.359	0.698	27.61	35.38	8,270
	非1次産業	0.368	0.720	28.31	33.75	14,478
	全産業[b]	0.375	0.732	28.51	30.35	20,055
1962年	1次産業	0.356	0.679	26.64	31.67	4,756
	2次産業	0.378	0.756	29.62	44.37	7,582
	3次産業	0.258	0.591	25.71	56.95	8,644
	非1次産業	0.312	0.658	27.29	51.07	16,226
	全産業[b]	0.379	0.752	29.36	44.21	21,229

(注)　a　自家消費を含まない．
　　　b　産業不詳を含む．
(資料)　総理府統計局『就業構造基本調査 上巻 全国編』各年版．

表7-2　勤労所得と財産所得の分布：戦後

	年次	所得不平等度の指標		
		G	V	Q(%)
勤労所得	1956	0.360	0.680	26.17
	1959	0.406	0.763	28.16
	1962	0.383	0.720	27.26
	1965	0.351	0.648	24.64
財産所得	1956	0.688	1.916	66.84
	1959	0.680	1.813	63.35
	1962	0.715	1.938	67.29
	1965	0.689	1.812	63.23

(資料)　総理府統計局『就業構造基本調査 上巻』各年版．

戦後の変化

次に戦後の不平等度の変化を観察しよう．図6-2において2種類のジニ係数（系列Ⅲ・Ⅳ）を総合して見ると，1956年から62年まで0.31から0.38に上昇するが，その後は割合安定的に推移していることがわかる．また産業別推計によると，非農業の所得分布は1956年から1959年にかけて不平等化し，その後1962年まで平等化しており（表7-1），全国の動きによく対応している．

ここで分配率の変化を見ると，それは1950年代に低下した後，一定か上昇に転じており，非農業の所得分布の変化に対応している．では分配率が低下から一定・上昇へ転換したのはなぜであろうか．それは労働市場の基調が，1960年頃の「転換点」を境に過剰から不足へ転換したことと関連している[3]．すなわち過剰労働が存在する段階では，賃金の上昇が妨げられ分配率が低下するが，転換点を越えると，分配率決定のこのようなメカニズムはもはや働かないからである．50年代の分配率の水準は戦前と大きく乖離しているが，その決定のメカニズムは戦前と基本的に同じであったのである．この意味では，50年代の所得分布の悪化現象は，戦前に見られた所得分布の悪化傾向の延長と考えるべきであろう[4]．

全国のジニ係数のその後の変化をくわしく観察すると，60年代と70年代の緩やかな低下，80年代の上昇が見て取れる[5]．一方分配率は60年代に一定，70年代に上昇，80年代にわずかに低下という変化を示しており，ジニ係数の変化との間に緩い対応があるように思われる．この時代になっても所得分布の変化には，機能的所得分配がある程度の影響を与えていることは否定できない．

2　農地改革

終戦直後の1945（昭和20）年12月，第1次農地改革法が成立したが，より徹底した改革を希望した占領軍の承認を得られず，翌46年10月第2次改革案（農地調整法改正・自作農創設特別措置法）が国会を通過成立した．これが世界的に有名な農地改革である．それは次の項目を含んでいる[6]．

表7-3 農家と農地の構成:戦前と戦後の比較 (単位:%)

	1941年	1949年	1955年
農家戸数の構成			
自作農	30.6	57.1	69.5
自小作農	20.8	27.8	21.6
小自作農	20.2	7.3	4.7
小作農	28.0	7.8	4.0
合 計[a]	100.0	100.0	100.0
経営面積の構成			
自作地	53.8	86.9	91.0
小作地	46.2	13.1	9.0
合 計	100.0	100.0	100.0

(注) a 不耕作地主を含む.したがって自作農等の合計は100にならない.
(資料) 川越(1993),表7-6(168頁).

(1) 不在地主のすべての農地は強制買収の対象となる.在村地主の農地でも,1 ha(北海道は4 ha)を超える小作地は強制買収の対象となった.

(2) 市町村・都道府県に農地委員会が設けられ,それぞれ10人の委員のうち5人は小作農,3人は地主,2人は自作農から選出された.

(3) 買収価格は賃貸価格の一定倍(1945年時点での自作農経営による地代相当額を資本還元したものと平均賃貸価格との比率)とされ,水田,畑地でそれぞれ760円/反,450円/反となった.さらに地主には買収農地3 ha(北海道は12 ha)までは報償金(水田は220円/反,畑地は130円/反)が支払われた.

(4) 買収は,地主へは年利3.6%,30年以内の年賦償還の農地証券の支払いによって行われた.また小作農の買受け価格は,地主からの買収価格と同じで,それを現金もしくは年利3.2%,30年以内の年賦で支払うこととされた.

(5) 残存する小作地については小作料は現金で支払うこととされ,小作料の水準は凍結された.また小作契約の変更は農地委員会の承認なしには不可能となった.

強制買収は1947年3月以降1950年まで16回にわたって行われ,日本の農

村構造は大きく変わることとなった．農家戸数で見ると，1941年に28%を占めていた小作農は1955年にはわずか4%となってしまい，農家の大部分が自作農と自小作農となった(表7-3)．戦前日本農業を特徴づけていた地主制度は完全に消滅したのである．これは農村における富と所得の分布を平等化するのに決定的な影響を与えたばかりか，農村につきものの封建的な因習・制度等を破壊し，農村の近代化を実現したものとして世界的に高い評価を受けている．

このように農地改革が所得分布に与えた貢献は疑いないが，戦前から戦後にかけてのジニ係数の低下のすべてがこれによるものではない．第1に，終戦直後の超インフレが，農地改革とからんで所得分布の改善に貢献したという事実がある[7]．地主に支払われる価格，したがって小作人が支払うべき価格は1945年の水準で凍結されていたため，その実質価格は激減したのである．ドーア(R. P. Dore)によれば，「昭和14年の上田1反の価格はタバコ3000箱以上ないし石炭31トンに相当した，昭和23年には，タバコ13箱，石炭0.24トンに過ぎなかった」[8]．こうして小作人は1-2年のうちに代金を支払い終えることができた．

第2に，後述する財産税(第5節)は巨大地主に潰滅的な打撃を与えた[9]．

第3に，地主・小作関係はすでに戦中に大きく変わりつつあった[10]．(1)国家総動員法(1938年公布)のもとで1939年には小作料統制令が制定され，小作料は1939年の水準で凍結された．また道府県知事は必要に応じて小作料の引下げを命ずることが出来るようになったが，実際1943年までに約33万haの農地で小作料が引き下げられた．(2)1941年には二重価格制が導入され，米価を抑制したままで，生産者が政府に売り渡す供出米には奨励金が上乗せされた．小作人が地主に変わって供出する小作米についても同様で，地主には奨励金は支払われなかった．例えばその年米価は玄米1石(150 kg)当たり44円で奨励金は5円であったから，小作農を含む農家は49円を受け取り，地主は44円を受け取ったにすぎない(表7-4)．奨励金はその後大きく引き上げられ，小作農と地主の受取価格の格差はいっそう拡大した．

このように戦時下の農業統制の結果地主の経済的地位は次第に弱められ，ド

表7-4 米の政府買入価格の推移
(単位:円/石)

年次	米価 (1)	生産奨励金 (2)	生産者受取価格 (1)+(2)
1940	43	—	43
1941	44	5	49
1942	44	5	49
1943	47	15.5	62.5
1944	47	15.5	62.5
1945	55	245	300
1946	75	475	550

(資料) 川越(1993),表7-5(164頁).

ーアによると「戦争の末期になると,地主であるこということは,あまり得なものでなくなっていた」[11].このことは,所得分布の平等化の兆候がこの時期にすでに現れていたことを示している.

3 戦争被害と超インフレ

戦争被害

　第2次大戦によってわが国は653億円の国富を失った[12].被害率(被害総額に終戦時の残存国富額を加えた額に占める被害総額の割合)は,25%に達した.人的被害では,軍人・軍属の戦死傷・行方不明者が186万人(うち戦死者は156万人),軍関係以外の銃後被害者総数は66.8万人であった.

　これらの被害は当然のことながら都市圏に集中している(表7-5).すなわち個人資産が大半を占める一般私有建築物の被害の78.8%,銃後被害者数の52.3%が都市圏である.また銃後被害者発生率(総人口に占める銃後被害者の割合)も都市圏においてより大きい.都道府県別に見ると原爆が投下された広島県・長崎県を別にすると,東京都が他地域を大きく引き離している.このように東京都の物的・人的被害が大きかったのは,1945年2-5月の空襲のためであった.

表 7-5 第 2 次世界大戦による物的・人的被害(1945 年)

地域	一般私有建築物の被害額[b]		銃後被害者数[c]		銃後被害者発生率[d]	高額所得者発生率[e]
	(百万円)	構成比(%)	(人)	構成比(%)	(‰)	(‰)
全 国	12,652	100.0	668,315	100.0	49.93	0.59
都市圏[a]	9,970	78.8	349,263	52.3	75.73	1.01
東京都	4,889	38.6	216,988	32.5	168.52	1.56
大阪府	1,968	15.6	39,436	5.9	43.91	1.41
その他	3,113	24.6	92,839	13.9	38.26	0.56
地方圏[a]	2,682	21.2	319,052	47.7	36.40	0.09
広島県	459	3.6	147,207	22.0	385.11	0.16
長崎県	96	0.8	69,298	10.4	273.91	0.08
その他	2,127	16.8	102,547	15.3	12.61	0.08

(注) a 都市圏とは東京・神奈川・愛知・京都・大阪・兵庫・福岡の 7 都府県, 地方圏とはそれ以外の県(沖縄県を除く)を示す.
　　　b 一般私有建築物とは家屋税の対象となる私有建築物であり, 住居・店舗・工場・倉庫等からなる. またその被害額は, 空襲・艦砲射撃等による直接被害額であるため, 屑化・疎開・補修不足等による間接被害額が除外されている.
　　　c 銃後人口における死亡・重軽傷・行方不明の合計. なおここでの被害とは, 空襲・艦砲射撃等による直接の損耗であり, 身体生命に異常のない衣食住罹災者は含まない. このため被害者の大半は空襲被害者である.
　　　d 1935 年の総世帯数に占める銃後被害者の割合.
　　　e 1935 年の総世帯数に占める 1936 年の高額所得者(上位 5000 人)の割合. ただし高額所得者の確認できた地域は 21 府県にすぎないため, 他の数値との比較には留意されたい.
(資料) b 経済安定本部(1947).
　　　c, d 経済安定本部(1949).
　　　e 谷沢(1992).

ところで同じ表の最後の欄によると, 戦前の高額所得者は都市圏に集中していた. 高額所得者比率(総世帯数に占める高額所得者の割合)は都市圏(0.101%)が地方圏(0.009%)より高く, とくに東京都(0.156%)・大阪府(0.141%)が他県を大きく引き離していた. したがって都市圏の高額所得者は, 戦争によって大きな被害を受けたことがわかる. これは個人資産の格差の縮小に一役買ったはずである.

超インフレ

消費者物価指数(1934-36 年=1)は, 46 年には 48, 47 年には 109, 48 年には 191, 49 年には 240 というように, とくに終戦直後に鰻上りの上昇を示した[13].

表7-6 個人所得の構成変化

年次	個人所得（業種別）							振替所得	その他[b]	合計
	勤労所得	個人業種所得		個人賃貸料所得	個人利子所得	個人配当所得[a]				
			農林業	その他						

伸び率（倍）

年次	勤労所得	個人業種所得	農林業	その他	個人賃貸料所得	個人利子所得	個人配当所得	振替所得	その他	合計
1936	1.0	1.0	1.0	1.0	1.0	1.0	1.0	1.0	1.0	1.0
1940	1.9	2.1	2.4	1.9	1.5	1.9	1.9	1.9	1.1	1.9
1944	4.5	2.7	3.3	2.2	1.6	4.7	2.2	4.6	13.2	3.5
1946	18.6	47.8	52.7	43.4	3.7	5.4	1.1	21.7	45.2	25.0
1950	236.7	312.5	332.3	294.9	22.4	28.9	50.9	319.5	1800.0	211.1
1955	545.3	527.6	573.5	486.6	83.8	132.3	139.7	1264.0	5640.5	437.0

構成比（％）

年次	勤労所得	個人業種所得	農林業	その他	個人賃貸料所得	個人利子所得	個人配当所得	振替所得	その他	合計
1936	41.1	33.9	16.0	17.9	9.3	9.7	4.4	1.9	−0.3	100.0
1940	40.2	37.0	19.9	17.1	7.1	9.6	4.4	1.8	−0.2	100.0
1944	52.4	26.2	15.1	11.2	4.3	13.0	2.7	2.4	−1.1	100.0
1946	30.5	64.7	33.7	31.1	1.4	2.1	0.2	1.6	−0.5	100.0
1950	46.1	50.2	25.1	25.0	1.0	1.3	1.1	2.8	−2.5	100.0
1955	51.3	40.9	21.0	19.9	1.8	2.9	1.4	5.4	−3.7	100.0

(注) 1936-44年は暦年，1946-55年は会計年度．
　a　配当所得＋役員賞与．
　b　海外からの純所得－消費者負債利子－社会保険負担．
(資料) 経済企画庁『昭和38年版 国民所得白書』．

政府は価格統制と預金封鎖・新円切替えを実施したが，供給不足状況に変わりのないかぎり，インフレは収まるはずがなかった．消費財について見ると，1947年12月には闇価格は公定価格の5.1倍にも達した[14]．また同年10月当時，1世帯の1カ月当たり飲食費824円のうち，闇商品向け支出は78％にも達しており，闇物資の価格騰貴が家計に大きな影響を与えたことが想像できよう[15]．

このような闇取引によって高所得を得たのは，農林水産業者や消費財を仲介した闇商人であり，従来の非高額所得者であった．これに対して従来の高額所得者は，預金封鎖によって資産運用が制限されたほか，経済情勢の混乱の中で適切な投資情報を入手できないまま，超インフレによる実質利子率の低下によって財産所得の目減りを免れることはできなかった．この結果個人所得の構成比を1944年と1946年の間で比較すると，個人業主所得（農林水産業＋その他業種）が急増したのに対して，個人利子所得・個人配当所得（配当所得＋役員賞与）がいずれも大幅に低下した（表7-6）．超インフレによって所得の再配分が

起こったのである．

しかし超インフレは数年を経て鎮静化に向かい，闇価格と公定価格との乖離も1950-51年にほぼ解消した．さらにその後の労働運動の激化による賃金上昇もあり，上記の新興階層が高額所得者としての地位を保ったのは数年間にすぎず，この意味では所得分布に与えた影響は限定的であった．これは個人所得に占める個人業主所得の割合が，1946年以降低下していることでも確認できる（表7-6）．こうした状況を勘案すると，超インフレが所得分布に与えた影響は終戦直後の短期間に限られると言えよう．

4　財閥解体

持株会社の解体

持株会社整理委員会は，持株会社整理委員会令(1946年4月)に基づいて，総計83社を持株会社に指定した(指定持株会社)．このうち高額所得者による閉鎖的な純粋持株会社は21社にすぎず，残り62社は純粋持株会社の子会社か，財閥家族外からも資本を調達した同族支配の弱い事業持株会社であり，指定持株会社といっても多様な会社で構成されていた．そして83社のうち実際に解散させられたのは42社であり，さらに42社のうち26社が第2会社を設立して現業部門等を継承することとなった[16]．終戦直前には，財閥家族が設立した純粋持株会社でも，その株式が財閥一族のみで保有されていたわけではない．しかし解体の対象となった財閥では，財閥家族が所有していた株式会社の株式は膨大な金額であったため，持株会社の解体は一族の所得を大きく低下させたと思われる（もっとも所得源泉という視点から見ると，持株会社を解体しても，その他の企業からの配当・役員賞与等は制限されていなかった）．

財閥関係者の支配力の排除

財閥関係者の人的支配を排除するためには，彼らの保有している有価証券の処分(経済的支配力の排除)と，会社役員の辞任および新任制限(経営的支配力の排除)という2つの措置が必要であった．これらを一括して行った措置とし

表7-7 保有株式の処分内訳(1950年)

	処分株式の内訳[a]			処分先[b](%)			
	会社数 (社)	株式数 (千株)	払込金額 (百万円)	従業員	地方居住者	一般	その他
証券保有 制限令	615	35,854	1,545	33.4	23.5	41.7	1.4
改正整理 委員会令	c	10,520	488	26.4	入札；37.7 売出；59.9		
合　計	c	46,374	2,033	—	—	—	—

(注) a 改正整理委員会令の処分株式の予定数.
    b 1950年3月31日現在.
    c 不明.
(資料) 持株会社整理委員会(1951).

て，証券保有制限令(1946年11月)と整理委員会令の改正に伴う措置(改正整理委員会令，1946年12月)が挙げられる．

まず証券保有制限令では，財閥関連企業の役員・従業員等に対して，会社が自己の計算において取得させた株式(名義人保有株)を処分させるとともに，将来にわたって他社の役員を兼任すること等を禁じた．また改正整理委員会令では，10財閥の構成員(指定者)56人に限定して，すべての保有証券を整理委員会へ委譲させた上で，後日売却処分した．さらに指定者を，すべての会社役員に就任することを禁じた．

これらの措置のうち保有株式の処分について見ると，証券保有制限令では総数3585万株(払込金額1545百万円)，改正整理委員会令では総数1050万株(同，497百万円)が処分されるなど，大量の株式が財閥関係者から市中に放出された(表7-7)．処分に当たっては，両措置とも当該発行会社の従業員への売却を最優先させたほか，全株式数に占める特定個人の持株比率が1%以上とならないように分散化された[17]．このため処分先を処分金額で見ると，ほぼ3割前後が従業員に売却されるなど，少数の大株主に代わって多数の零細株主が生まれた．ただし処分価格は市場価格に近接した水準であったため[18]，従業員は証券の売買順位で優先されたにすぎず，価格面で特に優遇されたわけではない．なお改正整理委員会令では，指定者に対する処分代金の支払いが10年以上据え

置きの登録国債によって行われた. このため当時の超インフレによって, 弁済方法に伴う資産の目減りが発生したと言えよう.

経営支配力の排除は, さらに第2次公職追放(1947年1月, 7月)・財閥同族支配力排除法(1948年1月)によって拡充された.

この背景には, 指定者56人の役員就任を厳しく制限したとしても, 指定者に指名された経済人(いわゆる財閥アポインティ)が, 指定者の支配力を温存させる可能性があったためである. この財閥アポインティの影響を排除するために, まず現・元企業役員(役員経験者)を対象とした第2次公職追放が実施された. 追放対象者は, 公職につくことのほか, 執務場所等への出入りを禁じられるなど厳格な排除措置が講じられたが, 同人の配偶者および三親等内の親族も同様の措置が取られた. そして1947年1月には682人, 同7月には1230人が対象となり, 合計2000人近い役員経験者が一挙に追放された[19].

財閥同族支配力排除法では, 財閥同籍者(指定者と同一戸籍に属している者)と財閥役員経験者が財閥子会社の役員から辞任させられたほか, 10年間はその役職に就任することも禁じられた. 同法による追放対象者は, 財閥同籍者255人, 財閥役員経験者3625人に及んだ[20].

財閥解体の効果

以上のような財閥解体の各措置は, 労働運動の激化・朝鮮戦争の勃発等から, 1951年末までに一切解除されることとなった. しかしこの段階では, 財閥家族の場合, 経済的・経営的支配力が完全に排除され所得基盤がすべて解体していた. 他方, 財閥系企業の役員経験者については, 財閥同族支配力排除法による追放後ほとんどが元の役職には復帰しなかった[21]. もっともこの事実から, 人的支配力の排除措置が所得分布の平等化に影響を与えたと結論付けることは難しい. なぜなら当時の大企業役員のうち, どの程度の割合がこの措置によって追放されたのか, 全体としての政策効果については研究が行われていないためである. 因みに財閥同族支配力排除法の対象役員経験者のうち, 663人がすでに死亡していたほか, 第2次公職追放と重複して指定された者が758人いたため[22], 新たに追放された役員経験者数は2200人程度(うち現役員数はわずか

に 145 人[23])に止まっていた．この点で対象者の指定基準は，持株会社の場合と同様に不明確であり，実際に追放された人数や所得分布に対する影響は比較的小さかった可能性がある．そして現役員と元役員の所得水準にはバラツキがあったはずであり，排除措置が高額所得者のみを対象としていたと考えるのは難しい．

むしろ所得分布の視点から重要なのは，役員というポストの所得が，戦前・戦後でどのように変化したかという点である．もし戦後の役員所得が戦前と同様に高水準であるなら，新役員が旧役員に入れ代わったに過ぎず，所得分布には影響を与えなかったからである．そこでこの点を確認するため，電力業の大手5社(戦前：東京電燈・東邦電力・日本電力・大同電力・宇治川電気，戦後：東京電力・関西電力・中部電力・東北電力・九州電力)の役員賞与を1936年と1955年で比較する[24]．まず役員1人当たり賞与は，36年度が30千円，55年度が528千円である．これを両時点における1世帯当たり年間個人所得で割ると，それぞれ27.9, 1.5となり，戦後に至って役員賞与が相対的に低下したことが確認できる．さらに戦前には，役員の兼務が盛んに行われていたことを考慮すると，戦前・戦後の差はこの数字以上のものだったと言えよう．

このような役員賞与の大幅な低下の背景を考察しよう．役員賞与の変化は，企業を構成する株主・役員・労働者の相対的力関係に依存する．まず株主については，すでに会社利益配当及資金融通令(1939年4月)・会社経理統制令(1940年10月)によって，配当が主務大臣の許可事項として規制されたほか，戦後には，会社配当等制限禁止令(1946年4月)・会社利益配当等臨時措置法(1947年12月)によって引き続き抑制された[25]．また役員については，会社経理統制令によって賞与が主務大臣の許可事項となった[26]．これらの配当・役員賞与の統制を反映して，個人配当所得は1936年から1944年まで2.2倍となったにすぎず，すでに戦前期において個人所得全体(3.5倍)より低い伸びとなっていた(表7-6)．

労働者については，すでに1938年から産業報国会が設立されて労働者の経営参加が開始されているほか，戦後になると労働組合の設立が活発化したり経

営協議会が設置されて,さらに経営参加が進んだ[27].特に労働組合の組織率は,戦前の10%未満に対して1940年代後半には50%以上に達しており,戦後になって労働者の発言力が大幅に増大したと考えられる.

要するに戦後における役員賞与の大幅な低下は,第1には戦時統制,第2には戦後の企業内での労働者の発言力の増大(株主・役員の発言力の低下)によって発生したものである.この影響は,戦後における個人所得に占める財産所得の割合の低下(表7-6),非1次産業労働分配率の低下(図4-2)にも現れている.所得分布の平等化に大きな貢献を果たした労働分配率低下の背後には,このような事情があったのである.

財閥解体の影響に関する分析を終えるに当たって,2つの留保を付けておくことが適当であろう.

第1に,谷沢の研究によれば1936年時点で財閥は70を数えており[28],戦後の解体の対象となったのはその一部にすぎなかった(トップクラスのものはこの中に含まれていたが),という点である.さらに戦前の高額所得者の中には,資産の保全・運用を目的として「資産保全会社」を設立した者(保全家族)が多数存在した.1936年では,資産保全会社数は1645社であり[29],70財閥の持株会社を除いても1575社となるから,財閥解体の措置は資産保全家族のごく一部に適用されたにすぎない.

第2に,このような資産保全家族も,戦前の高額所得者の中に占めるウェイトは必ずしも高いものではなかった.谷沢の研究によれば,1936年における高額所得者上位5000人のうち,資産保全家族は259人(財閥家族は149人,保全家族は110人)にすぎず,残りの4741人は資産保全会社を設立していなかった人々(未組織家族)であった.彼らは主に中小企業のオーナーや大企業の役員であったと想像される.

要するに,財閥解体が高額所得者の所得を引き下げ,所得分布の平等化に一定の貢献を果たしたことは否定できないが,その貢献をあまり高く評価することは危険であるように思われる.

5 財産税・富裕税

財産税

財産税は，戦後の財政再建と超インフレの抑制とを目的として 1946-51 年度の6年間実施された個人資産税である．その課税価格は，調査時点(1946年3月3日午前零時)における財産価額から債務金額を控除した純資産であった．課税対象は日常の生活用品にまで及び，布団が2組・衣類が1人30組以下(和・洋服を含む)・箪笥が同居家族1人につき1組半までというように，極めて厳しいものであった．これらの課税価額の把握は，臨時財産調査令(1945年2月)に基づき金融・証券業界の全面的協力のもとで実施されたため[30]，実態に比較的近い把握が行われたと想像される．免税点が純資産額50万円と低水準であり，それ以上の資産額を 14 区分に分類した上で，各階層に対して超過累進税率を適用した．そして最高課税価額階層(1500万円超)の税率が90％と，極めて高水準の税率が課された．

時系列の納税人員(申告ベース)を見ると，1946・47年度計が2125千人，48年度が38千人，49年度が0.6千人となっている[31]．1946年度の数値が不明のため，正確な判断は難しいが，納税人員が年を追って急激に低下した背景には，1946年度の徴税で高額所得者の資産の大半が没収されて，以後の課税価額が大幅に低下したためと思われる．また 1946・47 年度計の納税者比率(納税人員の総世帯数に占める割合)は約13％に達しており，高額所得者を広範にカバーしていたことがわかる．同時期の納税人員当たりの課税価額は 56 千円，同納税額は 19 千円であるため(表 7-8)，納税人員当たりの実効税率は 34％ であり，特に1500万円を超えた超高額所得者(187人)の実効税率は89％にも達した．財産税の実施時期は，超インフレのもとでストック価格が上昇したため，実質的な累進度が上昇したほか，所得低下に伴って税負担が低下したため，高額所得者にとってかなり重税であったと考えられる．

課税価額の資産項目別内訳を見ると，その構成比は金融資産(44％)，土地

表7-8 財産税の課税状況(1946・47年度計)

課税資産階層 (千円)	税率[a] (%)	納税人員 (人)	課税価額 (百万円)	納税額 (百万円)	1人当たり(千円)		実効税率[b] (%)
					課税価額	納税額	
110 以下	25	243,797	5,884	72	24	0.30	1.22
120 以下	30	216,711	5,658	199	26	0.92	3.52
130 以下	35	185,180	5,179	303	28	1.64	5.85
150 以下	40	289,521	8,956	831	31	2.87	9.28
170 以下	45	209,045	7,354	984	35	4.71	13.38
200 以下	50	221,984	8,963	1,616	40	7.28	18.03
300 以下	55	362,293	18,937	5,036	52	13.90	26.59
500 以下	60	232,687	18,756	7,103	81	30.53	37.87
1,000 以下	65	119,330	16,729	8,171	140	68.47	48.84
1,500 以下	70	24,818	6,233	3,539	251	142.60	56.78
3,000 以下	75	15,204	6,473	4,097	426	269.47	63.29
5,000 以下	80	3,330	2,732	1,908	820	572.97	69.84
15,000 以下	85	1,518	2,834	2,172	1,867	1,430.83	76.64
15,000〜	90	187	5,147	4,567	27,524	24,422.26	88.73
合　計	—	2,125,605	119,835	40,598	56	19.10	33.88

(注) a 超過累進税率.
　　 b 納税額の課税価額に対する比率.
(資料) 国税庁『第73回 国税庁統計年報書』194頁.

(20%), 家屋ほか(18%)となり, 金融資産が圧倒的に大きかった(表7-9). 特に指定者では, その総資産のうち有価証券が76%, その他の財産(動産・不動産)が24%となっており[32], 高額所得者ほど金融資産の割合が大きいことがわかる. なお当時の混乱した経済状況の中で, 財産税額すべてを金納で支払うことは不可能であり, 物納も多かった. このため1946・47年度計の物納額が課税価額に占める割合は, 32%に達していた. また物納額の総額に占める項目別構成比は金融資産が53%となっていた. 特に物納された有価証券は後日市中で売却されたため, これも所得分布の平等化に寄与したと思われる.

富裕税

富裕税は, シャープ勧告(1949年)に基づき個人所得税の補完税として, 1950-52年度の3カ年に実施された個人資産税である. 課税価額は, 財産税と同様に純資産額であるが, 免税点が500万円とかなり高い水準に設定された. ただし課税価額の把握に当たって, 財産税の時のような厳密な資産調査が実施

表7-9 財産税の課税・物納内訳(1946・47年度計)

資産項目	課税価額(百万円)	構成比(%)	物納額[g](百万円)	構成比(%)
土地	27,282	20.4	2,946	22.3
田・畑	10,498	7.9	1,592	12.1
宅地	13,315	10.0	793	6.0
山林ほか	3,469	2.6	561	4.3
家屋ほか[a]	24,070	18.0	827	6.3
立木	5,635	4.2	1,640	12.4
金融資産	58,413	43.7	7,028	53.3
有価証券ほか[b]	18,425	13.8	2,630	19.9
預貯金	37,893	28.4	4,398	33.3
債権ほか[c]	2,095	1.6	0	0.0
家庭用動産ほか[d]	5,641	4.2	0	0.0
機械・製品・原材料ほか[e]	12,548	9.4	753	5.7
小 計	133,589	100.0	13,194	100.0
控除額[f]	13,754	10.3	—	—
合 計	119,835	89.7	—	—

(注) a 築造物を含む.
b 国債・地方債・社債・株式を含む.
c 合同運用信託受益金・年金保険等を含む.
d 書画・骨董を含む.
e 無体財産権・農産物・鉱業権および同使用権・船舶を含む.
f 債務以外に公租公課などを含む.
g 許可額. このため未処分額(827百万円)が含まれていない.
(資料) 国税庁『第73回 国税庁統計年報書』196-199頁.

されなかったため[33]、その捕捉率は財産税よりも低かったと考えられる. また税形態は, 財産税と同様に超過累進税を採用していたが, 税率の階層区分が財産税では14区分であったのに対して, 富裕税では4区分と大幅に簡略化されており, 最高課税価額階層(5000万円超)の税率でも, わずか3%にすぎなかった.

時系列の納税人員(申告ベース)を見ると, 1950年度が26千人, 51年度が31千人, 52年度が47千人であり, 財産税と異なり毎年継続的に徴収されている[34]. 50年度の納税者比率は0.2%にすぎず, 財産税の13%よりかなり小さくなっている. また1950年度における納税人員平均の実効税率は, 0.47%となっており, 5000万円を超えた資産階層でも2%弱にすぎない(表7-10). 富

表 7-10 富裕税の課税状況(1950年度)

課税資産階層 (万円)	税率[a] (%)	課税人員 (人)	課税価額 (百万円)	納税額 (百万円)	1人当たり(千円) 課税価額	1人当たり(千円) 納税額	実効税率[b] (%)
1,000以下	0.5	19,261	70,868	85	3,679	4.41	0.12
2,000以下	1.0	5,016	35,278	155	7,033	30.90	0.44
5,000以下	2.0	1,545	21,994	227	14,236	146.93	1.03
5,000〜	3.0	259	9,351	186	36,104	718.15	1.99
合 計	—	26,081	137,491	653	5,272	25.04	0.47

(注)　a　超過累進税率.
　　　b　納税額の課税価額に対する比率.
(資料)　国税庁『第76回 国税庁統計年報書』178頁.

裕税が実施された時期には，すでに超インフレが収束していたことも勘案すると，上記の数字は，富裕税が財産税と比較して高額所得者にとって負担が軽かったことを物語っている．したがって富裕税が所得分布の平等化に及ぼした貢献は，大きいものではなかったと考えられる．

6　要約と結論

戦前と戦後の所得分布を連ねて見ると，第1に不平等度の戦前・戦後間の大きな断絶，第2に1960年頃を境とした，不平等度の上昇から一定・低下への転換に気付く．後者の転換は，日本経済が1960年頃労働過剰基調から労働不足基調に転換したこと，すなわちルイスの「転換点」を超えたことと対応している．過剰労働のもとでは賃金の上昇が抑制されるため，労働の分配率が低下しその結果所得分布が不平等化するが，転換点を超えると賃金上昇の制約は最早ないからである．

次に不平等度の戦前・戦後間のギャップをもたらした要因を分析した．まず農村または農業については，農地改革が戦後の所得分布を平等化したことは疑いない．

都市については，超インフレと財産税による高額所得者の所得低下が重要であったというのが，われわれの結論である．しかし超インフレはあくまで資産

の没収ではないから，財産税ほどの影響はなかったと考えられる．これに対して財産税の実施は，全世帯の1割以上を対象として極めて高い税率を適用したため，高額所得者の所得低下に最も大きな影響を及ぼした．また財産税に引き続き導入された富裕税は，財産税と比較して実効税率が低く，それが実施された時期にはすでにインフレが収まっていたため，所得分布にはさほど大きな影響を与えなかったと考えられる．

戦争被害と財閥解体も重要な要因として検討された．それらは一部の高額所得者に限定的ながら大きな影響を与えた．すなわち戦争被害は高額所得者の資産を破壊したが，高額所得者は戦争被害の大きい都市圏に集中していたから，その影響をいっそう大きくしたのである．他方，財閥解体の諸施策については，解体された純粋持株会社21社のうち，特に10財閥・指定者56人に対しては，保有資産の処分や就業機会の撤廃等，あらゆる所得機会を奪うなど，所得低下に極めて大きな影響を与えた．しかし財閥解体の対象となったのは高額所得者のごく一部にすぎず，したがって，財閥解体が全体の所得分布に及ぼした効果を過大評価することはできない．また財閥系企業の役員経験者を対象とした人的支配力の排除措置は，その影響がどの程度のものであったかを判断することは難しい．また彼らの所得低下は，むしろ戦後における労働組合の組織化等による労働者の力の増大によるところが大きかった，と思われる．

1) 第3節から第5節までは，谷沢・南(1993)を，谷沢氏の了解のもとに，筆者の責任において修正および簡略化して載録したものである．
2) この表の戦後のジニ係数は，自家消費を含まない所得から計測されたものである．もしもこれを含めると，1次産業のジニ係数はより小さくなるのではないかと思われる．
3) 1960年転換点説については南(1970)，181-186頁; Minami (1973), pp. 225-236; 南(1992), 222-226頁参照．労働分配率と転換点との関係については第4章第3節で論じた．
4) 同じ見解は溝口(1986)，157頁にも見られる．
5) 近年の所得分布については多くの研究がある(石川(1994); 溝口(1986); Mizoguchi and Takayama (1984); 溝口・寺崎(1995); 盛山・その他(1990); 鹿又

(1990); 高山(1980 a), (1992); 寺崎(1990), (1993)等). 特に注目されるのは 1980年代に入ってからの不平等化傾向である. この傾向はいずれの論者によっても確認されているが, 鹿又論文はその例外である((1990), 165頁). しかし盛山・その他論文は, 鹿又論文と同じデータ(社会学者グループによって 10 年毎に行われている調査(SSM 調査))を利用して, 1975 年から 1980 年代にかけての不平等化を指摘している((1990), 20頁). なおこの現象の要因については第 9 章第 1 節参照.

なお戦後における全国所得分布の変化は, 所得の地域(府県)間分布の変化とよく似ている. これについては第 6 章注 6 参照.

6) 川越(1993), 166-167 頁.
7) 川越(1993), 167 頁.
8) ドーア(1965), 105 頁.
9) 中村政則(1994), 474 頁.
10) 川越(1993), 162-164 頁.
11) ドーア(1965), 82 頁. このような事情が農地改革に対する地主の抵抗を弱め, それを成功に導いた一因となったと思われる.
12) 以下, 全国計の物的・人的被害の数字は, 経済安定本部(1949)による.
13) 大川・その他(1967), 136 頁.
14) 大蔵省財政史室(1978), 64 頁.
15) ダイヤモンド(1947), 6 頁.
16) 大蔵省財政史室(1981), 265 頁.
17) 大蔵省財政史室(1981), 366-367 頁.
18) 因みに改正整理委員会令の場合, 市場価格＝100 とすると従業員処分 95.2, 入札処分 95.1, 一般売出 97.7 であった(持株会社整理委員会(1951), 447 頁).
19) 大蔵省財政史室(1981), 313-315 頁.
20) 大蔵省財政史室(1981), 329-330 頁.
21) 宮島(1991), 138-139 頁.
22) 大蔵省財政史室(1981), 注 22(337 頁)の表を参照.
23) 宮島(1991), 139 頁.
24) 役員の所得を比較するには, 本来, 役員報酬と役員賞与の合計額について行うべきであるが, 役員報酬のデータが入手不可能である. このため利益処分における役員賞与額(予定額)を, 1936 年度は『昭和 12 年度 株式年鑑』, 1955 年度は各社『有価証券報告書』から, それぞれ 2 期分を合計して求めた.

25) 戦前については岡崎(1993), 110-113頁, 戦後については同125頁.
26) 岡崎(1993), 113頁.
27) 戦前については岡崎(1993), 109頁, 戦後については同124-125頁.
28) 谷沢(1991), 25頁. なお財閥の定義については谷沢(1991)を参照.
29) 大蔵省主税局『主税局第63回統計年報書』. なお同書は, ここで言う資産保全会社を「法第7条の2に該当する法人で, 有価証券または不動産の保全を主な目的とするもの」と定義している.
30) 大蔵省財政史室(1981), 307頁.
31) 大蔵省財政史室(1977), 328-329頁.
32) 国税庁『第73-77回 国税庁統計年報書』の財産税関連統計より.
33) 大蔵省財政史室(1977), 488-497頁.
34) 国税庁『第76-78回 国税庁統計年報書』の富裕税関連統計より.

第8章 所得分布の社会的・政治的衝撃：試論

　本章では，所得分布が社会・政治に及ぼした影響を論ずる．これまでの所得分布の研究は，内外を問わず，所得分布の決定要因の分析に焦点が置かれ，逆に所得分布が経済に与える影響についてはほとんど分析が行われなかった．所得分布と経済の関係は相互的であるから，これまでの研究は一面的だったと言わざるを得ない．さらに所得分布が社会，ひいては政治に及ぼす衝撃についても，経済学者はほとんど注目することはなかったように思われる．

　所得分布が経済に与える影響については次章第2節にゆずり，本章では所得分布の社会・政治に及ぼす影響について論ずる．しかしこれは，学際的分野の常として極めて困難な課題であり，本格的研究のための第1歩にすぎない．実際には日本社会・政治に関する先行業績を展望し，それを土台として議論を進めることになる．本章の表題に「試論」の文字を付したのはこのためである．

　第1節では，1920, 30年代における小作争議の要因を分析し，その背景に農民の経済生活の悪化があったことが指摘される．農民の相対的窮乏化(都市・農村間所得格差の拡大)が農民の不満を増幅し，その捌け口の1つが小作争議であったというのである．

　第2節では，農民の経済状況を一部に含んだ日本全体の所得分布の変化が，政治思想と政治体制にどのような影響を与えたかを論ずる．まず農村における農民の窮状，都市における失業の増大と賃金格差の拡大は，財閥と結びついた政党政治への不信を増幅し，青年将校によるテロの経済的背景となった．すなわち所得分布の悪化に代表される経済状況の悪化は，大正デモクラシーの衰退と全体主義・軍国主義の勃興の一要因となったことが示唆される．そして，戦後初期における様々な制度的改革が平等な所得分布と民主主義の本格的発展の基礎となったこと，平等な所得分布が民主主義の定着を可能にしたことが結論される．

第3節は要約と結論である.

1 小作争議の経済的要因

都市・農村間所得格差

小作争議件数は第1次大戦後から着実に増加し,1935-36年をピークとして急激に減少した(図8-1).小作争議についてはマルクス経済史家(特に講座派)による多くの研究がある.それによればこの増加局面は,1930年の昭和恐慌を境に2つの時期に区分される[1].すなわち昭和恐慌以前の小作争議は大型であること,小作料の引下げを要求するなど攻撃的であったこと,西日本を中心としていたこと等の特徴がある.またそれ以降の小作争議の件数は大幅に増加したものの,その規模は小型であり,地主による小作地取上げに対する防衛的な性格を持っていたこと,東北地方を中心としていたことが特徴であったとされる.

本書における所得分布の研究は,この問題についてどのような示唆を与えるであろうか.第1は農村内の所得分布について,第2は都市・農村間所得格差についてである.

(1) 農村内の所得分布

1920,30年代に関するわれわれの分析は次の事実を明らかにしている(第3章第2節).第1に農村の所得分布は都市に比べて平等であるが,戦後に比べて非常に不平等であり,それはある程度地主小作制度の存在に依存する.第2に都市の所得分布が大きく悪化したのに反して,農村での不平等化傾向は微弱であった.したがって,農村の不平等な所得分配が農民の鬱積した不満の要因となっていたことはあろうが,それが急増した小作争議の直接的要因とは言えそうにない.その要因は別に求めなければならない.

(2) 農村と都市との所得格差

1920,30年代では農家所得は非農家所得の半分以下であり,その差は20年代から30年代初めにかけていっそう拡大した.しかしそれ以後の数年間には

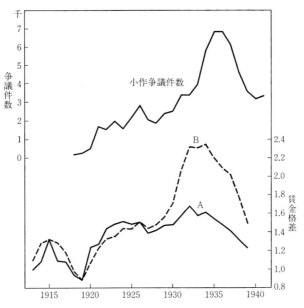

図 8-1　小作争議件数と農工間賃金格差の推移
(注)　賃金格差 A＝日雇人夫賃金/農業日雇賃金. ともに男子のみ.
　　　賃金格差 B＝製造業賃金/農業日雇賃金. ともに男子のみ.
(資料)　小作争議件数：加用(1977), 69 頁.
　　　日雇人夫賃金・製造業賃金：大川・その他(1967), 243, 245 頁.
　　　農業日雇賃金：梅村・その他(1966), 220-221 頁.

いくらか縮小した(図 3-4).

　この分析には 2 つの問題がある. 1 つは, 農家所得には地主, 自作等の上層農家の所得も含まれており, 中下層農民の生活を表すものではないことである. もう 1 つは, 非農家所得には都市の資産階級や中産階級の所得も含まれていることである. 中下層農民が自分の生活を都市住民のそれと比較する時, その対象は自分と同等の人々であろう. したがって中下層農民の生活を表す指標としては農業日雇賃金, 都市の中下層階級については製造業賃金と人夫の日雇賃金をとるのが適切であろう. 図 8-1 には, それらの指標から算出された 2 種類の賃金格差(A 系列と B 系列)の変化が描かれている. いずれの場合でも, 賃金

格差は 1910 年代末から 20 年代初めに掛けて急激に拡大し，その後数年間は安定的であったが，20 年代末から 30 年代初めに掛けて再び顕著な拡大を示す．そして 1932-34 年をピークとして急速に縮小している．

　この賃金格差の動きを小作争議件数の推移と比較しよう．昭和恐慌以前では，賃金格差の拡大に伴って小作争議件数が増大したことが明らかであるが，この事実はすでに多くの人によって指摘されている．栗原百寿は「小作農民が自己の労働を反省して，その労働日当を労働者と同様に要求するという意識，農民も事実上労働者であり，労働者と同等にならねばうそだという率直で素朴な意識，これが農民運動初発当時における運動の基本線であったのである．」[2]と述べている．また暉峻衆三，中村政則，大門正克が主張した仮説も同じ線上にあるものと言える．それは農業の商業化を契機として農民の賃金労働者としての意識が芽生え，彼らの自家労働に対する評価が高まり，小作料が不当に高いという意識が高まっていったというものである[3]．さらに田崎宣義は，大阪地方の小作争議の隆盛が農工間賃金格差の拡大によって説明される，と結論している[4]．

　昭和恐慌以後になると，賃金格差と小作争議件数との関係はあまり明瞭ではない．前者が 1920 年代後半から 30 年代前半にかけて低下するのに対して，小作争議件数は急激な増加を記録しているからである．しかしすでに述べたように，この頃の争議は規模が小さかったことを考慮すると，小作争議件数の増加は農民運動の激しさを過大評価していることは確かであろう．そして小作争議件数は 30 年代後半に大きく減少する．これについては後述するが，それ以前から始まっていた賃金格差の縮小がその 1 つの要因だったと思われる．

　このように，賃金格差と小作争議件数との関係についてはいっそうの研究が必要ではあるが，この関係をまったく否定することはできないであろう[5]．「危険は在来部門における絶対的な衰退状態にあったのではなく，むしろその相対的収奪の増大にある」[6]という大川一司・ロゾフスキー (H. Rosovsky) の主張は納得のいくものである．

第8章 所得分布の社会的・政治的衝撃：試論 137

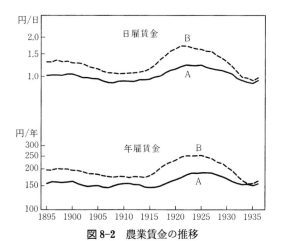

図8-2 農業賃金の推移
(注) 日雇・年雇賃金は共に男子賃金．1934-36年価格．7カ年移動平均．
A：全国消費者物価指数でデフレート．
B：農村消費者物価指数でデフレート．
(資料) 賃金：梅村・その他(1966)，220-221頁．デフレーター：図4-2.

その他の要因

以上の分析から推論すると，(農村のもともと不平等な所得分布を前提として)農民と都市労働者の賃金格差の拡大が，農民の一方では都市への流出を促進し，他方では小作争議の隆盛をもたらしたという仮説に到達する．しかし事実はそれほど簡単ではない．農民の行動は賃金格差・所得格差だけに依存するものでなく，実に多くの経済的・社会的要因があるはずである．ここでは2つの要因を取り上げるに止める．

(1) 農民の経済力の向上

農民の経済力の向上が小作争議の前提になったという可能性は，前述の仮説とは一見矛盾するものではあるが充分検討に値する．これを裏付けるものとしては2つの証拠が挙げられる．第1は，昭和恐慌以前の攻撃的な小作争議の担い手が貧農ではなく自小作と上層小作であったという事実[7]，第2は，それが愛知・兵庫・大阪等農業の商業化の進んだ地域に頻発したという事実である[8]．

ここで農民の経済力の指標を吟味しよう．農家の実質所得(図3-3)と農業日

雇・年雇の実質賃金(図8-2)は，第1次大戦後の好景気時に上昇し，この結果一時的に農工間賃金格差は縮小している(図8-1)．労働需要が急拡大して農業労働の都市への移動が促進され，その結果農業労働市場が逼迫して農業賃金が上昇したのである．この経済的変化は確かに農民の力を高めたと思われる．そしてこの現象は都市近郊の農村では一層顕著であったであろう．一例として神奈川県をとると，工業地帯近辺の農村では農業労働の不足が発生している．1918-19年，横須賀海軍工廠・浦賀船渠の拡張によって三浦郡の農村では壮年男子は皆農業を離れ，農耕に従事するものは女子のみとなった．また橘樹郡でもその頃，働き手のなくなった小作人が小作地を返還する動きがあった．地主も自作するのに労働力がなく，「小作料ハ何程ニテモ宜シキ故小作シテ呉レ」と無理に頼まねばならない状態であった，という[9]．

(2) 農民の自覚と地位の向上

所得格差の動向に農民が関心を持つということの背後には，彼らの労働者・商品生産者としての自覚がなければならない．このことは，高座郡厚木町近隣の山村を舞台とした和田傳の『門と倉』に描写されている．そこでは村の有力者である多聞が，物語の主人公である山村地主の芹沢しのに次のように語っている．

> 新時代だよね，おしのさん，小作人が打ち揃ってまかりいで，小作料が高すぎる，もちっと負けてくだされと要求してくる時世になりましたや……雨だ風だで不作を言いたて，そこで小作料を負けてくれと嘆願してくるんじゃないんだ．いまの小作料は高すぎる．もちっと安く，手直しをしてくれと，正面から言ってくる時世じゃね[10]．

不作を理由に小作料の一時的減免を要求していた小作人が，不作にかかわりなく小作料の減免を要求するようになった，というのである．これは農民の意識が大きく転換したことを如実に物語っている(小説では時期は明示されていないが，物語の前後関係から判断すると大正末期のことと推察される)．

労働者としての意識の発生には，教育の普及，都市工業における労働争議，その背景にある左翼的思想の影響，農民運動の組織化(日本農民組合の結成は

1922年)などがあろう．(労働争議と左翼的思想の影響は，交通の発達によって農村と都市との時間的距離が近くなるにつれて増大したはずである．)　神奈川県では1927-30年に年平均37件，1931-39年では42件の小作争議が発生した[11]．その代表的な地域が高座郡相模原地方(現在相模原市)であった．これには横須賀市等の工場地帯における激しい争議の影響と，1927年に新宿と小田原まで小田急線が開通して東京の活動家による指導が活発になったことの影響があろう．また基本的には農村における教育の普及が，社会・政治問題に関する農民の関心を呼び起こし，また彼らの権利意識を芽生えさせることに貢献したことも考えられる．

　商品生産者としての自覚は，交通網の発達による都市との接触の増大によって，商品作物の栽培が急速に増えた事の結果であろう[12]．

　以上の分析結果は次のようにまとめることができよう．1920年代においても農民の実質所得・賃金はあまり上昇せず，都市労働者との所得・賃金格差はいっそう拡大した．すなわち，第1次大戦後1930年代初頭まで都市労働者の所得・賃金は大幅に上昇し，これは農民労働の機会費用(都市産業に流出した場合に得られると予想される所得・賃金)を高めた．これは農民の「欲求水準」を高めたが，実際の所得・賃金はそれに追い付かず，農民の不満を増幅することとなった[13]．欲求水準の上昇は，これ以外にも様々な要因に依存したように思われる．農村における学校教育の普及，都市における左翼思想と労働争議の影響，さらに農業の商業化等が農民の権利意識を高めたということ等が考えられる．さらに第1次大戦直後の数年間には農業実質賃金は急速に上昇したが(その結果都市労働者との賃金格差は一時的に縮小した)，これは農民の経済力を高め闘争心を刺激したかもしれない．

　ところで1930年代半ばを過ぎると，小作争議は急速に鎮静化する(図8-1)．この要因としてはいくつかの事実を指摘できる．まず農家の実質所得と農業の実質賃金が1932-33年頃から上昇したこと，その結果農工間所得格差と賃金格差が縮小し始めたことが挙げられよう．そしてこの現象は，基本的には，戦時経済下での軍需工業への徴用と徴兵とによって，農業の労働不足が発生したこ

とによるものである．さらに 1932-34 年の時局匡救政策は，各地に公共土木事業を起こし農民に現金収入の機会を与えたこと，自作農創設維持政策は僅かながら小作農の自作農への転換を可能にしたことなどの政策的要因も無視できない．またこの頃には日本全体が全体主義の波に呑み込まれ，都市と農村の社会運動に対する弾圧が激しくなったことも挙げられよう[14]．

2 社会の不安定化と社会・政治体制の変革

社会の不安定化

1920 年代から 30 年代初頭における農工間賃金格差の拡大が，農村内においては中間層・下層農民の不満を拡大し，小作争議の背景となったことは前節で述べた．都市経済は農村経済に比べれば良好ではあったが，失業は激増し，財閥系企業と中小企業との間の賃金格差が拡大し，労働分配率は低下した．われわれが見出した都市部における所得分布の悪化傾向(第3章第2節)は，こうした状況を反映している．この中で，中小企業労働者等都市無産階級の不満が拡大し，社会の不安定化をもたらした．

この頃相次いで発生した青年将校による騒乱は，その象徴的な出来事であった．これは直接には軍内部における争い(「統制派」に対する「皇道派」の反乱)ではあったが，その行動は国民の共感を得た点で重要な意味を持っている．以下その顛末を要約しよう．

皇道派は，日本「ファッシズム」思想[15]の始祖である北一輝と，西田税を中心に形成された青年将校のグループである．北は 1919 年『国家改造案原理大綱』(23 年『日本改造法案大綱』と改題刊行)を執筆し，国家の改造は議会主義体制では不可能であり，天皇と軍部に主導された「上からの革命」によって初めて可能であると主張した．しかし彼らの運動は，総動員体制の推進を急務とする永田鉄山ら幕僚(統制派)の現実的考えと対立して追い詰められ，それがいくつかの流血事件を引き起こす．その 1 つが 1932(昭和 7)年の 5・15 事件である．これは暗殺と襲撃によって混乱状態を引き起こし，戒厳令の施行によって一

挙に国家改造を行おうとしたものであるが，結果は犬養首相の暗殺に成功したのみであった．また1936(昭和11)年の2・26事件はもっと大規模なものであった．反乱軍は高橋蔵相，斎藤内大臣等を殺害し，4日間にわたって政治・軍事の中心部永田町一帯を占拠したが，結果は失敗であった．

彼らの決起の動機についてはいくつかの説がありうるが，その背景には，農村の窮乏に対する深い同情があったというのが通説となっている．5・15事件の被告である陸軍士官候補生後藤映範は，裁判で決起の動機を次のように陳述し農村の窮状を訴えている．

> 農村疲弊は心ある者の心痛の種であり，漁村然り小中商工業者また然りです．殊に一昨年秋は東北地方は不作のため農民は惨苦を極めていた．軍隊の中でも農兵は素質がよく，東北農民は皇軍の模範である．その出征兵士が生死の際に立ちながら，その家族が飢えに泣き後顧の憂いあるは全く危険である……財閥は巨富を擁して東北窮民を尻目にかけて私欲を逞うしている．一方東北窮民のいたいけな小学子弟は朝食を食べずに学校へ行き，家族は腐った馬鈴薯を擦って食べているといふ窮状である……之がためには徒らに看板のみを掲げている政党財閥を打倒する外ないと感じたのである[16]．

これは農民への純粋な同情というよりは，農民の窮乏化によって軍隊の基礎が揺ぐことを危惧したものであったかもしれないし，反乱を正当化する単なる言い訳に過ぎなかった，という見方もありえよう．しかし決起した下士官の多くは農民の出身であり，彼らの心情には農民への同情があったことは想像に難くない．現に彼らの決起については国民の反応は好意的で，被告に対する減刑嘆願者は114万余に達した．このような国民の心情は，農民運動の指導者渋谷悠蔵が「みじめな農村の窮乏をよそに，ドル買いなどで腹をふくらませている者の二人や三人殺されたところで，かえって一陣の清風の吹く思いがせぬでもなかった」[17]と述べていることからも伺われる．

政治思想と政治体制の変革

社会の不安定化は，当時における政治思想と政治体制の変革，すなわち大正

民主主義の衰退とファッシズムの台頭とは無関係ではなかったというのが，以下で論述する仮説である．

(1) 大正民主主義の衰退とファッシズムの台頭

ところで大正デモクラシー[18]は，明治以降の経済発展の結果として発生した都市中産階級が主たる担い手であり，これに加えて第1次大戦以前では非財閥系資本家，以後では都市・農村の無産階級がこの運動の一翼を担ったと言われている．今無産階級に注目すれば，1922年には全国水平社と日本農民組合が結成され，1924年には無産政党運動の準備機関としての政治研究会(大山郁夫，賀川豊彦，鈴木茂三郎等)が発足している．そして1926年には労働農民党(委員長杉山元治郎)，日本農民党(幹事長平野力三)，社会民衆党(委員長安部磯雄)，日本労農党(書記長三輪寿荘)の結成が実現した．これら3つの合法無産政党は，1928(昭和3)年の第1回普通選挙において466議席のうち8の議席を獲得した．

しかし1920年代と30年代初頭における経済状況の悪化によって，都市・農村住民の不満が増幅し，その不満が財閥と結びついた政党政治への不信をかき立てた．政党政治は軍部主導のファッシズム体制にとって代わられるが，国民の間にはそれに迎合する雰囲気があったことは，5・15事件の被告に対する同情が大きかったことからも容易に想像される．

もっともわが国のファッシズムは軍部主導によるものであり，ドイツ・イタリアのように大衆的組織を持った運動が外から国家機構を占拠したのではなかった．そこでは，第1次大戦後の経済的困難の中で中産階級が没落し，彼らの不満が大衆運動の波となり，ドイツナチズムとイタリアファッシズムの発展を生み出す直接的動機となったのである．かつて丸山眞男は，これを「下からのファッシズム」と呼び，日本の「上からのファッシズム」と対比した[19]．しかしわが国の場合でも，中間階層，具体的には自営業者，小地主，自作農，学校教員，下級官吏等がファッシズムの担い手であった点では共通している[20]．

日本のファッシズムのもう1つの特徴として農本主義がある[21]．この特徴は北には見られないが[22]，前述の青年将校の陳述にははっきりと現れている．ま

た北と並んでファッシズムの教祖の 1 人とされる大川周明は「商工業本位の資本主義経済政策を排して農本主義の産業立国策を樹つるのは無論の事」と言い，「都市偏重より農村振興へ」を強く主張した[23]．また 5・15 事件に参画し一躍脚光を浴びた権藤成郷・橘孝三郎も，農本主義運動の最も有力な指導者であった．権藤は「我が国に於ける農村は国の基礎であり，成俗の根源である」[24] と述べ，橘は「日本は過去たると現在たるとはたまた将来たるとを唱はず，土を離れて日本たり得るものではない」[25] と主張し，共同体的農村社会の構築を唱えていたのである．

　もしもそうだとすれば，当時における農村の状況をもう少し詳しく検討する必要が出てくる．すなわち農民感情はどのように変化し，その変化はどのようにしてファッシズム体制の整備に力を貸すことになったのであろうか．この事情を，中村政則にしたがって長野県の浦里村に見ることにしよう[26]．

(2) 農本主義の発展とその意味

　典型的な養蚕村である浦里村は，1920 年代に入ると繭価格の暴落によって村民の間に農業の将来に対して不安感・危機感が醸成されていった．とくに青年の間では都市への憧憬の念が高まって農村脱出が流行するとともに，都市＝資本主義批判が次第に強まっていった．

　ここで村民は，社会主義的改造を指向する人々と，農本主義を目指す人々とに分裂することとなった．このような危機的状況にあって，村民は村の将来をわずか 35 歳の青年宮下周に託したのである．彼は「農村の疲弊困憊は，益々増して行くだろう．然し，これは決して，吾々農民の罪ではない．実に，経済的原因としての資本主義化，政治原因としての農村政策失当に原因する．吾々は，良く其根本を究めて，改造の途に進まねばならぬ．」[27] (1923 年) と述べて農村改造を唱えた．しかし彼は社会主義には批判的で，青年教育の充実と農業インフラの建設に力を入れると同時に，国会への請願運動も行った．同じような請願運動は全国各地で行われ，政府は 1932 年救農土木事業と農村経済更生計画を決定した．

　経済更生運動の指導者である農林官僚の小平権一は，その理念として二宮尊

徳の分度・勤倹・隣保共助を旨とする報徳思想を喧伝し，全国の小学校の校庭に二宮金次郎像が次から次に建てられていった．宮下はこの運動と思想に共鳴しつつも，都市＝資本主義への懐疑的姿勢は崩さなかった．彼によると，農村の疲弊の根本原因は都市と農村の対立，すなわち「農村が都市に征服されている」ためであった．そこで彼は，都市の商工業者の搾取に対抗して，農民が生産・金融・販売の共同組織，すなわち産業組合を強化することを主張した．この主張の中には農本主義思想が認められると同時に，自由経済への懐疑と統制経済化への期待が伺える．後に日本は国家総動員体制によって統制経済に移行するが，農村にはそれを受け入れる，あるいはそれを待望する雰囲気が醸成されていたことがわかる．それは国家総動員体制の確立を容易にしたはずである．

　宮下の自力更生思想は，一方で社会主義へのアンチテーゼとしての性格を持っていた．この村の農民組合でも社会主義思想の影響は強かったが，1933年の2・4弾圧事件において主要メンバーがことごとく検挙されると，宮下は浦里産業組合青年連盟を結成し，自力更生運動をいっそう強力に推進する．同連盟設立趣旨にも「資本主義経済制度が，……民衆の福利を阻害し，其生活を脅威し，……庶民階級の産業道徳は今や全く蹂躙せられ，生産と消費の対立紛争は貧富の懸隔を大ならしめ，資本の集中は営利本位の無統制的生産に発展し為めに中小産業は益々衰退し，更に資本家，労働者の階級闘争は峻烈となりて遂に思想の悪化を招来するに至れり．……此処に於いて吾等は，団体を本とする合理的手段を以て，営利本位の生産に代えるに必要本位の生産を以てし，又無統制，無計画的経済に代ゆるに統制ある計画的経済の確立こそ農村更生，国家興隆の基調なりとす．」[28] (1933年)とうたわれている．

　このような農本主義思想は，日本国が天皇を中心とする国家であるという天皇中心主義思想と結びつくことは必然であり，30年代後半になると彼の思想には，天皇の前にはすべての国民が平等な赤子であるとする一君万民論が明確な形をもって現れ，産業組合も，農本主義への防波堤であると同時に，皇室＝国体を擁護する城塞として位置づけられる．こうしてこの村は更生運動の先駆者として，日本を覆った全体主義のうねりの中で注目を集め，1940年のヒッ

トラー・ユーゲント訪日の際には，全国の村の中から彼らの訪問地として選ばれることとなったのである．

全国レベルでも，この頃農民と軍部との直接の結びつきが表面化している[29]．すなわち1933年陸軍中将等々力森蔵を中心に大日本皇道会が結成されたが，それに先立って平野力三を組合長とする日本農民組合は，皇道会との提携を決定している．ついで中国・近畿・四国地方の農山漁村民を中心にファッショ的農民団体・大日本農道会が結成されたが，これにも陸軍大臣の秘書である亀川哲也が幹事長に就任しており，軍部との結びつきが見られる．こうした農民団体の右傾化は全国農民組合にも波及し，全農大阪・兵庫・和歌山県支部が中心となって皇国農民同盟が結成された．いずれの団体も農村の疲弊の原因を財閥と結びついた政府の無策に求め，日本精神に基づく農村共同体の建設を目指す農本主義を特徴としていたのである．

日本ファッシズムの特徴として農本主義があることは以上で述べた通りであるが，では政府はなぜ農地改革等の抜本的な改革をせず，工業化（特に重化学工業化）路線をいっそう強力に押し進めたのであろうか．確かに農村対策として自作農を育成したり，公共土木事業を実施したりはしたが，すでに述べたように，その規模と効果は大きなものではなかった[30]．抜本的な農地改革は革新的な農林官僚によって提唱されはしたが，地主階級の強い抵抗にあって実現しなかった．また重工業化路線は戦力の拡大のためにどうしても必要であったろう．社会不安に対処する有効な手段として当時の政府が採ったのは，中国大陸を初めとする外地への侵略によって，国民の関心を外に向けさせることであったように思われる[31]．

戦時経済下の状況

経済状況は1930年代後半になると大きく好転し，農村においても都市においても住民の生活の向上が見られた．まず農家の実質所得と農業日雇実質賃金が1932-33年から上昇し，その結果農工間所得格差と賃金格差が縮小し始めたことはすでに述べた．

一方都市労働者の状況はどうであったろうか．非農家の実質所得と製造業実

質賃金は，1910年代後半以降顕著な上昇を続けたが，30年代に入ると上昇のテンポが落ちている[32](1930年から1938年の成長率は年率0.3%)．賃金の伸びが労働生産性の伸びに及ばなかったため，非農業の労働分配率は低下した(図4-2)．こうした現象はえてして好況期に発生する傾向があるが[33]，この傾向は都市部における所得分布の悪化の一要因となったのである．全国都市部の所得分布は1930，1937年についてしか推計されていないので，30年代後半における変化については確定的なことは言えない．しかし神奈川・静岡両県の11市町のジニ係数は各年について推計されており(図3-1)，またそのうちの3町のジニ係数の加重平均値も各年について計算されている(図3-2)．それによると，30年代後半においても所得分布の悪化が継続しており，労働分配率の低下と符合している．

　この時期については，「企業民主主義」または「産業民主主義」の発展が労働者の生活を改善し，現状肯定的態度を生み出したとする坂野潤治の主張が注目される．同氏は，1935(昭和10)年の労働総同盟の座談会の中で数名の労働者が，「近年における福利施設の改善のために生活が楽になり，安心して勤労に励むことができる」という趣旨の発言を引用し，総同盟傘下の中小企業労働組合が会社と結んだ労働協約の成果を強調している[34]．また同氏は，労働協約を結んでいない大企業でも，早くから労資一体を謳った工場委員会が成立している場合が多く，そこでも労働者の現状肯定的態度が見られるはずであると述べている．

　これが事実であるとするならば，労働者の生活の向上は賃金データ(それは福祉等の影響を含んでいない)が示す以上のものとなろう．ただし「企業民主主義」を体化した労働協約を締結した企業は1936年において121であり[35]，これは全企業から見るとほんの一部にすぎない．また大企業について見ると，福祉の改善はすでに1920年代に始まっており，氏の指摘するこの時期の現象は20年代の現象の延長とも考えられる．20年代には企業合理化の一環として，熟練労働を温存するために，年功賃金・終身雇用といういわゆる日本的雇用慣行が大企業の間で形成されていったと言われている(第4章第3節)．

30年代後半に実現した一定の経済的改善は,しかし,ファッシズム体制への移行という歴史の流れを阻止することはできなかった.

戦後民主主義の発達

民主主義が初めて体制化され社会に定着したのは戦後であった[36].1947(昭和22)年には日本国憲法が施行されたが,それは国民主権,基本的人権,戦争の放棄を含む極めて理想主義的なものであった.これに先立って1945年に占領軍によって発せられた人権確保の5大改革指令は,その理想を現実化するものであった.婦人解放,労働組合結成奨励,学校教育民主化,秘密査問司法制度の撤廃,経済機構民主化がそれである.経済民主化のための実際的政策についてはすでに述べたが(第7章第2,4節),その後1947年にかけて精力的に実施された,農地改革,財閥解体,過度経済力集中排除法,独占禁止法等がそれである.こうしてわが国の農村ではかつての地主・小作関係は消滅し,都市産業はより自由な競争の環境に置かれ,婦人と労働者の地位が向上した.加えて農産物価格支持政策など農業への手厚い保護が,都市・農村間所得格差の消滅に大きく寄与したことも事実である[37].

戦後改革が占領軍の強力な指導の下で行われたという意味で,戦後日本の民主化は「上から」与えられたものであり,その事実がわが国の民主主義の根を浅いものにしたことは否めない.しかし民主主義の1つの側面である「平等」,すなわち「機会の均等」に注目すると,日本ほど平等な国はないように見える.明治維新によって封建的な階級制度は消滅し,戦後改革によって地主・小作関係や華族制度が消滅し,戦後の労働運動によってホワイトカラーとブルーカラーとの差別は解消した.加えてわが国には,アメリカが抱えるような激しい人種問題は存在せず,またインドに見るような宗教上の階層化も存在しなかったこと等の事情が,今日の平等な社会の基礎にあることも事実であろう.

このような平等=機会の均等が中産階級の本格的発展を可能にする.すなわち,産業化=工業化によって家族労働者(主として農業部門)が減少して雇用者が大幅に増加し,工業技術の高度化(特にマイクロエレクトロニクス革命)によってブルーカラーが減少してホワイトカラーが急速に増大した.富永健一の

「新中間層」[38]，村上泰亮の「新中間大衆」[39]の形成である．現に総理府国民生活調査によれば，人口の9割が自分は中流であると考えている[40]．これら中産階級の本格的発展は政治的には民主主義の健全な発展を支え，経済的には所得分布の平等化をもたらす．戦後日本の目覚ましい経済成長は，こうした良好な政治・社会・経済的環境の下で発生したことに特に注目したい．

このようにして実現した所得分布の平等化は，安定的な社会を生み出し（高度成長期における日米安保条約をめぐる運動，学生運動等はあったにしても），それが経済成長による所得の上昇と並んで民主主義の定着を可能にした，という側面も否定できない．一般的には，平等な所得分布と民主主義との間には相互依存の関係があるとみるべきであろう．

以上では所得分布または所得格差が，戦前と戦後の日本社会・政治に及ぼした影響を分析した．より一般的に，経済発展と社会・政治との間にはどのような関係があるのであろうか．所得分布は経済発展の1側面であり，この他にいくつかの重要な問題があるはずである．誰しも最初に思いつくのは1人当たりGNPの変化であろう．この点については，民主主義の発展は1人当たりGNPの上昇なしにはありえないという，中村政則の仮説が注目される[41]．確かに生活に余裕がなければ民主主義は発達しようがない．この仮説は日本の経験をもとに導出されたものであるが，それは有名な社会学者であるリプセット（S. M. Lipset）の学説の線上にある．リプセットは戦後初期のいくつかの国を対象に，富・工業化・都市化・教育によって測定される経済発展と民主主義の発達との間に密接な相関を見出し，民主主義の発展は経済成長なしにはありえないと結論した[42]．

もう1つの重要な経済要因は物価の動向であろう．急激なインフレのもとでは国民の多くが被害を被り，それは社会・政治の不安定に繋がる可能性がある．1989年6月の中国の天安門事件の背後には，都市における急速なインフレがあったことはよく知られている．

日本を含めた国の歴史において，社会・政治の安定と不安定とがいかなる経済状況のもとで発生したか，あるいは，民主主義はどのような経済状況のもと

で定着しうるかを研究することは，世界平和を実現するために極めて重要な課題である．おそらく数量的な経済成長を考慮するだけでは不十分であろう．なぜなら経済成長のパターンは国によって，あるいは時期によって大きく異なり，同一の経済水準でも社会の安定性は大きく異なるからである[43]．新たに考慮すべき要因の1つとして所得分布があることは，本書の主要な主張である．

3 要約と結論

1910年代後半から30年代初頭においても農民の実質所得・賃金はあまり上昇せず，都市労働者との所得・賃金格差はいっそう拡大した．すなわち都市労働者の所得・賃金の大幅な上昇は，農民労働の機会費用と欲求水準を高めたが，実際の所得・賃金はそれに追い付かなかったのである．これは農民の不満を増幅し，小作争議を激化させる要因となった．欲求水準の上昇には，これ以外にも様々な要因が作用したように思われる．農村における学校教育の普及，都市における左翼思想と労働争議の影響，さらに農業の商業化等が農民の権利意識を高めたということ等がそれである．

次に1920, 30年代における全国所得分布の悪化，特にその1要因である農村・都市間の所得格差の拡大は，もう1つの社会的・政治的衝撃を与えることとなった．それは大正デモクラシーの衰退とファッシズムの台頭の経済的基礎となった，という点である．農民の鬱積した不満は，農村の衰退は財閥によって支配された都市産業のせいだという考え方が蔓延し，都市産業とそれと結びついた政党政治に対する反感を醸成し，国家主義・ファッシズムに共感する土壌をつくり出していった．軍部の中では，農民への同情と，財閥を中心とした経済・政治体制に対する強い不満が拡大し，革新将校に率いられた一部軍人がクーデターもしくはテロを繰り返し，こうした状況の中で軍部主導によるファッシズム体制が形成されていった．

日本の民主主義が体制化されたのは，第2次大戦直後の占領軍による経済・社会の改革によってである．すなわち，農地改革によって農村の地主・小

作関係は完全に過去のものとなり,農村の所得分布は大幅に平等化した.また財閥解体,過度経済力集中排除法,独占禁止法によって都市産業の競争が自由になり,労働組合の発達によって労働者の経済的・社会的地位は向上し,都市でも所得分布の平等化が実現した.このような社会的・経済的状況のもとで,民主主義は初めて根づくことができたのである.

本章は所得分布の社会的・政治的衝撃について論じたものであるが,この種の分析としては前例のないものであるだけに,不十分であることはいうまでもない.戦前の都市・農村間所得格差の拡大が社会・政治の不安定要因になったという仮説については,いっそう慎重な検討が必要である.しかし結論的には,大川・ロゾフスキーが述べているように,少なくとも当時の「経済構造が政治的環境の悪化をくいとめえなかったことは確かであったし,またそれは日本の民主主義が1920年代末に短命に終わったことに寄与した主な要因であった」[44]のであろう.

本章で取り上げた問題は極めて重要な研究テーマであり,これについては今後経済学,社会学,政治学等の専門家の共同研究が待たれる.

1) 例えば西田(1975),173-174頁.
2) 栗原(1961),542頁.
3) 暉峻(1970),272頁;中村政則(1979),244-245頁;大門(1994),92-93頁.
4) 田崎(1988).
5) 小作争議件数(図8-1)にまつわるデータ上の問題を無視して,賃金格差(A系列・B系列)との間の関係(1917-41年)を計算すると,そこには有意な相関があることがわかる.それぞれ自由度で修正された相関係数は,それぞれ0.550,0.831である.賃金格差にラグを仮定すると相関はいっそう高まる.もっとも高い相関が得られるのは,A系列では3年のラグ,B系列では2年のラグをおいた場合で,相関係数はそれぞれ0.761,0.907となる.なお小作争議件数と賃金格差との関係に関する計量分析の先例として,宮本・ヤマムラ(1981)がある.
6) 大川・ロゾフスキー(1973),272頁.
7) 中村政則(1979),233頁;岡本(1976),212-213頁.
8) ドーア(1965),19頁.

9) 高村・その他(1984), 178-179頁.
10) 和田(1972), 277頁.
11) 高村・その他(1984), 202-203頁.
12) 西田は新潟県で「商品生産小作農」が農民運動のリーダーとなった事実を指摘し, 商品生産の普及が農民の生産者としての意識を目覚めさせた, と論じている((1968), (1975)). なおこの説については中村の批判がある((1979), 295-296頁).
13) 欲求水準と実際の生活水準とのギャップが拡大しても, 常に不満が増大するわけではないし, かりに不満が増大してもそれが直ちに社会運動に直結するとは限らない. どのような状況においてギャップの拡大が社会運動を引き起こすのかを解明しようとしたものに, 「相対的剥奪論」がある. これは1960年代から70年代初頭にアメリカの社会学者によって展開された理論であるが, 戦前日本の農民運動の分析にこの理論を援用することは, 試みる価値があるかもしれない. 相対的剥奪論については松本(1985); 曽良中(1970), 相対的剥奪の政治体制に及ぼす影響についてはダール(1981), 第6章参照.
14) この事情については森(1976)参照.
15) 日本における「ファッシズム」が, ドイツ・イタリアのそれと性格を異にすることは後に述べるが, その存在を疑問視する見解もある(例えば中村隆英(1993), 367-369頁). これは多分にファッシズムの定義に掛かっている. ここでは広く解釈して, 立憲主義・議会政治を否定し, 自由主義・共産主義・国際主義を排撃し, 全体主義・軍国主義を高揚し, (1人または複数の)独裁者による社会の再編成をめざす運動と定義しておこう(山口(1975), 70頁). また日本のファッシズムの歴史については古屋(1976); 森(1976); 山口(1975), (1979)参照.
16) 中西(1982), 89-90頁.
17) 中西(1982), 90頁.
18) 大正デモクラシーの盛衰の歴史については松尾(1974); 三谷(1974); 中村政則(1993), 第3・4章; 中村隆英(1993), 第1-3章参照.
19) 丸山(1964), 71頁.
20) 丸山(1964), 63頁.
21) 丸山(1964), 44頁. 農本主義については難波田(1982), 161-177頁参照.
22) 北は中央集権的な国家統制を主張した(丸山(1964), 47頁).
23) 丸山(1964), 44頁.
24) 丸山(1964), 45頁.
25) 丸山(1964), 48頁.

26) 中村政則(1979), 第5章.
27) 中村政則(1979), 351頁.
28) 中村政則(1979), 363頁.
29) 中村政則(1976), 163-164頁.
30) 第5章注13.
31) この見解は, 例えば大川・ロゾフスキーに見られる((1973), 271-272頁).
32) 南(1992), 図9-4(225頁).
33) 第4章注13.
34) 坂野(1991), 227-228頁.
35) 坂野(1991), 第2表(260頁).
36) 戦後民主主義については中村政則(1993), 第5章; 中村隆英(1993), 第5章参照.
37) この点で, 戦後の民主的選挙制度のもとで農民の意見を代表する政治勢力が大幅に拡大し, これが強力な農民保護を通じて都市・農村間所得格差したがって所得分布の改善をもたらした, とする蒲島郁夫の仮説が注目に価する(Kabashima (1984); 蒲島(1988)). この仮説は, もしも戦前期において民主的な選挙制度がうまく働き, 国政に農民の意見がより強く反映されたならば, 日本の社会と経済は大きく変わったことを示唆する.
38) 富永(1990), 361-365頁.
39) 村上(1984), 194頁. 今田・富永等は, この概念がすべての国民を均質とし, 彼らの間に所得, 資産, 学歴, 職業等の多様な差が現存するという事実(「地位の非一貫性」)を見逃す危険があるとして批判している. それらの差が相殺しあい, 結果として平等な社会となっているにすぎない, という(今田(1989), 165-170頁; 富永(1988), 第5章, (1990), 375-376頁).
40) 村上(1984), 167頁.
41) 中村政則は国際比較を通じて, 1人当たりGNPが2000ドルに達することが民主主義発展の条件であると主張している((1993), 168, 182-184頁).
42) リプセット(1963), 第2章.
43) この問題については社会学者の研究がある. 例えば, Bollen (1983); Bollen and Jackman(1985); Rubinson and Quinlan(1977).
44) 大川・ロゾフスキー(1973), 272頁.

第9章 日本の経済発展と所得分布

　本章はこの書全体の総括である．すなわち，前章までの分析で見出された主な結論を要約し，その含意について述べる．

　第1節では，所得分布の長期的変化を要約し，有名なクズネッツ仮説あるいは逆U字型仮説(第1章第1節)がわが国の歴史に当てはまるかどうかを論ずる．クズネッツ仮説とは，経済発展の初期的段階では経済成長によって所得分布が不平等化するが，経済発展がある点を越えれば所得分布は平等化に転ずるというものである．戦前から50年代までのわが国の経済発展は，クズネッツ仮説の前半部分の典型的な例であった．しかしクズネッツ仮説の後半部分の妥当性は疑わしい．過剰労働が1960年頃消滅し，分配率も低下から上昇・一定傾向に転ずることによって，所得分布は悪化から改善に向かうことになった．しかしこの改善はさほど大きなものではなかった．現代日本の極めて平等な所得分布は，経済成長の必然的帰結ではなく，戦後における激しい経済的・社会的変化の結果であったのである．

　またこの節の最後の部分では，本研究において明示的には取り上げなかった人口要因の影響について，ごく簡単な評価を行う．

　第2節では，所得分布が経済成長に与えた影響を論ずる．その影響の経路としては，まず，比較的はっきりしている貯蓄・消費活動を取り上げる．そこでは貯蓄率は高額所得層ほど高く，したがって所得分布の平等性と貯蓄率(経済成長)との間に，ある程度のトレードオフが存在することが指摘される．これに次いで勤労意欲，技術進歩，教育等を通ずる影響の評価が行われる．

　第3節では，本研究が国際的にどのような意義・含意を持つかを論ずる．初めに推計上の意義，次いで分析結果の意義・含意を指摘する．

1 経済発展と所得分布

過剰労働

われわれは戸数割地方税に注目し，その課税基礎としての1戸当たり所得を用いて所得分布を計測することを計画し，これまで約210市町村（当時の行政単位による）の戸数割資料を収集した．そして本書では，210市町村の戸数割資料で低額所得者の所得分布を表し，全国第3種所得税資料で高額所得者の所得分布を表すこととして，両資料を結合することによって全国の所得分布を計測した．その計測は，1923, 1930, 1937年のベンチマーク年について行われた（図6-2の系列 II）．これによって，わが国の戦前の所得分布の姿が初めて明らかになったのである．さらに戸数割資料は，その精度を問わなければ，地域によっては19世紀の末期にも存在する．それら市町村について，戸数割資料だけを用いた暫定的推計を行ってみた（系列 I'）．また戦後については信頼できる計測値がすでに存在する（系列 III・IV）．これら4組の系列を接続すると，19世紀末期から一世紀に及ぶ期間の所得分布の変化が明らかになる（第6章第3節，第7章第1節）．

それによれば，19世紀末から1930年代末まで，所得分布は不平等化の傾向を見せた．これはクズネッツ仮説の前半部分（経済成長によって所得分布が悪化する）が，明らかに成立したことを示している．そして所得分布は40年代のどこか（おそらく40年代後半）で劇的に改善する．このことの理由と意義については後に触れるとして，ここでは50年代の変化に注目しよう．そこでは所得分布が悪化しており，戦前の傾向が（戦前・戦後の間の落差を挟んで）50年代にも継続しているのである．すなわちクズネッツ仮説の前半部分は，19世紀末から50年代までの半世紀を越える期間について成立する，と言うことができる．

農村と都市を分けてみると，前者では所得分布はあまり変化しておらず，後者では所得分布が悪化したことが判明する（第3章第2節）．農村の所得分布が

大きな変化を示さなかったのは，所得分布の改善要因と悪化要因とが相殺した結果であった．改善要因としては地主小作制度の緩やかな崩壊と小作料の低減等，悪化要因としては養蚕の普及等の商業化，農業労働の兼業化等が挙げられる(第5章)．

都市の所得分布の悪化の背後には，非農業部門における労働分配率の低下があった．賃金所得の分布は非賃金所得(財産所得等)のそれより平等であるから，労働分配率の低下(資本分配率の上昇)は全体の所得分布を悪化させるのである．労働分配率の低下は，平均賃金が労働の平均生産性の伸びに及ばないためである．ここでわれわれは，農業(正確には農業と非農業の中小企業)における過剰労働の存在に注目する必要がある．過剰労働を抱えた農業は都市産業に常に安い労働を供給しうるから，都市産業の賃金の上昇は低いものとならざるを得ない．一方都市産業(わけても大企業)では，西欧から資本使用的近代技術を導入するから労働生産性は大幅に上昇する．このように，過剰労働の存在が分配率(賃金/労働生産性)を低下させ，都市における所得分布を悪化させたのである(第4章第3節)．

都市における所得分布の悪化に加えて，都市・農村間の所得格差の変化も全国の所得分布を悪化させた(第3章第2節)．すなわち所得格差は，戦前期においては趨勢としては拡大傾向を示した．これは大量の過剰労働が農村に滞留したことの当然の結果であった．(所得格差は戦前・戦後間に著しく縮小したが，そのことについては後述する．)

要するに戦前と戦後の50年代には，過剰労働の存在によって全国規模での所得分布の悪化が生じたのである．そして1960年の「転換点」を越えて過剰労働が消滅すると，非1次産業の分配率は一定または上昇の傾向に転換し，都市および全国の所得分布の不平等度も一定または低下の傾向を見せる(第7章第1節)．

この事実発見は極めて重要な意味を持っている．なぜならそれは，クズネッツ仮説の前半部分が日本の歴史によって確認されたことを示すだけでなく，その現象(経済成長による所得分布の悪化)の背後に過剰労働の存在があることを

明らかにしているからである.もともとクズネッツ仮説は,歴史的現象を単に描写したものにすぎず,彼自身は,その現象の背後にある要因については必ずしも明確な説明を行ったわけではない.

制度的要因

日本の分配率と所得分布の不平等度の変化に共通した特徴として,戦前と戦後の間の大きなギャップの存在がある.

所得分布の不平等度における戦前・戦後間のギャップは,農村(農業)と都市(非農業)の双方に認められる.まず農業におけるギャップをもたらした最大の要因として,終戦直後の農地改革がある(第7章第2節).これは地主の土地の大部分を小作人に配分し,小作料を一定の水準に凍結したものである.折からの急速なインフレのもとで,土地の売却価格は実質的に極めて低いものとなり,小作料も実質的に低下した.

1952年には農地改革の成果を維持するために「農地法」が制定されるが,それは農地改革の基礎であったいくつかの法律を一本化したものであった.農地改革(およびそれを引き継いだ農地法)の効果については,しかし賛否両論があるのが実情である.一方では,(1)農地改革が地主小作制度の解体を通じて平等な農村社会を作り上げ,戦後民主主義の基盤となったこと,(2)下層農民の所得の底上げによって農村の購買力が増大し,耐久消費財の市場を拡大し,高度成長を主導した重工業化を需要面から支えたこと,(3)自作農となった農民の生産意欲が刺激され,それが戦後初期の比較的急速な農業成長を実現したこと等を理由に,農地改革が戦後日本経済に果たした役割が高く評価される[1].これに対して,(1)自作農は戦前期において体制側であり,その創設は必ずしも農村の民主化には繋がらないこと[2],(2)農地改革によって土地の細分化が促進され,かえって農業近代化が妨げられたこと[3],(3)(戦前において自作農と小作農の労働生産性には差が認められないという事実を根拠として)自作農化は必ずしも農業生産性の向上をもたらさない[4],という批判がある.

確かに農地改革の正確な評価は難しい.しかし日本の農地改革は世界の歴史上もっとも成功したものであることは広く認められており[5],少なくともそれ

が平等な所得分布を実現した点は疑う余地がない．もっともこの点についても，すでに述べたようにインフレが農地改革の所得分布改善効果を増幅したこと，したがって，戦後農村の所得分布の平等化のすべてが農地改革の成果ではないことを認めないわけにはいかない．

　最後に農地改革を成功させた要因に触れることにしよう．農地改革は，占領軍の強力な指導によって実現したというのが通説となっており，それは確かであろう．しかし一方では，当時の日本は，農地改革が成功しやすい状況にあったことも事実である[6]．第1に，小作農に土地を持たせるという政策は，戦前期における自作農創設維持政策の延長でもあったこと，第2に，その政策の経験が改革の前提となる所有農地の把握を容易にしたこと，第3に，戦前における農民の悲惨な生活が広く知られており，農地改革は国民の理解を得やすかったこと，第4に，戦前期の小作料の低下によって農地経営の有利性が失われ，土地没収に対する地主層の抵抗が強くなかったこと等が挙げられる．

　要するに戦後の農地改革は，ある意味で「恵まれた」条件のもとで実施されたものであった．もちろんそのことは農地改革に対する評価を低くするものではない．それが経済的に平等な農村を生み出したことは否定し得ないし，すでに述べたように，それが戦後民主主義の基盤となったことも否定しがたいように思われる（第8章第2節）．

　一方非農業の労働分配率が戦前・戦後間に大きく上昇したこと，それにつれて所得分布が大幅に改善したのは，いくつかの経済的・制度的要因によるものであった（第7章第3-5節）．戦争中の爆撃による資産の破壊，終戦直後における超インフレによる金融資産の減価，それに経済民主化のために実施された財閥解体は，戦前からの高所得者層の没落をもたらした．しかし彼らの没落を決定的にしたのは，財産税・富裕税という資産課税の実施であった．わけても財産税は，全世帯の1割強を対象として極めて高い税率を適用するなど，分配率の上昇と所得分布の平等化にもっとも大きな影響を持つものであった．また戦後本格化した労働運動も同様の効果を持ったはずである．

　このように戦争中の爆撃，戦後における超インフレ，経済民主化政策，資産

課税という制度的要因が,農村・都市の双方における所得分布を大きく改善することに貢献したのである.確かに過剰労働の消滅は,分配率の上昇と所得分布の改善に寄与したことは事実である.しかしこの効果は,制度的要因の効果に比べてはるかに小さいことは疑いない.もしも上記の制度的要因がなかったとしよう.例えば戦災と超インフレがなく,経済民主化政策と資産課税が実施されなかったとしたら,今日のような平等な社会は存在せず,所得分布は戦前のように不平等であったかもしれない.そうした状況では,転換点を越える(過剰労働が消滅する)ことの所得分布に及ぼす効果は実際より大きく,所得分布は60年代以降に見られたよりもより大きく改善したかもしれない.しかし戦前と戦後の間に現に発生したような驚くべき改善は,もとより不可能であったであろう.われわれは,この時期に発生した様々な事件・現象がその後の日本経済・社会に及ぼした影響について,いっそう注目する必要があるように思われる.

人口要因

前章までの分析では,人口要因の所得分布に及ぼす影響についてはまったく触れなかった.それはこの要因が,分析の対象となっている期間においては,所得分布の変化に著しい影響を与えなかったと考えるからである.

所得分布の研究でしばしば取り上げられる人口要因としては,人口増加率[7],人口の年齢構成[8],世帯規模,教育程度がある.このうち実際に日本の所得分布に影響したと考えられる要因は,世帯規模と教育程度であろう.

(1) 世帯規模

クズネッツは人口要因のうち世帯規模の変化の重要性を指摘している.彼によれば,世帯規模が大きければ世帯全体の所得は当然大きいから,核家族化によって世帯規模が縮小すれば,世帯所得の分布は不平等化するはずである.またクズネッツは,単身者世帯には様々な形態がありその性格を一概に言うことはできないということから,所得分布の研究からは除外することを提案している[9].

平均世帯規模は1920年から1950年までほとんど一定であり,それ以降(特

表 9-1 世帯規模と人口の年齢構成

年次	普通世帯の1世帯当たり人員	1人世帯の普通世帯に対する割合(%)	人口の年齢構成(%)		
			0-14歳	15-64歳	65歳以上
1920	4.89	5.8	36.5	58.3	5.2
1930	4.98	5.5	36.6	58.7	4.8
1940	4.99	—	36.1	59.2	4.7
1950	4.97	5.4	35.4	59.6	4.9
1960	4.54	5.2	30.2	64.1	5.7
1970	3.69	10.8	24.0	68.9	7.1
1980	3.33	15.8	23.5	67.3	9.2
1990	2.99	23.1	18.2	69.5	12.0

(資料) 「国勢調査」(1920-80年は総務庁統計局 1987年, 168, 179頁, 1990年は総務庁統計局『平成2年国勢調査報告 第2巻 その1全国編』1991年, 7, 238-239頁).

に1960年以降)は核家族化によって急速に減少している(表9-1).(核家族化は,同じ表に掲げられた単身世帯の割合の飛躍的上昇によっても明白である.)したがってこの人口要因は,戦前の所得分布の変化にはほとんど影響しなかったこと,1960年すぎからの分布の平等化にはある程度の貢献をしたことは,溝口・寺崎によって指摘されている.また両氏は,高齢者世帯(単身または2人)が子供世帯と分離することが,1980年代以降の分布の不平等化を加速していると述べている[10].これは今後の分布の動きを見るうえで注目される.

(2) 教育程度

教育の普及(特に社会の下層階級への教育の普及)は,人々の社会での活躍の機会を平等化し,長期的には所得分布の平等化をもたらす要因である.例えばアールワリア等の国際比較研究では,いくつかの指標によって表された教育の発達度が大きい国ほど,所得分布の不平等度は小さいという関係が導かれている[11].

わが国の近代的教育システムは明治期に発足し,戦前期においても初等,中等,高等レベルの教育は着実に普及率を高めていった.例えば1920年には初等教育の就学率はすでに99%に達し,中等教育では25%,高等教育では2%弱となっている[12].大学等の高等教育が一般化したのは戦後のことで,その進

学率は1950年代では10%であったが，1992年には40%弱に達している[13]．こうした教育の発達は，所得分布の平等化にある程度の貢献をしたはずである．そうだとすれば，戦前における教育の発達はそこでの不平等化の傾向をある程度和らげ，戦後におけるそれは平等化の傾向の一要因となったと言えるかもしれない．

2 所得分布の経済に及ぼす影響

貯蓄・消費

所得分布に関する内外の膨大な研究の大部分は，所得分布の変化の要因を探ることを目的としており，逆に所得分布の変化が経済に及ぼす効果については，必ずしも充分な研究があるとは言えない．

その例外は貯蓄形成に及ぼす所得分布の影響の研究である．実はこの研究は経済学の歴史とともに古い[14]．リカード(David Ricardo)等のイギリス古典派経済学では，貯蓄は主として利潤から発生し，地代・賃金は主として消費されてしまうと考えた．そして耕作される農地が優良地から劣等地へとシフトする過程で，地代の相対的分け前(分配率)と地代率とは共に増加し，利潤の相対的分け前と利潤率は減少する(賃金率は一定と仮定されるが，賃金の相対的分け前は減少する)．この結果経済全体としての貯蓄率は低下し，経済発展が終焉を迎えるというのである．このような貯蓄関数は戦後のイギリスの経済学にも受け継がれた．すなわちカルドア(Nicholas Kaldor)，ロビンソン(Joan Robinson)等のいわゆるケンブリッジ学派の理論は，貯蓄＝利潤，消費＝賃金所得という単純化を前提としていた(そこでは地代は無視されている)．

すでに述べたように(第4章第3節)，労働分配率の低下の過程で所得分布の不平等化が発生するとすれば，以上の経済理論は，貯蓄は主として高額所得者から供給され，低額所得者の所得は主として消費されてしまうこと，すなわち貯蓄と所得分布のトレードオフを想定していると言える．これについては多くの批判がある．ウイリアムソン(J. G. Williamson)はアメリカとイギリスの歴

表 9-2 所得階層別貯蓄率:戦前

所得階層 (円)	貯蓄率[a] (%)	所得階層 (円)	貯蓄率[a] (%)	所得階層 (円)	貯蓄率[a] (%)	所得階層 (円)	貯蓄率[a] (%)
1926年		1931年		1935年		1940年	
- 59	2.0	-49	-4.0	-49	-5.5	-59	23.0
60- 79	4.0	50-59	6.2	50-59	6.7	60-69	9.2
80- 99	6.4	60-69	8.9	60-69	8.2	70-79	8.3
100-119	7.6	70-79	9.3	70-79	9.5	80-89	7.5
120-139	9.0	80-89	9.3	80-89	9.8	90-99	8.5
140-159	10.6	90-99	11.5	90-99	10.7	100-	13.1
160-179	11.3	100-	11.9	100-	12.6	合 計	12.5
180-199	11.8	合 計	10.3	合 計	10.8		
200-	13.4						
合 計	8.5						

(注) a 可処分所得に対する貯蓄の割合.全都市勤労者世帯.
(資料) 「家計調査」(総務庁統計局(1988), 474-485頁).

史的データを分析し,こうした関係はなかったと結論した[15].オーシマは,平等な分布も持つ日本と台湾が,そうでないフィリピンとセイロン(現スリランカ)より貯蓄率が高いという事実を挙げて,トレードオフ仮説を否定している[16].またドブリン(F. Dovring)は,もしもこの仮説が正しいなら,所得分布の不平等なラテンアメリカの貯蓄率はそれ以外の地域に比べて高いはずであるが,それは事実に反していると述べている[17].一方デラバレ(P. A. Della Valle)・オグチ(N. Oguchi)等の国際比較研究では,この仮説に肯定的な結論が導かれている[18].

では日本ではどうであろうか.表9-2は戦前の4年次について,勤労者世帯の所得階層別貯蓄率を計算したものである.どの年次においても,所得が高いほど貯蓄率も高いことは明白である.例えば1926年について見ると,最低所得階層のそれは2%にすぎないのに反して,最高所得階層では13%を越える高い水準となっている.また1931,1935年では,最低所得階層の貯蓄率がマイナスとなっており,恐慌による所得低下によって貯蓄の取崩しが行われたことを示している[19].

戦後の勤労者世帯の貯蓄率は所得5分位階級別に表象されており,分析に便利である(表9-3).いずれの年次においても所得水準と貯蓄率の正の相関が認

表 9-3 所得階層別貯蓄率：戦後 　　　　(単位：％)

所得5分位階層	貯蓄率[a]				
	1955年[b]	1960年[b]	1970年[c]	1980年[c]	1993年[c]
I	−3.7	−0.2	9.0	6.7	10.8
II	1.6	4.8	11.8	11.6	16.8
III	4.5	6.9	13.2	14.7	17.5
IV	6.1	9.8	15.2	12.7	18.2
V	9.8	14.4	14.8	16.6	18.2
合　計	5.7	9.5	13.7	13.3	17.0

(注)　a　可処分所得に対する貯蓄の割合．
　　　b　全都市の勤労者世帯．
　　　c　全国の勤労者世帯．
(資料)　「家計調査」(1955-80年は総務庁統計局(1988)，572-591頁，1993年は総務庁統計局『家計調査年報 平成5年』166頁)．

められる．最低所得階層の貯蓄率は1955年では−4％であるが，それ以後上昇しており，高度成長による経済生活の改善がこの層にも広がったことが見て取れる．

また間接的な証拠ではあるが，かつて筆者等が非農業部門(1906-40年)について計測した貯蓄関数[20]も，所得分布と貯蓄率とのトレードオフが存在したことを示唆している．1人当たり個人貯蓄(固定価格)を S，1人当たり付加価値額(固定価格)を Y，労働分配率を π とすると，計測された関数は次の通りである(パラメータの下の括弧内の数字は t 値である)．

$$S = 79.931 + 0.379Y - 2.816\pi \quad R^2 = 0.837$$
$$(1.63) \quad (6.87) \quad (4.60)$$

Y のパラメータが正で統計的に有意なのは，所得水準の上昇にともなって貯蓄が増加するという，ケインズ(J. M. Keynes)の絶対所得仮説が成立することを表している．また π のパラメータが負で統計的に有意なのは，所得分配が利潤に有利に(賃金に不利に)変化すれば貯蓄が増えるという関係を表すものである．すなわち，戦前期において見られた労働分配率の低下傾向は，(すでに論じたように所得分布悪化の一因となり)貯蓄の形成を促進したように思われる．

次に，所得分布のあり方が一国の消費パターンを通じて経済成長に影響する，

という仮説に触れる必要がある．クライン(W. R. Cline)は，所得分布の改善は金持ち階級による奢侈品(多くは輸入品)に対する需要を減らし，中産階級と下層階級による労働集約的商品(主として国産品)に対する需要を拡大することによって，輸入代替と輸出を促進して成長を刺激するという[21]．ウイリアムソンもアジア太平洋諸国の研究に際して，この点がこれらの国々の高い成長の一因であるとしている[22]．多くの研究はこの主張を支持しており，これはすでに定着した見解となっているように思われる．日本の戦後の経験に照らしてみても，これはうなずける見解であろう．

その他の影響

所得分布が経済成長に影響する経路として，貯蓄・消費以外にもいくつかのものが思い浮かぶ．しかしこれらの実証は極めて難しく，ここではいくつかの仮説を提示し，それに対してごく簡単な説明と評価を加えることに止めざるを得ない．

(1) 平等な所得分布は人々の勤労意欲を高める．

戦後の経済民主化によって国民の経済的地位は均等化したが，これは彼らの間の競争意識を刺激し，勤労意欲を高めるのに効果があったというのである．これには反論があり得よう．かつてのソビエト，東欧諸国，中国の社会主義諸国においては，所得は極めて平等であったが，勤労意欲は極めて低かったことは広く知られている．仕事を沢山しても賃金が同じだというのでは，働くインセンティブはないからである．したがって重要なことは所得の平等性そのものではなく，働けば高い所得が得られるという競争原理が働いているかどうか，ということであろう．所得分布の平等はその結果というべきなのかもしれない．

(2) 平等な所得分布は新技術の普及を促進する．

経済成長における技術革新の重要性は言うまでもない．筆者の推計によれば，日本の第1次産業については戦前(1889-1938年)では労働生産性の成長の60%，戦後(1956-87年)では33%が何らかの技術進歩によるものである．また第2次産業(通常の第2次産業の他に運輸・通信を含む)については，その割合は戦前(1908-38年)では54%，戦後(1956-87年)では74%となっている[23]．

このことは，所得分布と技術革新との間になんらかの関係があることを示唆しているると思われる[24]．技術が比較的単純な農業を例にとって見ると，農地改革によって農民が同じ経済的地位に並び，そのため彼らの間に競争意識が高揚し，それが新品種の採用，農薬・肥料の大量投入，本格的な機械化等を促進し，高度成長期に農業も高度成長を遂げたのであろう．

(3) 平等な所得分布は教育の普及を促進する．

アジア太平洋諸国を対象とした研究においてウイリアムソンは，平等な所得分布が教育の普及を通じた人的資本の蓄積を容易にすること，このことがこれらの国々の成長をラテンアメリカに比べて有利にしたことを指摘している[25]．

わが国の教育の発達についてはすでに述べたが，とくに戦後における高等教育の急速な普及の背後には，高度成長による低所得層の経済状態の改善，すなわち所得分布の平等化があったことは想像に難くない．また(1)で述べた競争意識の発揚が教育への関心を一層刺激したことも，その一因と考えられる．

われわれはすでに，教育の普及が就業の機会を平等にし所得分布を平等化するという関係を指摘した．教育の普及と所得分布の平等化との間の関係は相互依存的と考えるべきであり[26]，その関係が経済成長を促進するのであろう．

(4) 平等な所得分布は社会・政治の安定化を通じて成長に有利な環境を形成する．

ウイリアムソンによれば，平等な所得分布のもとでは社会・政治の不安定性は最小限に止められ，国民の世論の結集が容易になり，その結果成長指向的経済政策を採りやすくなる[27]．日本の高度成長期はまさにこうした環境にあったと言えよう．所得分布と社会・政治との関係についての分析は第8章で試みられた．

3 本研究の意義

本書を締め括るに当たって，本書において展開された議論がどのような意義を持つかについて述べよう．

資料上の意義

資料上の意義については次の2点を挙げることができよう.
(1) 戸数割資料収集の結果,戦前と戦後を結ぶ所得分布の歴史的系列が初めて推計され,日本経済研究の空白部分を埋めることを可能にしたこと.

わが国における所得分布の研究は資料の制約によって戦後を中心に進められ,戦前については,所得分布を直接推計し分析することはほとんど行われなかった.また戦前の日本経済研究は長くマルクス経済学者の独壇場であり,そこでは都市・農村の貧困や階級対立等について多くの研究が行われたが,そこでは方法論の違いから,一国全体としての所得分布の計量や分析は,彼らの視野にはなかったと言ってよい.

さらに戦前・戦後を結ぶ所得分布の歴史的系列の推計は,世界における所得分布の研究を一歩前進させるものである.なぜなら有名なクズネッツ仮説の検定には歴史的系列が不可欠であり,後述するように,そうした系列が得られる国は極めて少ないからである.

(2) 正確な資料を発掘し,または資料に正しい補正を施せば,所得分布は予想を上回って不平等になることを明らかにしたこと.

戦前の日本では,個人別所得データとしてはこれまで所得税資料が用いられてきた.しかしこれは全世帯のトップ約5%の高額所得者を対象とするものであり,これでは全体の所得分布を捉えることはできなかった.しかし収集された戸数割税資料は一部の地域に限られているが,それを全国の所得税資料と結合して全国の所得分布を推計することができる.その結果,極めて不平等な所得分布が戦前に存在していたことが明らかになった.

この結論は,現在の発展途上国においても,同様のことがありうるという可能性を示唆しているように思われる.後述するようにラテンアメリカのいくつかの国を別にすると,多くの途上国の不平等性は,戦前日本についてわれわれが見出したそれよりも小さい.しかしそれらの国の所得データには多くの問題がある.特に高額所得者の所得の捕捉は難しく,政府によって公表されている資料では,それは大きな過小評価を含んでいることは広く認められている[28].

その例を韓国にとろう．政府データによって計測されたジニ係数は，1988年で0.33と0.34の中間であったが，アン(K. S. Ahn)が政府資料を補正して計測した結果によると，実に0.40を超える高さとなっているのである．しかも政府統計ではジニ係数は80年代に低下したことになっているが，アン推計では，1981年の0.347から1989年の0.432まで著しい上昇を示している[29]．これは韓国の政府統計では，高額所得者(おそらくは主として財閥関係の人々)の所得が著しく過小評価されていることを物語っている．

分析上の意義

分析上の意義として8点を指摘したい．

(1) 発展段階の初期における日本の所得分布が明らかになり，現代の途上国との比較が可能になったこと．（発展段階の異なる国々の比較はあまり意味がない．）

表9-4は，1970-80年代における途上国・中進国35カ国のジニ係数を掲げたものである．これによるとジニ係数はアメリカ（北・中・南米），アフリカ，アジア・オセアニアの順で大きい．アメリカの平均値は0.51で，これは戦前日本の推計値(0.50から0.57)に匹敵する．この中ではブラジル・コロンビアではいずれも0.57であり，ジャマイカなどは0.65を上回る驚くほど大きなジニ係数となっている．一方アジア・オセアニアの平均値は0.42で，戦前日本よりかなり小さい．

(2) 戦前・戦後を結ぶ日本の長期的系列が，クズネッツ仮説の検証に1つの有力な材料を提供したこと．

この仮説は本来歴史的現象を念頭においていたはずであるが，長期的系列を推計し分析した例は，イギリスについてのソルトウ(L. Soltow)とウイリアムソンの研究，アメリカについてのウイリアムソンの研究など，極めて限られている．そこではこの仮説に肯定的結論が導かれているが，その他の国についての研究が待たれていたのである．特にイギリスやアメリカとは全く違った土壌で，はるかに遅れて成長を開始した，しかもより急速に成長した日本の経験が大いに注目されるのである(第1章第1節)．

表9-4 ジニ係数の国際比較：発展途上国と中進国

地　域	年　次	ジニ係数	地　域	年　次	ジニ係数
アジア・オセアニア[a]		0.42	チュニジア	1974/75	0.404
台湾	1985	0.271	セイシェル	1978	0.46
インドネシア	1984	0.308	リューニアン	1976/77	0.51
パキスタン	1979	0.36	コートジボアール	1985	0.553
中国[b]	1988	0.382	シエラレオネ	1967/69	0.59
バングラデシュ	1981/82	0.39	アメリカ[a]		0.51
インド	1975/76	0.416	ペルー	1985/86	0.31
シンガポール	1982/83	0.42	エルサルバドル	1976/77	0.40
フィジー	1977	0.425	コスタリカ	1982	0.42
韓国[c]	1989	0.4318	チリ	1971	0.46
フィリピン	1985	0.450	プエルトリコ	1979	0.464
ホンコン	1981	0.45	トリニダード・トバゴ	1975/76	0.474
スリランカ	1981/82	0.45	メキシコ	1977	0.50
イラン	1973/74	0.46	パナマ	1970	0.57
タイ	1981	0.473	ブラジル	1983	0.57
マレーシア	1984	0.480	コロンビア	1971	0.57
トルコ	1973	0.51	ホンデュラス	1967/68	0.62
ネパール	1976/77	0.53	バハマ	1979	0.625
アフリカ[a]		0.48	ジャマイカ	1980	0.655
エジプト	1974/75	0.38			

(注) a 各国の単純平均値．
(資料) Fields(1991), Table 1(pp. 16-21). ただし以下を除く．
　　　b Khan et al.(1992), Table 10(p. 1056).
　　　c Ahn(1992), Table 4(p. 39).

　この仮説をめぐっての議論は，資料の制約から，戦後のいくつかの国における時系列データか，戦後のある一時点での国際比較分析のいずれかの形をとって行われた．しかしそれには大いに疑問があることは，すでに第1章第1節で述べたところである．第1は方法論上の問題である．すなわち本来長期的現象であるはずの逆U字型仮説は，戦後の短期データでは検証し得ないし，それぞれ異なった歴史や文化を持つ国の間の比較はもともと意味がない，というものである．第2は逆U字型仮説に肯定的な研究も多い反面，それに懐疑的・否定的研究も多く，特に最近ではそうした論調がよく目につくようになった，ということである．例えば前述の韓国に関するアンの最新の研究は，この仮説の妥当性を強く否定している[30]．アジアでは戦後所得分布の平等化が見ら

れ，したがって逆U字型仮説が成立しやすい地域と考えられるきらいがあっただけに，アンのこの結論は衝撃的でさえある．

戦後の日本について見れば，ジニ係数は1960年頃に上昇から低下・一定に転換しているが，オーシマはこれをもって日本でも逆U字型仮説が成立するとしている．また戦後日本の所得分布をもっともよく研究した溝口も，同様の見解を表明している[31]．しかし逆U字型変化の検定には，戦後だけの分析では不足であることは幾度も強調したところである．

(3) クズネッツ仮説に新しい解釈と，それを理論化する可能性を与えたこと．

大量の過剰労働を伴う工業化は労働分配率の低下を通じて所得分布の不平等化をもたらし，過剰労働の消滅が(1960年の転換点以降)分配率の上昇の路を開いて所得分布をある程度改善させたという日本の経験[32]は，これまで理論的説明が必ずしも充分でなかったクズネッツ仮説に，理論的根拠を与えたことになる．すなわち所得分布の変化をルイス(W. A. Lewis)によって展開された転換点理論[33]と結び付けることで，クズネッツ仮説を理論化することも考えられよう．

ただし所得分布が，転換点の以前と以後とで上記のような非対照的な変化を示すかどうかについては，日本以外のいくつかの国の経験を調べる必要がある．まず台湾について見ると，フェイ(J. C. H. Fei)・ラニス(G. Ranis)は転換点を1965-66年としている[34]．一方ジニ係数は1953年の0.53から1964年の0.36まで低下し，さらにその後も低下を続け，1980年には0.30となっている[35]．そこでは転換点は大きな影響を与えていない．

韓国の転換点はフェイ・ラニスによると1966-67年，渡辺によると1970年過ぎである[36]．ジニ係数は1967年の0.364から1971年の0.307まで急速に低下するものの，それ以降はむしろ上昇気味である．1981年には0.347となり，その後大きく上昇したことはすでに述べた[37]．したがって転換点以後の平等化現象は必ずしも明瞭ではない．また転換点をチョー(H. Choo)，オーシマにしたがって80年代初頭とすれば[38]，転換点以後の平等化とは明らかに反してい

る．韓国については，所得分布の変化との関係で転換点の時期区分を再検討する必要がある．

(4) 所得分布に影響する制度的要因の重要性を指摘したこと．

戦前期と戦後期の間で所得分布が大幅に平等化したが，これは幾多の制度的要因によるものであったことは第1節の後半で力説した．わが国における平等な所得分布は経済発展の必然的な結果ではなく，むしろ人為的に実現したものであったのである．より一般的に言えば，所得分布の長期的変化は制度的要因の影響を多分に受けており，所得分布を1人当たりGNPの関数とみなすことはあまりに大きな単純化なのである．われわれはクズネッツ仮説を高く評価するものではあるが，それを現実の歴史に適用する場合には極めて慎重であらねばならない．パパネック(G. F. Papanek)は世界各国の所得分布の比較を通じて，「所得分布の決定においては，経済構造と政府の政策が1人当たり所得より重要である」[39]と結論しているが，まったく同感である．この点は後に述べるように，発展途上国の将来の経済と所得分布を考える際に特に重要である．

(5) 機能的分配（分配率）と人的分配（所得分布）との間の関係を日本について確認したこと．

機能的分配は経済学の歴史とともに古いテーマである．古典学派では，賃金が生存水準で決まり残余が利潤になると想定されたが，新古典学派では，それぞれ労働と資本の限界生産力で決定されると考えられた．一方，人的分配の議論はこれら機能的分配の理論とは独立に展開されてきた．しかし人的分配に関する実証的研究の中には，機能的分配との関係に注目する研究も存在する．フェイ，ラニス，クオ(S. W. Y. Kuo)の台湾の研究はその一例である[40]．そして本書の研究もこの延長線上にあると言えよう．

(6) 戦前農村の分析において，土地制度と所得分布との関係を正面から取り上げたこと．

そこでは，地主小作制度と所得分布の不平等度との間にある程度の相関が見出された．これは従来マルクス経済史家によって展開された階級論的視点に代わって，近代経済学の方法論でこうした制度的要因の影響を分析しようとした

ものである．またこの研究は，戦後の農地改革が果たした貢献を評価するための有力な証拠を提供したものとも言えよう．農地改革については様々な評価があるが，それが所得分布を平等化したことは，地主小作制度と所得分布の不平等度との間の相関から容易に推察することができるからである．

(7) 所得分布の変化が社会・政治の動きと無関係ではないこと，さらには，平等な所得分布なしには健全な民主主義が育ち得ないことを示唆したこと．

1920, 30年代における農村の相対所得の低下が農民の反都市感情を生み出し，農本主義ひいては全体主義・軍国主義の成長を助長した．全体主義・軍国主義の発達は日本を第2次大戦という悲劇に導くことになる．そして戦後改革は民主主義を体制化し所得分布の平等化をもたらした．平等な所得分布は制度改革の結果ではあったが，一方では民主主義が根づくことを可能にしたとも言える．この結論の含意は国際的広がりを持っている．極端に不平等な所得分布が社会・政治の不安定をもたらしたという事例は，1980年代の韓国やラテンアメリカ諸国等に容易に見出されるのである[41]．この種の研究は経済学と社会学・政治学とに跨がるものであり，従来の学問領域を超えた学際的研究を国際的規模で行うことを提唱したい．

(8) 本書で明らかにされた日本の経験は，現代の発展途上国にいくつかの教訓を与えること．

途上国の多くは大量の過剰労働を抱えているので，そこでの工業化は所得分布の悪化を招きやすいこと，そして工業化がいっそう進むことによって転換点を越えたとしても，所得分布の改善はさほど大きなものではなく，所得分布の本格的改善は大胆な制度的改革によって初めて可能であることを，日本の経験が示している．制度的改革としては農地改革，産業組織の改革，税制改革等がある．もっとも日本での改革がそのまま途上国に有用という訳にはいかない．農地改革を例にとると，日本や台湾・韓国では地主小作制度の廃止は大きな成果を収めた．例えば台湾ではジニ係数は1953年の0.558から1959年の0.440まで低下しており[42]，それは農地改革(1949–53年)なしには不可能であったは

ずである．これらの国々では，土地なし農民を多く抱えたプランテーション農業は存在しない．しかし速水・大塚がフィリピンについて指摘しているように，プランテーション農業が支配的な国では，地主小作制度の廃止は土地なし農民を都市に追いやり，都市のスラム化を加速する危険がある[43]．その国の実情にあった農地改革が必要なのである．

　途上国の一例として中国を取り上げると，そこでは1984年以降の経済改革の結果急速な経済成長が実現しつつあるが，その結果沿岸部と内陸部との所得格差は急激に拡大し，同じ地域でも産業・職業間の格差が急増している．このためかつては世界でも有数の平等な社会であったのが，今急速に不平等化の度合いを強めている．ジニ係数は1988年で0.382と推計されており（表9-4），これは戦前の日本より小さいし，アジアの発展途上国と比べても特に大きいという訳ではない．しかしこの推計はかなり前のものであり，現在ではもっと大きいことは疑いない．

　現代中国における所得分布の悪化は，広大な国土，農村における大量の過剰労働を見ると，急速な工業化の当然の帰結であるように思える．しかし，不平等な所得分布は発展に取り残された人々の不満を増長させ，それは政治不信に繋がる恐れがある．特に中国では人口の8％を占める少数民族が僻地に住んでおり，彼らの所得は漢族に比べて低い．これがさらに進行すれば，中国が最も恐れている民族問題に火が付く危険すらある．この意味で現代中国は，戦前日本よりいっそう深刻な状況にあるとさえ言えよう[44]．1995年3月の全国人民代表大会では，青海，甘粛，四川，雲南，貴州，新疆ウイグルなど西部地域の省，自治区の代表は地域間経済格差の解決を政府に迫ったと報道されており，経済格差の拡大は重要な政治問題となりつつある．クズネッツ仮説をうのみにして，経済格差はいっそうの工業化によっていずれ縮小すると考えるのは，あまりにも楽観的な見方であろう．沿岸部に集中した経済特別区・経済開発区への優遇の見直しなど，思い切った政策が検討されるべきである[45]．

　1)　例えば川野(1970); 中村政則(1993), 144-145頁; オーシマ(1989), 116頁参照．

2) これはマルクス経済学者によって主張された．例えば平野(1959)；大内(1959)．
3) 川越(1993)，171頁．
4) 川越(1993)，171頁．農地改革前，自作農と小作農との間に生産性の差がなかったことがその証拠とされている．しかし，小作農の自作農化が生産性の向上に寄与したはずだとする見解が，これまで一般的であった．ここでは2つの主張を紹介する．

   まずドーアによると，「農地改革の生産に対する効果は，単に旧小作の地位に対する直接的な衝撃によってもたらされたものではなく，村全体の方向を間接的に変え，自作農の態度や行為をも変えながらもたらされたものである．進歩の多くは，村落全体の共同作業を必要としていた．殺虫剤の共同散布，灌漑工事の実施など，その好例だ．……共同の努力よりは個人が問題になるような分野での改良の場合には，普通，少数の先駆的指導者が主導し，他がそれに従うという形をとる．このような主導性が生ずるのは，村の自然的指導者が不耕作地主であるよりも自ら働く自作農である場合の方が，はるかに多かった．」((1965)，177頁)．

   次に富永によると，戦前では地主による小作地の取り上げの危険が常にあったから，小作人には土壌改良の意欲がなかった．しかし戦後彼らが自分の土地を持って土壌改良に努力したことが，政府による公共投資とあいまって生産性を大幅に高めた((1988)，174頁)．
5) 農地改革の意義に関する研究の展望としてDovring(1974)がある．
6) 川越(1993)，170頁．
7) 人口増加の速度が所得分布に影響を与える可能性については，多くの人々によって論じられている(例えばAhluwalia(1976), pp. 325-327; Dovring(1991), p. 93)．それによれば，人口増加の速度は世帯規模や人口の年齢構成等の人口学的変化，産業部門構成の変化，労働供給の変化を通じて所得分布に影響するという．このうち世帯規模と人口の年齢構成の影響については以下で述べる．産業部門構成の変化と労働供給の変化の効果については，第1に，人口増加が加速されると農業人口が膨れ上がり，農業・非農業間の所得格差，ひいては農村・都市間の所得格差を拡大するという因果関係が思い浮かぶ．第2に，労働供給の増加によって賃金率の上昇が阻害され，労働分配率が低下するという関係も考えられる．日本における農村・都市間の所得格差の変化，および労働分配率の変化については，本書ですでに詳しく分析したところである．
8) クズネッツによれば世帯所得は世帯主の年齢と逆U字型の関係を持つ．すなわち20歳台の最低水準から始まり，それ以降所得も上がり家族数も結婚と出産によ

って増加する．そして停年によって所得は減少し，子供の独立によって家族数も減少するという(Kuznets (1976), p. 87)．しかしこの仮説は，必ずしも多くの人の支持を得るには到らなかった．戦前の日本では人口の年齢構成はまだ著しい変化を見せておらず，少なくともこの時期には，年齢構成が所得分布に与えた影響は事実上無視できるはずである(表8-1)．

9) Kuznets (1976), p. 89.
10) 溝口・寺崎(1995), 73頁.
11) Ahluwalia (1976), pp. 321-325; Psacharopoulos and Tilak (1991), pp. 62, 69. ウイリアムソンもアジア太平洋諸国の所得分布の分析において，教育の普及度に注目している(Williamson (1993), pp. 147-158)．(発展途上国一般における教育の効果に関する研究の展望として Fields (1980), pp. 116-120 がある.) このように所得分布の平等化における教育の貢献を指摘する見解は多いが，一方で否定的見解もあることに注意したい．その代表的なものがコールマン(J. S. Coleman)を中心とする社会学者のグループによって発表された報告書『教育機会の平等』(Coleman et al. (1979))である．そこでは教育機会の均等化を通じた不平等の是正は幻想にすぎないとされている．またボウルズ(S. Bowles)とギンタス(H. Gintis)の研究(ボウルズ・ギンタス(1986-87))も同様の結論に達している．
12) 就学者数の学齢人口に対する比率(文部省調査局(1963), 180-181頁).
13) 入学者数の3年前の中学校卒業者数に対する比率(文部省『文部省統計要覧 平成5年版』38頁).
14) これらの理論の展望としては Cline (1975), pp. 360-368; Dovring (1991), Chapter 2 がある．
15) Williamson (1991), Lecture 3.
16) Oshima (1971)．また彼は別のところで「貯蓄の主要な源泉が高所得層である欧米とは対照的に，モンスーンアジアでは小規模な農場や工場での所得が増加すると，所得格差が縮小していくときでも貯蓄は増加する」(オーシマ(1989), 71頁)と述べている．しかしこのことは，所得水準と貯蓄率との相関を必ずしも否定するものでないであろう．貯蓄率がいずれの階層においても高ければ，所得の上昇によって貯蓄は増加する．
17) Dovring (1991), p. 95.
18) Della Valle and Oguchi (1976), p. 1334; Musgrove (1980), p. 523.
19) 1940年の最低所得階層の貯蓄率が異常に高いのは，サンプルが僅か1つであることの結果であり特に意味はない．

20) Minami and Ono(1981), p. 323.
21) Cline(1975), p. 375.
22) Williamson(1993), p. 156.
23) 南(1992), 表4-1(50頁), 表5-2(76頁).
24) この重要性にもかかわらず，これまで発表された文献ではこの点の指摘はほとんどないのが実情であり，この点に関する研究が待たれる.
25) Williamson(1993), p. 147.
26) Psacharopoulos and Tilak(1991), p. 70.
27) Williamson(1993), pp. 144, 146.
28) オーシマによると，所得の過小評価は低所得者についても生じやすいが，高額所得者の財産所得の過小評価の方が重要である(オーシマ(1989), 310頁).
29) Ahn(1992), Table 4(pp. 37-39).
30) Ahn(1992), p. 46.
31) 溝口は日本を含めたアジアの経験をもとに，逆U字型仮説は工業化のみならず，農業やサービス産業の発展過程においても見られるという，興味ある見解を表明している(溝口(1993), 55頁). しかし仮説の検証は今後の課題である.
32) 過剰労働が存在する時都市の所得分布が不平等化し，それが消滅することによって平等化する可能性を認める見解もあるが(Becker(1987), p. 128)，そうした必然性はないという主張もある(Cline(1975), p. 370).
33) Lewis(1954). また Fei and Ranis(1964); 南(1970), 1-5章; Minami(1973), Chapters 1-5 参照.
34) Fei and Ranis(1975), p. 49.
35) Oshima(1992), Table 1(p. 100).
36) Fei and Ranis(1975), p. 49; 渡辺(1982), 135-144頁.
37) Ahn(1992), Table 4(pp. 37-39).
38) Choo(1991), p. 13; Oshima(1991), p. 126.
39) Papanek(1978), p. 261.
40) Fei, Ranis and Kuo(1979).
41) Kim(1993)参照.
42) Fei, Ranis and Kuo(1979), Table 2-16(p. 66).
43) Hayami et al.(1990); 大塚(1991); Otsuka et al.(1992). なお同じ見解は Cline(1975), p. 392 にも見られる.
44) Minami(1993).

45) 南(1995). 基本的には，所得の低い地域・階層の意見が反映する政治組織をつくり出すことが求められる．これに関して戦後日本では強力な農業保護が実施され，所得分布の平等化に寄与したという経験が思い浮ぶ(第8章注37参照)．

付　表

付表 1　戸数割資料所蔵目録
(一橋大学経済研究所附属日本経済統計情報センター)

資料の収集地域		資料の対象地域		資料の対象期間	
				等級表	個人別表
北海道	砂川市	空知郡	砂川村(町)	1911-1913	1915-1939
〃	士別市*	上川郡	士別村(町)	1907-1939	
〃	伊達市	有珠郡	伊達村(町)	1909	1921-1939
青森県	むつ市	下北郡	田名部町		1923-1934
岩手県	盛岡市*		盛岡市	1896-1921	1927-1935
〃	〃	岩手郡	簗川村	1916-1921	1922-1939
〃	〃	〃	厨川村	1910-1921	1922-1932
宮城県	角田市	伊具郡	角田町	1908-1920	1922-1934
〃	〃	〃	枝野村	1909-1918	1933-1937
〃	〃	〃	東根村	1892-1911	1923-1939
〃	〃	〃	北郷村	1889-1933	1934-1935
秋田県	秋田市*	南秋田郡	旭川村(市)	1910-1913	1922-1932
〃	〃	〃	川尻村(市)	1894-1921	1923-1925
〃	〃	〃	廣山田村		1923-1939
〃	〃	〃	飯島村(市)	1919-1920	1922-1939
〃	〃	河邊郡	牛島村(市)	1891-1921	1922-1923
山形県	酒田市	飽海郡	酒田町(市)	1896-1921	1922-1939
〃	長井市*	西置賜郡	長井町		1923-1939
〃	〃	〃	長井村	1891-1920	1922-1939
〃	〃	〃	西根村	1913-1918	1922-1939
〃	〃	〃	平野村	1897-1917	1925-1939
〃	〃	〃	豊田村	1894-1921	1923-1936
〃	〃	東置賜郡	伊佐澤村	1898-1920	1922-1939
福島県	いわき市	石城郡	錦村	1889-1906	1922-1939
〃	〃	〃	窪田村(勿来町)	1891-1921	1922-1939
〃	〃	〃	川部村	1889-1921	1923-1934
〃	〃	〃	田人村	1915-1921	1922-1939
〃	〃	〃	平町(市)	1891-1921	1922-1938
〃	〃	〃	鹿島村	1890-1916	1927-1938
〃	〃	〃	小名浜町	1891-1912	1927-1939
〃	〃	〃	湯本町		1927-1939
〃	〃	〃	内郷村	1917-1918	1938-1939
〃	〃	〃	好間村	1908-1921	1923-1939
〃	〃	〃	四倉町	1898-1921	1922-1939
〃	白河市	西白河郡	白河町	1891-1921	1923-1939

(付表1　つづき)

福島県	白河市	西白河郡	五箇村	1902-1921	1922-1939
茨城県	高萩市	多賀郡	松原町		1931-1939
〃	〃	〃	松岡村(町)	1891-1903	1922-1939
栃木県	足利市		足利市		1924-1926
〃	〃	足利郡	山前村		1924-1939
〃	〃	〃	小俣町		1927-1928
〃	〃	〃	梁田村		1924-1935
〃	〃	〃	久野村		1922-1939
〃	〃	〃	筑波村		1927-1939
〃	〃	〃	御厨町		1922-1937
〃	日光市	上都賀郡	日光町	1914-1921	1922-1939
埼玉県	飯能市	入間郡	飯能村	1891-1902	1927-1932
〃	〃	〃	東吾野村*	1879-1884	1923-1939
〃	〃	〃	加治村*	1889-1918	1926-1933
〃	〃	〃	南高麗村*		1927-1938
〃	〃	〃	吾野村*		1927-1939
〃	〃	〃	原市場村*		1927-1939
千葉県	鎌ヶ谷市	東葛飾郡	鎌ヶ谷村	1910-1921	1922-1936
東京都	小金井市	北多摩郡	小金井村(町)	1901-1916	1922-1937
〃	国分寺市	〃	国分寺村		1922
〃	田無市	〃	田無町	1901-1921	1922-1938
神奈川県	横須賀市		横須賀市		1934-1939
〃	相模原市	高座郡	新磯村		1922-1939
〃	〃	〃	麻溝村		1934-1939
〃	〃	〃	田名村		1922-1934
〃	〃	〃	上溝村(町)		1922-1937
〃	〃	〃	大澤村		1922-1939
〃	〃	〃	相原村		1922-1939
〃	〃	〃	大野村		1922-1939
〃	大和市*	〃	大和村		1922-1939
〃	〃	〃	渋谷村		1922-1939
〃	座間市	〃	座間村(町)	1921	1922-1939
〃	南足柄市	足柄上郡	北足柄村		1922-1939
〃	〃	〃	南足柄村		1922-1939
〃	〃	〃	福澤村		1929-1937
〃	〃	〃	岡本村		1922-1936
長野県	上田市*	小縣郡	上田町(市)	1891-1921	1923-1940
〃	小諸市*	北佐久郡	小諸町	1890-1921	1922-1933
〃	駒ヶ根市*	上伊那郡	赤穂村		1922-1939
〃	〃	〃	中澤村		1922-1939
岐阜県	高山市*	大野郡	高山村		1923-1937
〃	〃	〃	大八賀村		1922-1938
静岡県	静岡市		静岡市		1933-1939

（付表1　つづき）

静岡県	清水市		清水市		1926-1939
〃	沼津市	駿東郡	沼津町(市)	1910-1919	1922-1939
〃	〃	〃	揚原村	1913-1919	
〃	〃	〃	金岡村	1890-1921	1922-1938
〃	〃	〃	大岡村	1913-1920	1926-1939
〃	〃	〃	大平村	1909-1921	1922-1939
〃	〃	〃	片濱村		1931-1939
〃	〃	田方郡	内浦村		1923-1939
〃	〃	〃	西浦村	1889-1921	1922-1939
〃	三島市	田方郡	三島町	1921	1922-1939
〃	〃	〃	錦田村		1939
〃	〃	〃	中郷村		1939
〃	〃	〃	北上村	1909-1910	1922-1930
〃	伊東市	田方郡	伊東町	1919-1921	1922-1939
〃	富士市	富士郡	吉原町	1890-1918	1924-1937
〃	〃	〃	富士町		1930-1939
〃	〃	〃	鷹岡村(町)		1931-1939
〃	焼津市	志太郡	大富村		1929-1939
〃	〃	〃	和田村	1907-1921	1923-1939
〃	〃	〃	小川村		1938
〃	〃	〃	東益津村		1928-1937
〃	〃	〃	焼津町		1928-1939
愛知県	名古屋市*	愛知郡	東山村	1906-1920	
〃	〃	〃	笠寺村	1906-1920	
〃	〃	〃	中村村	1906-1921	
〃	〃	〃	呼續町	1897-1918	
〃	〃	〃	御器所村	1906-1915	
〃	〃	〃	寶田村	1893	
〃	〃	〃	小碓村	1906-1921	
〃	〃	〃	八幡村	1900-1912	
〃	〃	〃	廣路村	1896-1906	
〃	〃	〃	千種村(町)	1901-1903	
〃	〃	〃	豊田村	1884-1889	
〃	〃	〃	瑞穂村	1893-1906	
〃	〃	〃	弥富村	1906	
〃	〃	東春井郡守山町		1907-1919	
〃	〃	〃	志段味村	1917-1921	
〃	〃	知多郡	大高町	1897-1903	
〃	〃	〃	有松村	1887-1900	
三重県	松阪市		松阪市		1933-1939
〃	尾鷲市*	北牟婁郡尾鷲町			1924-1928
〃	〃	〃	引本村		1924
〃	〃	〃	長島村		1924

(付表1 つづき)

三重県	尾鷲市	北牟婁郡九鬼村			1924
〃	〃	〃	二郷村		1924
大阪府	岸和田市		岸和田市		1925-1934
〃	豊中市	豊能郡	麻田村	1921	1927-1936
〃	〃	〃	豊中村(町)	1920-1921	1922-1928
〃	〃	〃	中豊島村	1911-1921	1922-1934
〃	〃	〃	南豊島村		1922-1928
〃	〃	〃	桜井谷村		1927-1936
〃	〃	〃	熊野田村		1930-1936
〃	〃	〃	小曾根村		1922-1923
〃	枚方市	北河内郡	蹉跎村		1927-1928
〃	〃	〃	川越村		1927-1937
〃	〃	〃	山田村		1927-1930
〃	〃	〃	殿山町		1937-1938
〃	〃	〃	樟葉村		1927-1938
奈良県	大和郡山市	生駒郡	郡山町	1915-1921	1922-1934
岡山県	高梁市*	上房郡	高梁町	1884-1920	1925-1939
〃	〃	〃	松山村	1896-1921	1922-1928
〃	〃	〃	津川村	1897-1921	1922-1939
〃	〃	〃	川面村		1927-1939
〃	〃	〃	巨瀬村	1902-1921	1922-1939
〃	〃	〃	中井村	1900-1921	1922-1939
〃	〃	川上郡	宇治村	1890-1921	1922-1939
〃	〃	〃	松原村	1886	1922-1936
〃	〃	〃	高倉村	1885-1921	1922-1934
〃	〃	〃	落合村	1886-1920	1922-1939
広島県	広島市*	安芸郡	戸坂村		1922-1927
〃	〃	〃	温品村		1922-1937
山口県	山口市	吉敷郡	宮野村	1909-1921	1922-1933
〃	〃	〃	嘉川村	1888-1921	1922-1939
〃	〃	〃	吉敷村	1907-1921	1922-1926
〃	萩市	阿武郡	萩町(市)	1889-1921	1923-1939
〃	〃	〃	山田村	1888-1921	1922
〃	〃	〃	椿郷西分村	1889-1921	1922
〃	岩国市	玖珂郡	麻里布村(町)	1912-1920	1923-1939
〃	〃	〃	川下村	1892-1921	1922-1930
〃	〃	〃	愛宕村	1889-1920	1922-1939
〃	〃	〃	岩国町	1887-1919	1922-1937
〃	〃	〃	師木野村	1913-1921	1922-1939
〃	〃	〃	灘村	1910-1921	1922-1939
〃	〃	〃	通津村	1890-1921	1922-1939
〃	〃	〃	北河内村*	1891-1920	1922-1939
〃	〃	〃	南河内村*	1903-1920	1922-1939

(付表1 つづき)

山口県	岩国市	玖珂郡	小瀬村*	1883-1921	1922-1927
〃	〃	〃	藤河村*	1887-1921	1924-1937
〃	〃	〃	御庄村*	1916-1921	1922-1939
〃	〃	〃	錦見村*	1885-1888	
〃	〃	〃	横山村*	1894-1904	
〃	小野田市*	厚狭郡	小野田町	1893-1921	1922-1939
〃	〃	〃	高千帆町	1893-1921	1922-1939
〃	〃	〃	須恵村	1893-1921	1922-1939
愛媛県	宇和島市		宇和島市	1921	1922-1934
〃	八幡浜市		八幡浜市		1934-1939
〃	〃	北宇和郡	高光村		1922-1938
〃	〃	〃	来村		1922-1939
〃	〃	〃	九島村		1922-1934
高知県	須崎市*	高岡郡	須崎町		1923-1927
〃	〃	〃	浦ノ内村		1924-1938
〃	〃	〃	多ノ郷村		1923-1927
〃	〃	〃	新荘村		1936
佐賀県	佐賀市		佐賀市		1939
〃	〃	佐賀郡	本庄村		1922-1939
〃	〃	〃	西与賀村		1924-1939
〃	〃	〃	嘉瀬村		1922-1936
〃	〃	〃	巨瀬村		1939
〃	〃	〃	鍋島村		1938-1939
〃	〃	〃	高木瀬村		1922-1930
〃	〃	〃	金立村		1926-1937
〃	〃	〃	久保泉村		1933-1939
〃	〃	神崎郡	蓮池村		1922-1934
〃	鳥栖市	三養基郡	鳥栖町	1911-1920	1929-1937
〃	〃	〃	田代村	1885-1921	1922-1937
〃	〃	〃	基里村		1923-1939
〃	〃	〃	麓村		1922-1936
〃	〃	〃	旭村	1904-1920	1922-1939
〃	多久市	小城郡	多久村		1930
〃	〃	〃	西多久村		1926-1939
〃	〃	〃	北多久村		1930-1936
熊本県	熊本市		熊本市		1934-1939
〃	八代市	八代郡	八代町		1926-1939
〃	〃	〃	植柳村		1928-1939
〃	〃	〃	金剛村		1927-1939
〃	〃	〃	高田村	1913-1921	1922-1936
〃	〃	〃	宮地村	1915-1921	1922-1939
〃	〃	〃	太田郷村	1916-1917	1926-1938
〃	〃	〃	松高村	1898-1919	1928-1939

(付表1 つづき)

熊本県	八代市	八代郡	郡築村		1931-1936
〃	〃	〃	龍峰村	1919	1922-1934
〃	〃	葦北郡	日奈久町	1913-1921	1922-1939

(注) 1. 戸数割資料(戸数割賦課額表)は各市町村の『議会議事録』(主として議会事務局所蔵)の一部として含まれている．戸数割資料の収集は，*が付された地域については日本経済統計情報センター，その他の地域については小野旭，高松信清および著者によって行われた．

2. 資料の対象期間中に村が町に，町が市に変わった場合は( )の中に記した．

3. この所蔵目録は，1995年5月現在時点で著者の責任においてまとめられたものである．

4. 資料の対象期間として掲げた年次は所蔵資料の最初と最後の年次であり，中間の年次について資料の欠けるところがある．

5. 戸数割資料の沿革については第1章第2節，および第2章を参照されたい．

付表 2 所得不平等度とそれに関連した変数：全国の市町村

地　域	年　次	戸数割資料					国勢調査		
		ジニ係数 (G)	変化係数 (V)	上位10%の所得割合 (Q)%	平均所得 (y)円	納税戸数 (N)	普通世帯数 (N')	産業化率 (I)%
北海道								
空知郡砂川町	1923	0.459	1.061	39.63	214	3,291	3,399	52.0
	1930	0.437	1.031	39.26	156	3,803	4,203	56.2
	1937 (1938)	0.439	1.087	41.46	129	4,905	5,651	72.5[e]
有珠郡伊達村(町)	1923	0.436	0.943	35.79	471	2,141	2,210	27.9
	1930	0.521	1.197	43.62	315	2,272	2,437	30.3
	1937 (1935)	0.585	1.446	51.62	135	2,418	2,801	35.2[e]
青森県								
下北郡田名部町	1923	0.509[a]	1.174[a]	43.47[a]	330[a]	1,704[a]	1,531	30.9
岩手県								
岩手郡盛岡市	1930	0.645	1.596	56.35	546	11,148	11,442	89.4
	1937 (1935)	0.672	1.616	56.43	388	12,373	14,435	85.1
〃 繁川村	1923 (1922)	0.491	0.943	33.27	458	260	284	18.8
	1930 (1931)	0.421[c]	0.809[c]	29.57[c]	—	284[c]	318	18.1
	1937	0.447[c]	0.922[c]	34.50[c]	—	305[c]	333	22.9[e]
〃 厨川村	1923 (1922)	0.733[c]	1.769[c]	60.83[c]	—	642[c]	623	68.3
	1930	0.671[c]	1.502[c]	51.93[c]	—	803[c]	829	64.6
宮城県								
伊具郡角田町	1923 (1922)	0.722	1.925	66.84	378	1,330	1,340	42.3
	1930	0.693	1.829	63.90	345	1,565	1,593	42.6
〃 枝野村	1937	0.532	1.130	40.79	267	437	415	8.3[e]
〃 東根村	1923	0.618	1.556	55.12	248	338	334	6.4
	1930 (1932)	0.589	1.467	51.01	—	361	357	8.1
	1937	0.695	1.629	56.18	206	355	361	7.4[e]

秋田県								
南秋田郡旭川村	1923	0.545	1.176	42.32	416	716	706	39.4
	1930	0.576	1.247	44.36	226	843	905	42.1
〃 川尻村	1923	0.385	0.744	28.61	571	461	452	79.2
〃 廣山田村	1923	0.579	1.432	51.64	363	500	505	40.5
	1930	0.595	1.426	51.02	203	589	626	40.2
	1937 (1938)	0.557	1.186	42.36	272	687	760	42.3[e]
〃 飯島村	1923	0.712	1.665	57.01	157	389	352	24.5
	1930	0.665	1.514	52.36	247	411	441	19.3
	1937 (1938)	0.637	1.401	48.57	149	448	485	20.3[e]
河邊郡牛島町	1923	0.580[c]	1.295[c]	45.81[c]	—	402[c]	408	65.2
山形県								
飽海郡酒田町 (市)	1923	0.615[b]	1.654[b]	58.83[b]	—	4,440[b]	4,456	94.0
	1930	0.669[a]	1.646[a]	57.82[a]	440[a]	5,650[a]	5,862	92.4
	1937	0.782[a]	2.115[a]	72.41[a]	296[a]	6,126[a]	6,493	92.9
西置賜郡長井町	1923	0.588	1.457	52.34	790	1,394	1,471	68.3
	1930	0.688	1.744	60.97	435	1,645	1,873	82.3
	1937	0.718	1.858	64.44	300	2,001	2,086	90.0[e]
〃 長井村	1923	0.525	1.138	41.51	467	750	842	24.2
	1930	0.572	1.261	45.22	353	783	885	25.0
	1937	0.610	1.410	50.17	295	812	861	27.3[e]
〃 西根村	1923	0.562	1.184	41.58	476	728	843	22.6
	1930 (1932)	0.693	1.586	53.79	241	805	890	11.9
	1937	0.697	1.644	55.82	225	836	900	13.0[e]
〃 平野村	1923 (1925)	0.740	1.744	58.97	211	460	478	16.7
	1930	0.798	2.101	70.56	89	478	518	12.2
	1937 (1938)	0.683	1.570	53.63	278	491	511	13.3[e]
〃 豊田村	1923	0.763	2.100	72.28	490	591	630	22.5
	1930 (1931)	0.803	2.237	76.21	369	685	722	25.7
	1937 (1936)	0.809	2.287	77.75	319	699	726	28.1[e]
東置賜郡伊佐澤村	1923	0.541	1.130	40.44	396	381	412	13.4
	1930	0.702	1.644	56.46	283	400	414	8.8
	1937	0.745	1.880	64.30	153	400	422	8.6[e]

福島県								
石城郡錦村	1923	0.593	1.377	49.26	286	509	626	17.3
	1930	0.491	1.111	41.26	253	492	601	17.8
	1937	0.574	1.442	52.01	353	573[c]	1,476	19.4[e]
〃 窪田村(勿来町)	1923	0.486[c]	1.169[a]	43.86[c]	—	1,063[c]	1,782	58.1
	1930	0.513[a]	1.248[a]	46.19[a]	293[a]	1,044[a]	1,597	50.6
	1937 (1938)	0.584[a]	1.436[a]	51.61[a]	226[a]	1,265[a]	2,269	55.2[e]
〃 川部村	1923	0.573	1.222	43.39	191	574	1,209	64.7
	1930 (1929)	0.454[a]	1.038[a]	39.39[a]	114[a]	519[a]	698	32.7
〃 田人村	1923	0.467	0.929	33.82	303	395	646	25.7
	1930	0.482	0.973	35.04	258	385	595	17.4
	1937	0.502	1.041	37.42	274	380	685	18.9[e]
〃 平町(市)	1923 (1922)	0.607	1.524	54.48	636	4,284	3,993	94.4
	1930 (1931)	0.592	1.378	49.34	429	4,746	4,794	95.6
	1937	0.609	1.428	50.79	409	4,232	5,686	86.6
〃 鹿島村	1930	0.742	1.805	59.49	79	267	338	9.4
	1937	0.616	1.408	48.61	112	294	324	10.3[e]
〃 小名浜町	1930	0.514	1.109	40.55	333	1,405	1,917	64.0
	1937	0.537	1.215	44.12	344	2,001	2,912	69.9[e]
〃 湯本町	1930	0.516	1.056	38.59	271	1,248	3,140	92.6
	1937	0.528	1.063	38.54	293	1,496	3,992	92.6[e]
〃 内郷村	1937 (1938)	0.504	1.120	41.30	206	2,611	6,254	96.6[e]
〃 好間村	1923	0.502	0.995	35.59	204	1,041	3,999	86.2
	1930	0.531	1.207	43.66	94	1,142	2,362	72.3
	1937	0.594	1.521	53.84	76	1,414	3,093	78.9[e]
〃 四倉町	1923	0.522	1.239	45.69	180	702	1,282	61.0
	1930	0.566	1.316	47.27	125	998	1,503	68.8
	1937	0.624	1.497	52.73	126	1,210	1,501	75.1[e]
西白河郡白河町	1923	0.624[a]	1.626[a]	57.84[a]	521[a]	3,573[a]	3,319	79.2
	1930	0.658	1.680	59.17	433	3,884	4,047	84.9
	1937	0.655	1.630	57.29	344	3,963	4,049	83.9[e]
〃 五箇村	1923	0.673[a]	1.734[a]	60.92[a]	241[a]	412[a]	474	19.3
	1930	0.698	1.759	61.36	306	411	463	16.7
	1937	0.547	1.149	40.90	371	402	419	16.5[e]

186

茨城県								
多賀郡松原町	1930 (1931)	0.514	1.242	45.83	379	1,630	2,323	64.0
〃	1937 (1938)	0.543	1.267	46.09	398	1,700	2,610	65.1[e]
松岡村 (町)	1937	0.563	1.240	44.13	132	766	990	38.3[e]
栃木県								
足利市	1923 (1924)	0.365[a]	0.799[a]	32.17[a]	374[a]	418[a]	6,627	93.4
足利郡山前村	1923 (1924)	0.633	1.509	53.43	268	679	790	68.4
	1930	0.592	1.383	49.37	192	725	808	62.9
	1937	0.572	1.220	42.98	161	802	893	72.4[e]
〃 小俣町	1930 (1928)	0.625	1.534	54.55	423	767	834	73.2
〃 梁田村	1923 (1924)	0.499	1.087	40.22	334	424	442	38.2
	1930	0.569	1.228	43.58	220	415	427	26.0
	1937 (1935)	0.571	1.299	46.45	164	413	430	29.9[e]
〃 久野村	1923 (1924)	0.651	1.461	50.59	176	523	559	34.7
	1930	0.682	1.571	53.64	138	521	532	19.0
	1937	0.503	1.005	35.73	233	510	526	21.9[e]
〃 筑波村	1930	0.647	1.377	46.03	113	743	754	30.7
	1937	0.571	1.140	38.45	146	732	742	35.3[e]
〃 飼厨町	1923	0.558	1.391	50.59	472	853	879	57.3
	1930 (1931)	0.669	1.674	58.72	196	921	946	52.9
	1937	0.676	1.759	61.62	192	942	1,022	60.9[e]
上都賀郡日光町	1923	0.458	1.025	38.82	487	3,060	3,650	84.0
	1930	0.449	0.992	37.76	523	3,586	3,800	86.7
	1937	0.493	1.155	43.03	456	4,380	4,845	89.2[e]
埼玉県								
入間郡飯能町	1930	0.663	1.665	58.53	419	2,007	2,141	80.3
〃 東吾野村	1923	0.735	1.962	67.81	472	428	442	38.7
	1930 (1931)	0.609	1.515	54.05	211	442	452	36.1
	1937	0.598	1.454	51.98	211	433	446	36.6[e]
〃 南高麗村	1930	0.425	0.914	35.26	326	446	452	33.7
	1937	0.417	0.859	32.97	269	428	427	34.2[e]

入間郡吾野村	1923	0.537	1.173	42.10	316	831	868	40.5
	1930	0.564	1.253	44.65	285	901	939	48.7
	1937	0.587	1.322	46.76	178	929	960	49.4[e]
〃 原市場村	1930	0.519	1.116	40.66	232	696	704	47.6
	1937	0.522	1.103	39.96	226	683	700	48.2[e]
千葉県								
東葛飾郡鎌ヶ谷村	1923	0.618	1.381	48.68	222	670	685	9.7
	1930	0.626	1.388	48.56	182	725	752	10.8
	1937 (1936)	0.588	1.228	42.73	151	723	861	9.5[e]
東京都								
北多摩郡小金井村(町)	1923 (1922)	0.542	1.313	47.93	625	619	631	25.2
	1930	0.542[a]	1.233[a]	44.41[a]	614[a]	1,053[a]	1,111	49.8
	1937	0.576[a]	1.428[a]	51.46[a]	685[a]	1,660[a]	2,251	70.3
〃 国分寺村	1923 (1922)	0.508	1.152	42.28	517	806	798	31.2
〃 田無町	1923 (1922)	0.465	0.968	35.44	780	565	565	43.6
神奈川県								
横須賀市	1937	0.551	1.284	46.51	453	32,220	39,435	97.6
高座郡新磯村	1923	0.688	1.647	56.95	149	474	475	15.0
	1930 (1931)	0.608	1.476	52.22	127	500	517	19.7
	1937	0.541	1.183	42.80	269	545	653	21.7[e]
〃 麻溝村	1937 (1938)	0.506	1.051	37.78	171	583	—	22.7[e]
〃 田名村	1923 (1922)	0.565	1.150	39.89	384	672	707	40.0
	1930	0.631	1.349	46.18	230	690	745	43.2
	1937 (1939)	0.519	1.057	37.61	305	686	755	47.7[e]
〃 上溝村(町)	1923	0.596	1.343	47.73	321	695	724	39.3
	1930	0.648	1.481	51.60	231	760	830	51.4
	1937	0.673	1.566	53.97	150	809	1,020	56.7[e]
〃 大澤村	1923	0.613	1.309	45.57	246	653	679	16.6
	1930	0.600	1.278	44.61	229	666	702	33.1
	1937	0.591	1.240	42.73	145	657	691	36.6[e]

高座郡相原村	1923	0.684	1.632	56.83	265	717	717	33.4
	1930	0.747	1.946	66.98	197	798	827	44.9
	1937	0.646	1.561	55.10	240	832	1,068	49.6[e]
〃 大野村	1923(1925)	0.479	0.930	33.02	229	826	836	10.8
	1930	0.537	1.072	37.13	186	871	908	21.0
	1937	0.483	0.961	34.52	170	898	1,521	23.2[e]
〃 大和村	1923	0.628	1.432	50.38	244	672	716	15.6
	1930	0.651	1.503	52.42	214	736	835	24.4
	1937	0.640	1.494	52.40	176	951	1,045	26.9[e]
〃 渋谷村	1923	0.582	1.255	44.51	443	803	775	41.3
	1930	0.541	1.154	41.44	453	906	960	47.0
	1937	0.602	1.332	46.94	347	999	1,049	51.9[e]
〃 座間村(町)	1923	0.559	1.162	41.06	267	918	955	15.4
	1930	0.608	1.351	47.36	229	987	1,037	19.7
	1937	0.618	1.360	47.10	195	1,017	1,263	21.7[e]
足柄上郡北足柄村	1923	0.460	0.862	30.54	271	311	341	20.4
	1930(1931)	0.490	0.931	32.22	207	316	340	25.4
	1937	0.475	0.897	31.44	288	331	346	28.5[e]
〃 南足柄村	1923	0.559	1.173	41.68	302	617	641	17.7
	1930(1931)	0.620	1.375	48.23	211	666	690	29.5
	1937	0.507	1.058	38.32	254	749	879	33.1[e]
〃 福澤村	1923	0.500	1.002	35.98	238	460	483	28.2
	1930	0.528	1.082	38.61	203	457	472	31.6[e]
〃 岡本村	1923	0.544	1.216	44.19	332	568	580	18.5
	1930(1929)	0.556	1.193	42.74	304	585	603	22.3
	1937	0.517	1.117	40.84	317	583	621	25.0[e]
長野県								
上田市	1923	0.607[d]	1.591[d]	56.83[d]	—	6,841[d]	5,563	85.0
	1930	0.606[d]	1.540[d]	55.01[d]	—	7,691[d]	7,517	80.1
	1937	0.597	1.447	51.79	—	7,823	7,428	80.4
北佐久郡小諸町	1923	0.617	1.577	56.20	650	2,060	1,966	76.1
	1930	0.585	1.468	52.73	504	2,567	2,681	82.7

上伊那郡赤穂村	1923	0.506	1.161	43.02	563	2,520	2,410	46.0
	1930	0.596	1.418	50.85	369	2,697	2,936	54.8
	1937	0.606	1.408	50.10	288	2,748	2,997	44.9[e]
〃 中澤村	1923	0.534	1.087	38.54	316	1,008	1,018	29.3
	1930	0.626	1.332	45.77	181	1,004	1,032	22.9
	1937	0.618	1.266	41.92	134	977	974	18.7[e]
岐阜県								
高山町(市)	1923	0.601[c]	1.476[c]	52.93[c]	—	4,459[c]	4,448	88.0
	1930 (1931)	0.637[c]	1.562[c]	55.31[c]	—	4,524[c]	4,570	83.9
	1937	0.628[c]	1.534[c]	54.44[c]	—	6,698[c]	7,158	77.8
大野郡大八賀村	1923	0.537[c]	1.169[c]	42.41[c]	—	583[c]	605	12.3
	1930 (1931)	0.586	1.302	46.52	—	584	591	7.7
	1937 (1938)	0.530[c]	1.061[c]	37.46[c]	—	588[c]	603	7.8[e]
静岡県								
静岡市	1937	0.673[d]	1.718[d]	60.30[d]	—	36,660[d]	38,439	79.6
清水市	1930	0.491[a]	1.095[a]	40.59[a]	599[a]	9,992[a]	10,619	75.9
沼津市	1937	0.530[b]	1.214[b]	44.43[b]	507[b]	11,433[b]	12,612	82.3
	1923 (1925)	0.583[b]	1.453[b]	52.27[b]	—	6,382[b]	3,679	91.3
	1930	0.558[a]	1.357[a]	49.15[a]	663[a]	7,570[a]	8,020	85.9
	1937	0.615[a]	1.509[a]	53.63[a]	529[a]	8,757[a]	9,674	89.3
駿東郡金岡村	1923	0.419[a]	0.817[a]	30.69[a]	275[a]	716[a]	761	17.9
	1930	0.429[b]	0.846[b]	31.12[b]	354[b]	733[b]	785	20.9
	1937 (1935)	0.473[a]	0.910[a]	32.34[a]	268[a]	767[a]	827	21.6[e]
〃 大岡村	1930	0.507[b]	1.034[b]	37.36[b]	—	508[b]	687	48.0
	1937	0.511[a]	1.101[a]	40.30[a]	—	676[a]	806	49.5[e]
〃 大平村	1923 (1922)	0.463[a]	0.964[a]	36.00[a]	484[a]	260[a]	298	25.4
	1930	0.501[b]	1.064[b]	38.83[b]	340[b]	264[b]	281	18.1
	1937	0.416[a]	0.863[a]	33.27[a]	255[a]	273[a]	281	18.7[e]
〃 片濱村	1930 (1931)	0.517[d]	1.112[d]	40.58[d]	—	1,056[d]	1,112	54.0
	1937	0.523[d]	1.126[d]	41.01[d]	—	1,115[d]	1,201	55.8[e]
田方郡内浦村	1923	0.336	0.645	25.84	197	409	449	37.2
	1930	0.387[a]	0.702[a]	25.48[a]	150[a]	449[a]	462	40.6

田方郡西浦村	1937	0.415[a]	0.771[a]	27.94[a]	186[a]	458[a]	493	39.6[e]
〃	1923	0.322[a]	0.643[a]	26.28[a]	—	455[a]	517	17.7
〃	1930	0.379[a]	0.704[a]	26.22[a]	—	505[a]	546	20.3
〃 三島町	1937	0.416[a]	0.772[a]	27.87[a]	—	492[a]	551	17.6[e]
〃	1923	0.473	1.038	38.45	—	3,122	2,849	88.5
〃	1930	0.495[b]	1.085[b]	39.82[b]	628[b]	3,978[b]	4,089	93.2
〃	1937 (1939)	0.542	1.237	44.94	476	4,909	5,353	97.9[e]
〃 錦田村	1937 (1939)	0.453[a]	0.882[a]	32.21[a]	286[a]	772[a]	773	19.6
〃 中郷村	1937 (1939)	0.433[a]	0.863[a]	32.48[a]	334[a]	795[a]	897	36.6[e]
〃 北上村	1923	0.604[a]	1.271[a]	44.33[a]	244[a]	371[a]	475	17.1
〃	1930	0.623[b]	1.327[b]	45.88[b]	228[b]	399[b]	406	13.8
〃 伊東町	1923 (1924)	0.657[c]	1.593[c]	55.86[c]	—	2,541[c]	2,437	56.8
〃	1930	0.686[c]	1.655[c]	57.70[c]	—	3,207[c]	3,273	65.6
〃	1937	0.720[c]	1.796[c]	62.07[c]	—	3,641[c]	4,419	74.3[e]
富士郡吉原町	1923 (1924)	0.555	1.315	47.72	736	686	719	97.0
〃	1930 (1928)	0.546	1.293	47.02	771	706	721	98.2
〃	1937 (1935)	0.670[a]	1.679[a]	58.78[a]	536[a]	770[a]	1,293	98.2[e]
〃 富士町	1930	0.455[b]	0.940[b]	35.08[b]	448[b]	1,720[b]	1,779	55.8
〃	1937 (1938)	0.520[a]	1.140[a]	41.53[a]	627[a]	2,416[a]	2,860	69.2[e]
〃 鷹岡村 (町)	1930 (1931)	0.519[b]	1.096[b]	39.80[b]	304[b]	1,336[b]	1,386	50.6
〃	1937	0.539[a]	1.188[a]	43.03[a]	431[a]	1,473[a]	1,560	62.8[e]
志太郡大富村	1930	0.534[a]	1.167[a]	42.46[a]	292[a]	868[a]	891	19.3
〃	1937	0.513[a]	1.077[a]	39.14[a]	320[a]	894[a]	898	20.5[e]
〃 和田村	1923	0.350[d]	0.691[d]	27.92[d]	—	758[d]	770	14.8
〃	1930 (1928)	0.392[d]	0.805[d]	31.48[d]	—	777[d]	803	15.6
〃	1937 (1939)	0.370[d]	0.715[d]	27.90[d]	—	847[d]	866	16.6[e]
三重県 松阪市	1937	0.624	1.480	52.36	490	7,191	7,294	84.3
大阪府 岸和田市	1923 (1925)	0.745	1.941	66.99	538	6,341	6,391	92.2
〃	1930 (1931)	0.721	1.882	65.26	593	5,852	7,925	93.4
豊能郡麻田村	1930	0.525	1.167	42.53	511	572	693	67.6
〃	1937 (1936)	0.588	1.390	49.77	568	844	—	71.1[e]

豊能郡豊中村 (町)	1923	0.481	1.064	39.86	718	1,436	1,346	79.1
	1930 (1928)	0.583	1.342	47.98	546	2,444	3,367	92.7
〃 中豊島村	1923	0.396	0.853	33.52	682	375	388	44.8
	1930	0.472	1.088	41.03	614	519	641	62.2
〃 南豊島村	1923	0.426	0.855	31.93	459	793	802	37.1
	1930 (1928)	0.496	1.124	41.53	495	948	1,228	60.1
〃 桜井谷村	1930	0.476	0.939	33.95	399	422	513	39.1
	1937 (1936)	0.531	1.149	41.66	784	658	—	41.1[e]
〃 熊野田村	1930	0.550	1.131	39.69	412	382	420	35.6
	1937 (1936)	0.539	1.183	42.64	864	549	—	37.4[e]
〃 小曽根村	1923	0.505	1.244	46.09	478	497	543	43.0
北河内郡諸磐村	1930 (1928)	0.463	0.909	33.08	325	462	528	57.6
〃 川越村	1930	0.578	1.233	43.75	385	523	553	32.9
	1937	0.517	1.064	38.34	213	541	—	44.5[e]
〃 山田村	1930	0.664	1.509	52.47	282	442	468	23.9
〃 殿山町	1937	0.476	1.012	37.62	428	1,064	—	50.2[e]
〃 樟葉村	1930 (1931)	0.550	1.259	45.70	247	301	412	34.9
	1937	0.512	1.063	38.55	403	386	—	47.2[e]
奈良県								
生駒郡郡山町	1923	0.634[a]	1.622[a]	57.49[a]	385[a]	2,649[a]	2,948	89.4
	1930	0.645[a]	1.665[a]	58.82[a]	630[a]	3,062[a]	3,668	92.8
岡山県								
上房郡高梁町	1923 (1925)	0.572	1.272	45.52	451	1,299	1,345	94.0
	1930	0.609	1.453	51.72	412	2,002	2,113	73.6
	1937	0.627	1.509	53.47	343	2,128	2,097	72.6[e]
〃 松山村	1923 (1924)	0.538	1.091	38.53	313	602	628	34.2
	1930 (1928)	0.479	0.966	35.31	339	687	—	34.2[a]
〃 津川村	1923	0.554	1.167	41.66	230	384	403	26.4
	1930	0.586	1.394	50.03	160	387	395	25.7
	1937	0.490	1.107	40.99	134	395	383	25.3[e]
〃 川面村	1930	0.501	0.950	32.50	192	459	465	18.6
	1937	0.447	0.883	32.75	253	447	432	18.3[e]

上房郡巨瀬村	1923	0.561	1.117	38.32	249	474	499	14.4
	1930	0.543	1.081	37.11	146	474	480	13.5
	1937	0.502	1.005	35.23	180	493	478	13.3e
〃 中井村	1923	0.606	1.237	41.84	152	502	530	9.4
	1930	0.492	0.946	33.00	237	504	511	11.9
	1937	0.505	1.005	35.46	219	509	519	11.7e
川上郡宇治村	1923	0.611	1.343	47.08	205	374	417	16.0
	1930	0.586	1.224	42.71	167	394	396	12.4
	1937	0.574	1.218	42.69	147	384	366	12.0e
〃 松原村	1923 (1922)	0.466	0.898	32.33	374	430	438	7.6
	1930 (1928)	0.443	0.824	28.77	292	410	416	7.2
	1937 (1936)	0.472	0.881	28.96	316	398	399	7.0e
〃 高倉村	1923	0.584	1.253	44.13	180	429	438	13.2
	1930	0.538	1.120	40.04	194	430	431	13.0
〃 落合村	1923	0.567	1.152	39.84	164	634	670	15.6
	1930	0.521	1.035	36.40	164	620	634	14.8
	1937	0.490	0.946	33.28	212	613	597	14.4e
広島県 安芸郡温品村	1930	0.386	0.760	29.46	418	228	223	24.8
山口県 吉敷郡宮野村	1923	0.486	0.993	36.26	448	735	782	26.4
	1930	0.514	1.056	38.04	299	754	789	28.0
〃 嘉川村	1923	0.537	1.168	42.31	395	1,168	1,227	25.3
	1930	0.486	1.058	39.17	379	1,169	1,209	26.0
	1937	0.484	1.052	39.07	446	1,140	1,166	31.8e
〃 吉敷村 (市)	1923	0.491	0.931	31.98	—	512	529	18.4
阿武郡萩町 (市)	1923 (1922)	0.555	1.278	46.00	476	3,308	6,550	62.9
	1930	0.517	1.109	40.42	477	6,657	6,934	61.6
	1937	0.565	1.322	47.74	463	6,592	7,076	62.2e
〃 山田村	1923 (1922)	0.555d	1.125d	37.75d	—	819d	858	31.4
〃 椿郷西分村	1923 (1922)	0.603	1.272	43.92	309	523	511	39.0

玖珂郡麻里布村(町)	1923	0.434	0.877	32.24	309	1,467	1,687	47.3
〃	1930	0.433	0.926	35.28	266	2,358	2,806	67.6
〃	1937(1939)	0.489	1.160	43.32	429	3,732	—	78.5ᵉ
川下村	1923	0.489ᵇ	1.064ᵇ	40.00ᵇ	345ᵇ	923ᵇ	1,042	34.1
〃	1930	0.513	1.078	39.05	366	1,036	1,255	52.2
愛宕村	1923	0.557	1.178	41.89	302	367	373	14.9
〃	1930	0.555	1.174	41.88	255	373	385	19.6
〃	1937	0.485	0.988	36.10	330	400	—	46.7ᵉ
岩国町	1923	0.620ᵇ	1.494ᵇ	53.11ᵇ	485ᵇ	2,139ᵇ	2,479	83.0
〃	1930	0.640	1.508	53.09	484	2,495	2,748	80.9
〃	1937	0.665	1.632	57.15	531	2,865	—	87.3ᵉ
師木野村	1923(1925)	0.390	0.770	29.75	270	370	384	24.0
〃	1930	0.388	0.774	30.10	243	363	377	21.1
〃	1937(1935)	0.438	0.868	31.88	240	380	382	21.1ᵉ
灘村	1923	0.559	1.150	39.96	282	868	898	26.2
〃	1930	0.448	0.919	34.37	227	905	983	22.8
〃	1937	0.442	0.876	32.31	218	1,202	—	48.8ᵉ
通津村	1923	0.509ᵃ	1.066ᵃ	38.88ᵃ	300ᵃ	624ᵃ	629ᵃ	28.9
〃	1930	0.533	1.231	45.11	229	594	603	24.0
〃	1937	0.533	1.199	43.67	126	606	604	24.0ᵉ
北河内村	1923	0.509	1.123	41.25	134	606	691	31.8
〃	1930	0.552	1.219	43.99	173	605	678	29.9
〃	1937	0.568	1.242	44.10	113	600	615	24.6ᵉ
南河内村	1923	0.513	1.052	37.55	228	597	—	14.3ᶠ
〃	1930	0.514	1.080	38.86	179	572	610	13.4
〃	1937	0.515	1.061	37.92	102	567	546	15.6ᵉ
小瀬村	1923	0.463	0.862	29.30	244	449	475	33.9
〃	1930	0.438	0.829	29.75	137	440	447	29.8
〃	1937	0.521	1.009	33.97	143	423	446	24.5
藤河村	1923(1924)	0.346	0.659	26.13	464	445	480	39.2
〃	1930(1929)	0.440	0.862	31.95	348	434	458	29.9
〃	1937	0.518	1.041	36.81	242	435	438	24.6ᵉ

玖珂郡御庄村	1923	0.550	1.231	44.67	372	310	322	31.8
	1930	0.437	0.871	32.72	296	309	312	24.2
	1937	0.439	0.837	30.53	197	306	294	19.9[e]
厚狭郡小野田町	1923(1922)	0.418	0.902	34.90	524	2,878	3,884	82.1
	1930	0.558	1.326	48.16	477	3,283	3,879	82.7
	1937	0.648	1.607	56.75	467	3,786	6,663	82.7[e]
〃 高千帆村	1923	0.573[a]	1.261[a]	45.09[a]	391[a]	1,350[a]	1,700	48.4
	1930(1931)	0.706	1.685	58.15	215	1,573	1,893	55.5
	1937	0.614	1.386	48.99	324	1,644	3,168	55.5[e]
愛媛県								
宇和島市	1923(1922)	0.616	1.480	52.63	503	5,431	4,949	88.1
	1930(1932)	0.653	1.639	57.77	397	9,141	9,755	88.2
八幡浜市	1937	0.553	1.253	45.17	503	5,708	6,646	69.0
北宇和郡高光村	1923	0.510	1.056	38.18	347	424	461	13.5
	1930	0.658	1.580	55.24	335	415	431	17.7
	1937	0.698	1.707	58.88	349	403	415	14.2[e]
〃 来村	1923	0.542	1.089	38.07	235	859	942	29.3
	1930	0.567	1.117	38.01	305	822	886	25.7
	1937	0.628	1.382	47.95	287	810	880	20.7[e]
〃 九島村	1923	0.323	0.581	22.44	602	940	971	12.4
	1930	0.369	0.664	24.14	543	941	1,010	12.5
高知県								
高岡郡須崎町	1923	0.548	1.273	46.39	449	1,692	1,683	68.3
〃 浦ノ内村	1923(1924)	0.526	1.132	41.07	343	704	742	13.9
	1930	0.557	1.169	41.37	221	649	747	13.0
	1937	0.532	1.142	41.19	197	735	751	13.2[e]
〃 多ノ郷村	1923	0.502[c]	1.046[c]	38.05[c]	—	929[c]	974	18.2
	1930(1928)	0.486[d]	0.987[d]	35.50[d]	—	952[d]	1,002	18.5
	1937	0.534[d]	1.110[d]	39.62[d]	—	1,020[d]	1,052	18.7[e]
〃 新荘村	1937(1936)	0.466[c]	0.918[c]	33.37[c]	—	480[c]	496	27.5[e]

佐賀県								
佐賀郡本庄村	1930	0.529	1.075	38.32	350	573	618	39.8
〃	1937	0.524	1.036	36.24	282	617	611	35.8[e]
〃 西与賀村	1923 (1924)	0.440	0.854	31.45	408	572	579	56.8
	1930	0.536	1.079	38.04	310	566	612	56.6
	1937	0.545	1.076	36.76	270	551	534	50.9[e]
〃 嘉瀬村	1923	0.428	0.842	31.29	474	713	712	42.9
	1930	0.411	0.813	30.63	464	706	727	43.1
	1937 (1936)	0.545	1.109	38.64	596	666	716	38.8[e]
〃 巨勢村	1937 (1939)	0.571	1.213	43.05	463	401	394	47.2[e]
〃 鍋島村	1937 (1938)	0.498	0.956	33.22	365	723	781	20.0[e]
〃 高木瀬村	1923	0.506	1.013	36.07	416	632	591	75.3
	1930	0.572	1.149	39.48	371	623	635	55.4
〃 金立村	1923	0.453	0.924	34.49	554	548	545	26.3
	1930	0.394	0.745	27.82	436	546	552	23.9
	1937	0.406	0.756	27.57	403	561	571	21.5[e]
〃 久保泉村	1937	0.587	1.198	40.93	168	669	706	28.7[e]
神崎郡蓮池村	1923	0.439	0.889	33.48	384	755	763	67.9
	1930	0.421	0.906	34.91	398	740	762	60.2
三養基郡鳥栖町	1930	0.587	1.389	49.97	441	2,104	2,259	78.2
	1937	0.574	1.289	46.31	439	2,235	2,413	78.2[e]
〃 田代町	1923	0.648	1.674	59.25	567	794	818	37.6
	1930	0.509	1.202	44.59	547	815	819	38.3
	1937	0.570	1.390	50.39	412	828	810	39.7[e]
〃 基里村	1923	0.428	0.901	34.46	472	722	709	29.3
	1930	0.493	1.091	40.55	390	790	854	36.9
	1937	0.478	1.059	39.58	374	879	919	38.2[e]
〃 麓村	1923	0.597	1.358	48.35	230	621	631	13.5
	1930	0.531	1.045	36.56	298	634	640	16.5
〃 旭村	1937	0.461	0.877	31.30	297	629	617	17.1[e]
	1923	0.513	1.062	38.52	466	626	641	26.1
	1930	0.507	1.008	36.07	399	621	649	27.9
	1937	0.490	0.970	34.93	306	640	636	28.9[e]

小城郡多久村	1930 (1932)	0.690	1.684	58.69	209	561	577	29.7
〃 西多久村	1930	0.433	0.885	33.63	342	432	447	13.0
〃 北多久村	1937	0.415	0.786	29.10	274	420	413	15.0[e]
〃	1930	0.597	1.331	47.16	237	904	954	33.0
〃	1937 (1936)	0.662	1.465	50.70	184	878	1,051	38.1[e]
熊本県								
熊本市	1930	0.659	1.661	58.44	592	31,975	31,690	94.3
	1937	0.694	1.686	58.55	596	35,573	37,962	88.8
八代郡八代町	1937 (1936)	0.643	1.558	54.82	609	2,623	—	91.6[e]
〃 植柳村	1930	0.615	1.602	57.22	309	649	702	37.2
〃	1937	0.633	1.704	60.41	287	691	—	29.4[e]
〃 金剛村	1930	0.442	0.849	30.58	275	545	596	14.2
〃	1937	0.415	0.817	30.15	414	579	634	11.2[e]
〃 高田村	1923 (1924)	0.616	1.437	51.09	246	590	608	23.2
〃	1930	0.543	1.213	44.12	276	646	681	25.2
〃	1937 (1936)	0.517	1.125	41.21	311	687	716	19.9[e]
〃 宮地村	1923 (1922)	0.519	1.006	34.43	308	565	600	51.9
〃	1930 (1934)	0.522	1.060	37.08	127	598	622	53.4
〃	1937	0.519	1.056	37.03	127	580	623	42.2[e]
〃 太田郷村	1930	0.446	0.968	36.78	266	1,466	1,642	56.0
〃	1937	0.550	1.307	47.49	217	1,777	—	44.2[e]
〃 松高村	1930	0.622	1.519	53.86	258	521	550	32.3
〃	1937	0.543	1.159	41.60	512	522	—	25.5[e]
〃 郡築村	1930 (1931)	0.497	0.923	31.09	324	464	471	13.2
〃	1937 (1936)	0.437	0.803	27.87	596	450	448	10.4[e]
〃 龍峰村	1923	0.550	1.130	39.87	461	367	394	28.1
〃	1930	0.551	1.135	40.01	386	405	401	29.6
葦北郡日奈久町	1923	0.556	1.258	45.55	545	776	834	53.9
〃	1930	0.468	0.950	35.13	302	891	1,019	56.8
〃	1937	0.514	1.142	41.96	473	938	1,079	63.0[e]

(注) 1. 戸数割資料による計数は原則として 1923, 1930, 1937 年のものであるが、それが得られない場合には、それぞれの前後 1-2 年の計数が掲げられている。その年次は( )に示す。また 1923, 1930, 1937 年の国勢調査の計数は、それぞれ 1920, 1930, 1940 年のものである。
2. G, V, Q, y, N は控除後所得額(B)による。表の a) b) c) d)の箇所については B が得られないので、それぞれ次の方法で推計した。
   a) 税率が得られるので、C を税率で除して B に変換した上で計算を行った。
   b) 特定の年次の B による G, V, Q, y, N をベースにして、所得額補額(C)または賦課額総額(D)による G, V, Q, y, N とリンクして推計、あるいは直線補間によって推計した。
   c) D による G, V, Q, y, N の計算値とリンクして推計 (この場合 y は C によって計算し、また直線補間によって推計した。この得られないところは、D による G, V, Q, y, N の計算はできない)。
   d) E も C も得られないので D によって計算した (この場合には y は計算できない)。
3. N は所得ゼロの者を含めた計数である (表 1-1 の注 a を参照せよ)。
4. 戸数割資料の解説をみよ。N の推計方法の解説は、第 1 章第 2 節、第 2 章を見よ。
5. I は有業人口における非 1 次産業の割合である。ただしデータが得られない場合には次の方法で推計した。
   e) 1940 年には町村の有業人口のデータが得られないので、その町村を含む部の I とリンクするなどの方法で推計した。
   f) 隣村である北河内村の I とリンクして推計した。
   g) 1920 年と同一と仮定した。
6. — はデータが得られないこと、あるいは推計値が異常であるため利用できないことを示す。
   N', I: 国勢調査。ただし熊本県熊本市 1930 年については、汐見・その他(1933), 付表 42-43 頁。

(資料) G, V, Q, y, N: 戸数割資料(付表 1)。
1920 年: 内閣統計局『大正 9 年国勢調査報告 府県の部 各府県』1924-26 年。
1930 年: 内閣統計局『昭和 5 年国勢調査報告 府県編』1933-34 年。
1940 年: 総理府統計局『昭和 15 年国勢調査報告 第 1 巻 人口総数・男女の別・年齢・配偶の関係・民籍または国籍』1961 年、『昭和 15 年国勢調査報告 第 2 巻 産業・事業上の地位』1962 年。

付表3　産業別所得不平等度：福島県西白河郡白河町

産　業	ジニ係数 (G)	変化係数 (V)	上位10%の 所得割合 (Q)%	平均所得 (y)円	納税戸数 (N)
1927年					
1 農林水産業	0.570	1.168	40.67	188	334
2 建設業	0.718	1.857	64.55	253	250
3 鉱工業	0.726	1.974	68.52	496	706
4 商業，金融・保険，不動産業	0.677	1.705	59.70	724	905
5 運輸・通信，公益事業	0.536	1.081	38.39	228	559
6 サービス業	0.664	1.498	51.78	460	949
7 公務，その他	0.737	2.043	70.69	613	315
8 第2次産業(2+3)	0.729	1.962	68.08	432	956
9 第3次産業(4〜7)	0.679	1.689	59.13	522	2,528
10 非1次産業(8+9)	0.694	1.770	61.82	498	3,484
11 合計(1+10)	0.692	1.759	61.48	471	3,818
1928年					
1 農林水産業	0.580	1.201	41.64	183	342
2 建設業	0.718	1.839	63.87	241	253
3 鉱工業	0.728	1.963	68.13	431	703
4 商業，金融・保険，不動産業	0.694	1.762	61.37	732	903
5 運輸・通信，公益事業	0.536	1.084	38.55	238	571
6 サービス業	0.655	1.455	50.05	430	744
7 公務，その他	0.747	2.088	72.11	573	323
8 第2次産業(2+3)	0.729	1.949	67.61	381	956
9 第3次産業(4〜7)	0.685	1.718	60.05	512	2,541
10 非1次産業(8+9)	0.699	1.789	62.43	476	3,497
11 合計(1+10)	0.697	1.778	62.06	450	3,839
1929年					
1 農林水産業	0.493	1.045	38.36	590	370
2 建設業	0.627	1.611	57.23	807	227
3 鉱工業	0.651	1.663	58.66	1,125	639
4 商業，金融・保険，不動産業	0.645	1.565	55.01	1,675	934
5 運輸・通信，公益事業	0.417	0.812	30.58	693	564
6 サービス業	0.631	1.368	46.10	1,184	701
7 公務，その他	0.643	1.620	57.30	848	425
8 第2次産業(2+3)	0.648	1.660	58.61	1,041	866
9 第3次産業(4〜7)	0.624	1.460	51.31	1,198	2,624
10 非1次産業(8+9)	0.630	1.505	52.97	1,160	3,490
11 合計(1+10)	0.626	1.495	52.76	1,105	3,860
1930年					
1 農林水産業	0.471	0.955	34.82	194	381

(付表3 つづき)

2 建設業	0.646	1.740	61.51	286	241
3 鉱工業	0.696	1.906	66.51	474	620
4 商業, 金融・保険, 不動産業	0.684	1.770	61.89	694	947
5 運輸・通信, 公益事業	0.429	0.837	31.23	258	558
6 サービス業	0.641	1.435	49.33	434	697
7 公務, その他	0.666	1.703	59.78	320	440
8 第2次産業(2+3)	0.689	1.881	65.75	422	861
9 第3次産業(4〜7)	0.654	1.635	57.60	471	2,642
10 非1次産業(8+9)	0.664	1.702	59.86	459	3,503
11 合計(1+10)	0.658	1.680	59.17	433	3,884
1931年					
1 農林水産業	0.467	0.948	34.69	170	384
2 建設業	0.642	1.715	60.68	244	234
3 鉱工業	0.676	1.792	62.84	366	607
4 商業, 金融・保険, 不動産業	0.650	1.599	56.29	512	974
5 運輸・通信, 公益事業	0.429	0.810	29.25	254	510
6 サービス業	0.649	1.487	51.40	383	708
7 公務, その他	0.621	1.471	52.04	287	524
8 第2次産業(2+3)	0.672	1.790	62.82	332	841
9 第3次産業(4〜7)	0.626	1.491	52.77	387	2,716
10 非1次産業(8+9)	0.640	1.566	55.33	374	3,557
11 合計(1+10)	0.634	1.549	54.80	354	3,941
1932年					
1 農林水産業	0.454	0.927	34.03	157	385
2 建設業	0.682	1.924	67.26	256	238
3 鉱工業	0.673	1.772	62.16	358	663
4 商業, 金融・保険, 不動産業	0.667	1.671	58.63	505	956
5 運輸・通信, 公益事業	0.430	0.812	29.36	250	547
6 サービス業	0.636	1.422	49.21	375	695
7 公務, その他	0.633	1.563	55.28	269	466
8 第2次産業(2+3)	0.680	1.823	63.82	331	901
9 第3次産業(4〜7)	0.630	1.508	53.31	377	2,664
10 非1次産業(8+9)	0.645	1.589	56.04	366	3,565
11 合計(1+10)	0.639	1.574	55.59	345	3,950
1933年					
1 農林水産業	0.449	0.900	32.74	161	386
2 建設業	0.640	1.739	61.46	203	249
3 鉱工業	0.660	1.692	59.51	350	656
4 商業, 金融・保険, 不動産業	0.660	1.608	56.34	476	928
5 運輸・通信, 公益事業	0.429	0.812	29.32	254	524
6 サービス業	0.632	1.417	48.99	352	696

(付表3　つづき)

7 公務, その他	0.646	1.592	55.98	300	516
8 第2次産業(2+3)	0.664	1.713	60.82	309	905
9 第3次産業(4〜7)	0.626	1.473	51.96	366	2,664
10 非1次産業(8+9)	0.637	1.540	54.30	352	3,569
11 合計(1+10)	0.631	1.524	53.85	333	3,955
1934年					
1 農林水産業	0.447	0.890	32.31	163	378
2 建設業	0.611	1.596	56.86	186	255
3 鉱工業	0.682	1.824	63.83	359	664
4 商業, 金融・保険, 不動産業	0.676	1.700	59.46	470	923
5 運輸・通信, 公益事業	0.441	0.828	29.55	266	506
6 サービス業	0.652	1.535	53.46	342	757
7 公務, その他	0.638	1.549	54.57	287	502
8 第2次産業(2+3)	0.675	1.807	63.34	311	919
9 第3次産業(4〜7)	0.637	1.528	53.90	361	2,688
10 非1次産業(8+9)	0.648	1.600	56.36	348	3,607
11 合計(1+10)	0.641	1.549	55.73	331	3,985
1935年					
1 農林水産業	0.438	0.859	30.97	160	388
2 建設業	0.691	2.005	69.80	247	262
3 鉱工業	0.675	1.784	62.52	343	713
4 商業, 金融・保険, 不動産業	0.682	1.731	60.45	468	921
5 運輸・通信, 公益事業	0.461	0.894	32.32	266	516
6 サービス業	0.652	1.504	52.05	363	720
7 公務, その他	0.649	1.598	56.15	284	480
8 第2次産業(2+3)	0.684	1.852	64.73	317	975
9 第3次産業(4〜7)	0.644	1.555	54.72	366	2,637
10 非1次産業(8+9)	0.657	1.635	57.47	353	3,612
11 合計(1+10)	0.648	1.612	56.78	334	4,000
1936年					
1 農林水産業	0.439	0.861	30.83	160	387
2 建設業	0.602	1.612	57.53	168	246
3 鉱工業	0.680	1.787	62.54	345	700
4 商業, 金融・保険, 不動産業	0.690	1.768	61.68	485	900
5 運輸・通信, 公益事業	0.443	0.846	30.73	270	508
6 サービス業	0.645	1.474	50.95	326	729
7 公務, その他	0.683	1.756	61.25	304	530
8 第2次産業(2+3)	0.675	1.793	62.79	299	946
9 第3次産業(4〜7)	0.650	1.578	55.45	364	2,667
10 非1次産業(8+9)	0.659	1.634	57.35	347	3,613
11 合計(1+10)	0.650	1.610	56.65	329	4,000

(付表3 つづき)

1937年					
1 農林水産業	0.449	0.893	32.41	164	375
2 建設業	0.604	1.589	56.66	174	241
3 鉱工業	0.698	1.882	65.60	384	677
4 商業,金融・保険,不動産業	0.693	1.775	61.86	501	903
5 運輸・通信,公益事業	0.431	0.821	30.03	277	513
6 サービス業	0.648	1.477	50.80	329	731
7 公務,その他	0.683	1.768	61.77	314	523
8 第2次産業(2+3)	0.690	1.867	65.15	329	918
9 第3次産業(4〜7)	0.651	1.580	55.47	374	2,670
10 非1次産業(8+9)	0.663	1.653	57.97	362	3,588
11 合計(1+10)	0.655	1.630	57.29	344	3,963
1938年					
1 農林水産業	0.443	0.879	32.15	161	386
2 建設業	0.590	1.583	56.69	152	231
3 鉱工業	0.703	1.902	66.26	412	630
4 商業,金融・保険,不動産業	0.697	1.801	62.75	519	880
5 運輸・通信,公益事業	0.418	0.788	28.92	299	483
6 サービス業	0.650	1.495	51.67	362	676
7 公務,その他	0.664	1.673	58.69	299	564
8 第2次産業(2+3)	0.699	1.901	66.20	342	861
9 第3次産業(4〜7)	0.649	1.578	55.54	389	2,603
10 非1次産業(8+9)	0.663	1.656	58.11	378	3,464
11 合計(1+10)	0.655	1.635	57.50	356	3,850
1939年					
1 農林水産業	0.481	1.015	37.31	195	369
2 建設業	0.593	1.560	55.84	169	229
3 鉱工業	0.719	2.025	70.24	450	599
4 商業,金融・保険,不動産業	0.719	1.900	65.90	639	392
5 運輸・通信,公益事業	0.400	0.759	28.48	339	502
6 サービス業	0.660	1.557	54.08	383	661
7 公務,その他	0.683	1.770	61.90	350	548
8 第2次産業(2+3)	0.709	1.992	69.20	372	828
9 第3次産業(4〜7)	0.665	1.667	58.57	455	2,603
10 非1次産業(8+9)	0.679	1.745	61.13	435	3,431
11 合計(1+10)	0.671	1.723	60.45	412	3,800

(注) 控除後所得(B系列)による.
(資料) 付表1を見よ.

付表4 非1次産業の労働分配率

(単位:%)

年次	製造業	M産業[a]	S産業[b]	非1次産業	年次	製造業	M産業[a]	S産業[b]	非1次産業
1896		74.8	67.2	70.4	1938	48.2	44.3	53.1	47.2
1897		71.3	65.0	67.7	1939	50.6	47.1	51.1	48.3
1898		73.0	61.7	66.4	1940	47.0	43.9	50.6	45.8
1899		76.0	68.2	71.8					
1900		65.9	63.6	64.6	1953	68.8	72.7	69.2	71.0
1901		67.9	65.9	66.8	1954	67.1	70.1	70.7	70.4
1902		76.5	65.0	69.9	1955	71.1	73.0	70.8	71.9
1903		70.4	65.5	67.6	1956	70.0	71.1	70.2	70.7
1904		73.8	65.1	68.9	1957	62.4	65.9	69.5	67.5
1905		62.1	63.9	63.1	1958	66.4	70.0	70.2	70.1
1906	69.3	63.2	59.5	61.3	1959	67.0	69.9	69.2	69.6
1907	65.9	62.6	69.3	66.0	1960	60.8	64.6	65.2	64.9
1908	62.1	60.3	70.7	65.3	1961	61.4	64.5	63.6	64.1
1909	63.7	60.2	70.2	64.9	1962	65.3	67.9	63.6	66.0
1910	58.5	56.3	69.0	62.2	1963	66.2	68.4	66.5	67.5
1911	59.5	56.3	66.3	61.1	1964	66.7	68.9	64.8	67.0
1912	61.9	57.4	64.6	60.9	1965	70.0	72.0	66.5	69.4
1913	64.3	58.7	60.9	59.8	1966	69.6	71.9	64.7	68.4
1914	57.7	54.3	62.1	58.1	1967	67.2	70.3	64.7	67.6
1915	52.5	45.7	59.0	51.8	1968	66.0	68.4	62.8	65.7
1916	50.5	42.8	47.7	45.0	1969	67.1	68.9	62.4	65.8
1917	47.2	43.9	46.4	45.1	1970	67.8	69.4	61.8	65.8
1918	46.5	46.4	57.2	50.7	1971				70.2
1919	53.9	53.8	50.8	52.6	1972				71.0
1920	66.5	60.6	63.5	61.8	1973				72.6
1921	59.8	55.1	75.3	63.9	1974				75.8
1922	59.3	54.7	70.4	61.3	1975				79.4
1923	61.5	55.9	73.0	62.7	1976				79.5
1924	60.9	55.2	66.5	60.0	1977				81.3
1925	61.5	54.7	71.9	61.7	1978				80.0
1926	66.5	57.4	69.5	62.5	1979				79.2
1927	64.4	55.8	75.4	64.0	1980				78.7
1928	61.8	53.5	74.7	62.5	1981				80.5
1929	57.7	52.1	65.8	57.5	1982				80.3
1930	59.0	53.0	56.7	54.5	1983				80.8
1931	55.5	50.9	60.0	54.7	1984				79.4
1932	53.4	50.1	58.7	53.9	1985				78.1
1933	48.9	48.4	59.8	53.5	1986				78.1
1934	47.6	46.1	57.0	50.7	1987				78.0
1935	47.3	44.7	56.5	49.5	1988				79.5
1936	49.6	46.3	54.5	49.6	1989				76.8
1937	50.3	47.4	53.8	49.7					

(注) 1) 要素所得 Y_p に占める労働所得 W_p (個人業主と家族従業者の帰属賃金を含む)の割合. 詳しくは第4章補論を参照.
2) 1896-1905年, 1971-89年は暫定推計.
a 製造業, 鉱業, 建設業, 公益事業の合計.
b M産業以外の非1次産業(商業, 金融・保険, 不動産業, サービス業等).
(資料) 1896-1970年: 南・小野(1978 a), 164頁.
1971-89年: 南(1992), 図9-5(239頁).

文献目録

『国勢調査報告』『府県統計書』等定期刊行物を除く.
発行所が編著者と同一である場合は省略した.

Ahluwalia, Montek S. (1976). "Inequality, Poverty and Development,"*Journal of Development Economics*, No.3, September.
Ahn, Kook-Shin. (1992). "Trends in the Size Distribution of Income in Korea," *Korean Social Science Journal*, Vol. 8.
坂野潤治(1991).「戦前日本における「社会民主主義」,「民主社会主義」,「企業民主主義」」東京大学社会科学研究所(編)『現代日本社会 第4巻 歴史的前提』東京大学出版会.
Barro, Robert J. and Xavier Sala-i-Martin (1992). "Regional Growth and Migration: A Japan-United States Comparison," *Journal of the Japanese and International Economics*, Vol. 6 No. 4, December.
Becker, Charles M.(1987). "Urban Sector Income Distribution and Economic Development," *Journal of Urban Economics*, Vol. 21.
Bollen, Kenneth A.(1983). "World System Position, Dependency, and Democracy," *American Sociological Review*, Vol. 48 No. 4, August.
—— and Robert W. Jackman (1985). "Political Democracy," *American Sociological Review*, Vol. 50 No. 4, August.
ボウルズ, S.・H. ギンタス(宇沢弘文訳) (1986-87).『アメリカ資本主義と学校教育——教育改革と経済制度の矛盾』(I, II) 岩波書店. (Samuel Bowles and Herbert Gintis, *Schooling in Capitalist America: Educational Reform and the Contradictions of Economic Life*, New York: Basic Books, 1976.)
Chenery, Hollis (1988). *Structural Change and Delopment Policy*, Oxford and other cities: Oxford University Press.
Choo, Hakchung (1991). "A Comparison of Income Distribution in Japan, Korea and Taiwan," in Mizoguchi(1991).
Coleman, James S. et al. (1979). *Equality of Educational Opportunity*, New York: Arno Press.
Cline, William R.(1975). "Distribution and Development: A Survey of Literature," *Journal of Development Economics*, Vol.1 No. 4, February.
ダール, ロバート A.(高畠道敏・前田脩訳) (1981).『ポリアーキー』三一書房. (Robert A. Dahl, *Polyarchy: Participation and Opposition*, New Haven and London: Yale University Press, 1971.)
Della Valle, Philip A. and Noriyoshi Oguchi (1976). "Distribution, the Aggregate

Consumption Function, and the Level of Economic Development: Some Cross-Country Results, "*Journal of Political Economy*, Vol. 84 No. 6, December.
ダイヤモンド(1947).「氷山型経済とは何か——ヤミ経済と正常経済の関係」『ダイヤモンド』3月21日.
ドーア, R. P.(並木正吉・高木径子・蓮見音彦訳) (1965).『日本の農地改革』岩波書店. (R. P. Dore, *Land Reform in Japan*, London: Oxford University Press, 1959.)
Dovring, Folke. (1974). "Land Reform: A Key to Change in Agriculture," in Nurul Islam (ed.), *Agriculture Policy in Developing Countries*, London : Macmillan Press.
——(1991). *Inequality: The Political Economy of Income Distribution*, New York: Praeger Publishers.
Fei, John C. H. and Gustav Ranis (1964). *Development of Labor Surplus Economy: Theory and Policy*, Homewood, Illinois: Richard D. Irwin.
——, ——(1975). "A Model of Growth and Employment in the Open Dualistic Economy: The Case of Korea and Taiwan," *Journal of Development Studies*, Vol. 11 No. 2, January.
——, —— and Shirley W. Y. Kuo (1979). *Growth with Equity: The Taiwan Case*, Oxford and other cities: Oxford Univeristy Press.
Fields, Gary S. (1979). "Income Distribution and Economic Growth," in Gustav Ranis and T. Paul Schultz (eds.), *The State of Development Economics*, Oxford and New York: Basil Blackwell, 1979.
——(1980). *Poverty, Inequality, and Development*, Cambridge and other cities : Cambridge University Press.
——(1991). "Growth and Income Distribution," in Psacharopoulos (1991).
藤田武雄(1976).『現代日本地方財政史 上巻』, 日本評論社.
古屋哲夫(1976).「日本ファシズム論」『日本歴史 20 近代7』岩波書店.
早川三代治(1944).「所得分布に関する諸考察」日本統計学会(編)『国民所得とその分布』日本評論社.
Hayakawa, Miyoji (1951). "The Application of Pareto's Law of Income to Japanese Data," *Econometrica*, Vol. 19 No. 2, April.
Hayami, Yujiro, M. A. R. Quisumbing and L. S. Adriano (1990). *Toward an Alternative Land Reform Paradigm: A Philippine Perspective*, Quezon City: Ateneo de Manila University Press.
平野義太郎(1959).「第二次農地改革批判——土地改革の民主的方法」農政調査会(編)『農地改革に関する諸論説 その一』.
今田高俊(1989).『社会階層と政治』(『現代政治学叢書 7』) 東京大学出版会.
石川経夫(編) (1994).『日本の所得と富の分配』東京大学出版会.
伊藤武夫(1974).「第1次大戦後の東北農村と村民所得——新潟県米倉村の農民層分解に関する一考察」『新潟大学教養部研究紀要』第5集.
岩国市史編纂委員会(1971).『岩国市史 下』岩国市役所.

Kabashima, Ikuo (1984). "Supportive Participation with Economic Growth : The Case of Japan", *World Politics*, Vol. 36 No. 3, April.
蒲島郁夫(1988).『政治参加』(『現代政治学叢書 6』) 東京大学出版会.
川越俊彦(1993).「農地改革」香西泰・寺西重郎(編)『戦後日本の経済改革——市場と政府』東京大学出版会.
川野重任(1970).「農地改革の短期経済効果——その農家消費, 投資への影響」川野重任・加藤譲(編)『日本農業と経済成長』東京大学出版会.
加用信文(監修)(1977).『改訂日本農業基礎統計』農林統計協会.
—— (監修)(1983).『都道府県農業基礎統計』農林統計協会.
Khan, Azizur Rahman, Keith Griffin, Carl Riskin and Renwei Zhao (1992). "Household Income and Its Distribution in China," *China Quarterly*, No. 132, December.
経済安定本部(編)(1947).『今次戦争による国富被害算定方法』.
——(編)(1949).『太平洋戦争による我国の被害総合報告書』.
Kim, Kwan S. (1993). "The Political Economy of Distributional Equity : Experiences and Issues in Other Countries," unpublished.
Kuo, Shirley W. Y., Gustav Ranis and John C. H. Fei (1981). *The Taiwan Success Story: Rapid Growth with Improved Distribution in the Republic of China 1952 -1979*, Boulder, Colorado: Westview Press.
栗原百寿(1961).「岡山県農民運動の史的分析」農民運動史研究会(編)『日本農民運動史』東洋経済新報社.
——(1974).『日本農業の基礎構造』(『栗原百寿著作集 1』) 校倉書房.
Kuznets, Simon (1955). "Economic Growth and Income Inequality," *American Economic Review*, Vol. 45 No. 1, March.
——(1963). "Quantitative Aspects of the Growth of Nations : VIII Distribution of Income by Size," *Economic Development and Cultural Change*, Vol.11 No. 2, January.
——(1976). "Demographic Aspects of the Size Distribution of Income: An Exploratory Essay," *Economic Development and Cultural Change*, Vol. 25 No. 1, October.
クズネッツ, サイモン(塩野谷祐一訳)(1968).『近代経済成長の分析 上』東洋経済新報社. (Simon Kuznets, *Modern Economic Growth : Rate, Structure and Spread*, New Haven and London: Yale University Press, 1966.)
協調会(1925).『自大正十年六月至同十一年五月 俸給生活者・職工生計費調査報告』.
Lewis, W. Arthur (1954). "Economic Development with Unlimited Supplies of Labour," *Manchester School of Economic and Social Studies*, Vol. 22 No. 2. May. (Reprinted in Amar Narain Agarwala and Sampat Pal Singh (eds.), *The Economics of Underdevelopment*, London: Oxford University Press, 1958.)
リプセット, シモア(内山秀夫訳)(1963).『政治のなかの人間——ポリティカル・マン』創元新社. (Seymour Martin Lipset, *Political Man : The Social Bases of Poli-*

tics, New York: Double-day & Co. 1959.)
ロックウッド, W.W.(中山伊知郎監訳)(1958).『日本の経済発展 上』東洋経済新報社.
 (William W. Lockwood, *The Economic Development of Japan: Growth and Structural Change, 1868-1938*, London: Oxford University Press, 1955.)
丸山眞男(1964).『現代政治の思想と行動』(増補版) 未来社.
増井幸夫(1995).『農村労働市場の計量分析』大明堂.
松本康(1985).「相対的剥奪と社会運動——相対的剥奪論の再生は可能か」『思想』第737号, 11月.
松尾尊兊(1974).『大正デモクラシー』岩波書店.
南亮進(1970).『日本経済の転換点——労働の過剰から不足へ』創文社.
Minami, Ryoshin (1973). *The Turning Point in Economic Development: Japan's Experience*, Tokyo: Kinokuniya.
南亮進(1992).『日本の経済発展』(第2版) 東洋経済新報社.
Minami, Ryoshin (1993). "Emergence of the Market Economy and Income Dsitribution in China: in Comparison with Japanese Experience," a paper presented at the International Conference on Market Economy and China, September 18-21, Beijin.
南亮進(1994).「戦前農村の所得分布——推計と分析」『経済研究』第45巻第3号, 7月.
―――(1995).「中国, 拡大する所得格差」『日本経済新聞』(経済教室欄) 5月20日.
―――・Kwan S. Kim・谷沢弘毅(1993).「所得分布の長期変動——推計と分析」『経済研究』第44巻第4号, 10月.
―――・小野旭(1975a).「要素所得, 分配率および要素価格」大川・南(1975).
―――・―――(1975b).「非1次産業の要素所得と分配率」大川・南(1975).
―――・―――(1978a).「要素所得と分配率の推計——民間非1次産業」『経済研究』第29巻第2号, 4月.
―――・―――(1978b).「分配率の趨勢と変動」『経済研究』第29巻第3号, 7月.
Minami, Ryoshin and Akira Ono (1978). "Factor Incomes and Shares," in Ohkawa and Shinohara (1978).
―――, ―――(1981). "Behavior of Income Shares in a Labor Surplus Economy: Japan's Experience," *Economic Development and Cultural Change*, Vol. 29 No. 2, January.
南亮進・小野旭(1987).「戦前日本の所得分布——戸数割資料による山口県の分析」『経済研究』第38巻第4号, 10月.
―――・―――・高松信清(1981).「戸数割資料による戦前期の所得分布の研究——その2 戸数割資料の沿革・内容・資料価値」ディスカッション・ペーパー・シリーズ No. 39, 一橋大学経済研究所.
三谷太一郎(1974).「大正デモクラシー」TBSブリタニカ『ブリタニカ国際大百科事典 12』.
宮島英明(1991).「「財界追放」と新経営者の登場——日本企業の特徴はいかにして形成

されたか」『Will』7月.
宮本又郎・コウゾウ, ヤマムラ(1981). 「両大戦間期小作争議の数量分析への一試論」中村隆英(編)『戦間期の日本経済分析』山川出版社.
Mizoguchi, Toshiyuki (1985). "Economic Development Policy and Income Distribution: The Experience in East and Southeast Asia," *Developing Economies*, Vol. 23 No. 4, December.
溝口敏行(1986). 「日本の所得分布の長期変動」『経済研究』第37巻第2号, 4月.
────(1993). 「アジアの所得分布の変貌」浜田文雅(編著)『アジアの経済開発と経済分析』文眞堂.
────・高山憲之・寺崎康博(1978). 「戦後日本の所得分布 II」『経済研究』第29巻第1号, 1月.
────・寺崎康博(1995). 「家計の所得分布の経済・社会および産業構造的要因──日本の経験」『経済研究』第46巻第1号, 1月.
Mizoguchi, Toshiyuki (ed.) (1991). *Making Economies More Efficient and More Equitable: Factors Determining Income Distribution*, Tokyo: Kinokuniya.
──── and Noriyuki Takayama (1984). *Equity and Poverty under Rapid Economic Growth: The Japanese Experience*, Tokyo: Kinokuniya.
水本忠武(1993). 「戸数割に関する研究」『八潮市史研究』第14号, 12月.
持田信樹(1993). 『都市財政の研究』東京大学出版会.
持株会社整理委員会(編)(1951). 『日本財閥とその解体』.
文部省調査局(1963). 『日本の成長と教育──教育の展開と経済の発達』帝国地方行政学会.
盛山和夫・直井優・佐藤嘉倫・都築一治・小島秀夫(1990). 「現代日本の階層構造とその趨勢」直井・盛山(1990).
森武麿(1976). 「戦時下農村の構造変化」『日本歴史 20 近代7』岩波書店.
村上泰亮(1984). 『新中間大衆の時代』中央公論社.
Musgrove, Philip (1980). "Income Distribution and the Aggregate Consumption Function," *Journal of Political Economy*, Vol. 88 No. 3, June.
永原慶二・中村政則・西田美昭・松元宏(1972). 『日本地主制の構成と段階』東京大学出版会.
中村政則(1976). 「大恐慌と農村問題」『日本歴史 19 近代6』岩波書店.
────(1979). 『近代日本地主制史研究』東京大学出版会.
────(1993). 『経済発展と民主主義』(『岩波市民大学 人間の歴史を考える11』) 岩波書店.
────(1994). 「国家と諸階級：戦前日本帝国主義の終焉」大石嘉一郎(編)『日本帝国主義史 3 第二次大戦期』東京大学出版会.
中村隆英(1993). 『昭和史 I・II』東洋経済新報社.
中西吉治(1982). 「国家改造運動──民衆観と改造運動観」鹿野政直・由井正臣(編)『近代日本の統合と抵抗 4 1931年から1945年まで』日本評論社.
難波田春夫(1982). 『近代日本社会経済思想史』(『難波田春夫著作集 7』) 早稲田大学出

版部.
直井優・盛山和夫(編)(1990).『現代日本の階層構造 1 社会階層の構造と過程』東京大学出版会.
西田美昭(1968).「小農経営の発展と小作争議——新潟県〈三升米事件〉を中心として」『土地制度史学』第38号, 1月.
——(1975).「農民運動の発展と地主制」『日本歴史 18 近代5』岩波書店.
岡田知弘(1993).「重化学工業化と都市の膨張」成田龍一(編)『都市と民衆』(『近代日本の軌跡 9』)吉川弘文館.
尾高煌之助(1984).『労働市場分析』岩波書店.
大川一司(1965).「分配率の長期変動」『経済研究』第16巻第1号, 1月.(大川『日本経済分析——成長と構造』(増補版) 春秋社, 1969に再録.)
Ohkawa, Kazushi (1968). "Changes in National Income Distribution by Factor Shares in Japan," in Jean Marchal and Bernard Ducros (eds.), *The Distribution of National Income*, London and other cities: Macmillan.
大川一司・南亮進(編)(1975).『近代日本の経済発展——「長期経済統計」による分析』東洋経済新報社.
——・H. ロゾフスキー(1973).『日本の経済成長——20世紀における趨勢加速』東洋経済新報社.
Ohkawa, Kazushi and Miyohei Shinohara (eds.) (1979). *Patterns of Japanese Economic Development: A Quantitative Appraisal*, New Haven, Connecticut: Yale University Press.
大川一司・その他(1967).『物価』(『長期経済統計 8』) 東洋経済新報社.
——・——(1974).『国民所得』(『長期経済統計 1』) 東洋経済新報社.
大石嘉一郎・西田美昭(編著)(1991).『近代日本の行政村——長野県埴科村五加村の研究』日本経済評論社.
大門正克(1994).『近代日本と農村社会——農民世界の変容と国家』日本経済評論社.
岡本宏(1976).「労農運動の激化」『日本歴史 19 近代6』岩波書店.
大蔵省財政史室(編)(1954).『昭和財政史——終戦から講和まで 14 保険・証券』東洋経済新報社.
——(編)(1977).『昭和財政史——終戦から講和まで 8 租税2 税務行政』東洋経済新報社.
——(編)(1978).『昭和財政史——終戦から講和まで 19 統計』東洋経済新報社.
——(編)(1981).『昭和財政史——終戦から講和まで 2 独占禁止』東洋経済新報社.
岡崎哲二(1993).「企業システム」岡崎哲二・奥野正寛(編)『現代日本経済システムの源流』日本経済新聞社.
小野旭(1973).『戦後日本の賃金決定——労働市場の構造変化とその影響』東洋経済新報社.
Ono, Akira and Tsunehiko Watanabe (1976). "Changes in Income Inequality in the Japanese Economy," in Hugh T. Patrick (ed.), *Japanese Industrialization and Its Social Consequences*, California: University of California Press.

小野旭・南亮進(1988).「戦前日本の所得分布――戸数割資料による産業別分析」『一橋大学研究年報 経済学研究 29』4月.

オーシマ, ハリー T. (渡辺利夫・小浜祐久監訳)(1989).『モンスーンアジアの経済発展』勁草書房. (Harry T. Oshima, *Economic Growth in Monsoon Asia: A Comparative Survey*, Tokyo: Tokyo University Press, 1987.)

Oshima, Harry T. (1971). "Labor-force 'Explosion' and the Labor-intensive Sector in Asian Growth," *Economic Development and Cultural Change*, Vol. 19 No. 2.

―― (1991). "Kuznets' Curve and Asian Income Distribution," in Mizoguchi (1991).

―― (1992). "Kuznets' Curve and Asian Income Distribution Trends," *Hitotsubashi Journal of Economics*, Vol. 33 No. 4.

大塚啓二郎(1991).「アジアの稲作農村の貧困と土地制度」『経済研究』第42巻第4号, 10月.

Otsuka, Keijiro, Violeta Cordova and Cristina C. David (1992). "Green Revolution, Land Reform and Household Income Distribution in the Philippines," *Economic Development and Cultural Change*, Vol. 40 No. 4, July.

Otsuki, Toshiyuki and Nobukiyo Takamatsu (1982). "On the Measurement and Trend of Income Inequality in Prewar Japan," in *Papers and Proceedings of the Conference on Japan's Historical Development Experience and the Contemporary Developing Countries*, Tokyo : International Development Center of Japan.

大内力(1959).「農地改革の進歩性と退歩性」農政調査会(編)『農地改革に関する諸論説 その二』.

Papanek, Gustav F. (1978). "Economic Growth, Income Distribution, and the Political Process in Less Developed Countries," in Zvi Griliches, Wilhelm Krelle, Hans-Jurgen Krupp and Oldrich Kyn (eds), *Income Distribution and Economic Inequality*, Frankfurt/Main: Campus Verlag.

Paukert, Felix (1973). "Income Distribution at Different Levels of Development: A Survey of Evidence," *International Labour Review*, Vol. 108 No. 2-3, August/September.

Psacharopoulos, George (ed.) (1991). *Essays on Poverty, Equity and Growth*, Oxford and other cities: Pergamon Press.

―― and Jandhyala B. G. Tilak (1991). "Schooling and Equity," in Psacharopoulos (1991).

Ram, Rati (1988). "Economic Development and Income Inequality: Further Evidence on the U-Curve Hypothesis," *World Development*, Vol. 16 No. 11, November.

Rubinson, Richard and Dan Quinlan (1977). "Democracy and Social Inequality: A Reanalysis," *American Sociological Review*, Vol. 40 No. 4, August.

相模原市役所(1971).『相模原市史 4』.

Sahota, Gian Singh (1978). "Theories of Personal Income Dsitribution: A Survey," *Journal of Economic Literature*, Vol. 16 No. 1, March.
Saith, Ashwani (1983). "Development and Distribution: A Critique of the Cross-Country U-Hypothesis," *Journal of Development Economics*, Vol .13 No. 3, December.
佐藤正広(1992).「戸数割税務資料の特性と精度について——資料論的覚書」『経済研究』第43巻第3号,7月.
鹿又伸夫(1990).「不平等の趨勢と階層固定化説」直井・盛山(1990).
汐見三郎・その他(1933).『国民所得の分配』有斐閣.
——・——(1934).『各国所得税制論』有斐閣.
Soltow, Lee (1968). "Long-Run Changes in British Income Inequality," *Economic History Review*, Vol. 21 No. 1, April.
総務庁統計局(監修)(1987).『日本長期統計総覧 1』日本統計協会.
——(1988).『日本長期統計総覧 4』日本統計協会.
曽良中清司(1970).「相対的価値剥奪と社会運動」『行動科学研究』第4巻第1号.
隅谷三喜男(1967).『日本の労働問題』東京大学出版会.
高橋長太郎(1955).『所得分布の変動様式』岩波書店.
高村直助・上山和雄・小風秀雅・大豆生田稔(1984).『神奈川県の百年』(『県民100年史 14』)山川出版社.
高山憲之(1980 a).『不平等の経済分析』東洋経済新報社.
——(1980 b).「富と所得の分布」『経済学大辞典 I』(第2版) 東洋経済新報社.
——(1981).「貧困計測の現段階」『経済研究』第32巻第4号,10月.
——(編著)(1992).『ストックエコノミー——資産形成と貯蓄・年金の経済分析』東洋経済新報社.
田中広太郎(1922).『地方税戸数割』良書普及会.
田崎宣義(1988).「都市化と小作争議——都市発展説序説」『一橋大学研究年報 社会学研究 26』7月.
寺崎康博(1986).「戦前期の所得分布の変動——展望」『長崎大学教養部紀要 人文科学篇』第26巻第2号,3月.
——(1987).「戦前期日本の所得分布の変動とその要因——農家世帯を中心として」『経済研究』第38巻第2号,4月.
——(1990).「世界の所得格差」『日本経済研究』第20号,5月.
——(1993).「日本における所得分布の計測」『日本統計学会誌』第22巻第3号.
東京市役所(編)(1933).『東京市民の所得調査 昭和五年』.
暉峻衆三(1970).『日本農業問題の展開 上』東京大学出版会.
富永健一(1988).『日本産業社会の転機』東京大学出版会.
——(1990).『日本の近代化と社会変動:テュービンゲン講義』講談社.
氏原正治郎(1966).『日本労働問題研究』東京大学出版会.
梅村又次・その他(1966).『農林業』(『長期経済統計 9』) 東洋経済新報社.
和田傳(1972).『門と倉 第2部』家の光協会.

Wada, Richard O. (1975). "Impact of Economic Growth on the Size Distribution of Income: The Postwar Experience of Japan," in *Income Distribution, Employment and Economic Development in Southeast and East Asia*, Vol. 2, Japan Economic Research Center, Tokyo and Council for Asian Manpower Studies, Manila.

渡辺利夫(1982). 『現代韓国経済分析――開発経済学と現代アジア』勁草書房.

綿谷赳夫(1959). 「資本主義の発展と農民の階層分化」東畑精一・宇野弘蔵(編) 『日本資本主義と農業』岩波書店.

Williamson, Jeffrey G. (1985). *Did British Capitalism Breed Inequality?* Boston and London: George Allen and Unwin.

―― (1991). *Inequality, Poverty, and History: The Kuznets Memorial Lectures of the Economic Growth Center, Yale University*, Cambridge, Massachusetts and Oxford: Basil Blackwell.

―― (1993). "Human Capital Deepening, Inequality, and Demographic Events along the Asia—"Pacific Rim," in Naohiro Ogawa, Gavin W. Jones, and Jeffrey G. Williamson (eds.), *Human Resources in Development along the Asia-Pacific Rim*, Oxford and other cities: Oxford University Press.

―― and Peter H. Lindert (1979). *American Inequality: A Macroeconomic History*, New York and other cities: Academic Press.

山口定(1975). 「ファシズム」TBSブリタニカ『ブリタニカ国際大百科事典 17』.

―― (1979). 『ファシズム』有斐閣.

谷沢弘毅(1991). 「昭和戦前期における財閥・保全集団の概要」未発表.

―― (1992). 「高額所得者の分布に関する戦前・戦後比較」『日本経済研究』第23巻, 7月.

――・南亮進(1993). 「第2次大戦直後における所得分布の平等化要因――高額所得者をめぐる環境変化とその評価」『経済研究』第44巻第4号, 10月.

吉川洋(1994). 「労働分配率と日本経済の成長・循環」石川(1994).

索　引

人 名 索 引

ア　行

安部磯雄　142
アールワリア (M. S. Ahluwalia)　2, 159
アン (K. S. Ahn)　166, 167
伊藤武夫　17
犬養毅　141
今田高俊　152
ウイリアムソン (J. G. Williamson)　3, 160, 163, 164, 166, 173
氏原正治郎　67
梅村又次　83
大川一司　83, 84, 136, 150, 152
大川周明　143
大塚啓二郎　171
大槻聡幸　4, 11
大門正克　136
大山郁夫　142
オグチ (N. Oguchi)　161
オーシマ (H. T. Oshima)　2, 161, 168, 173, 174
小野旭　4, 7, 11, 65, 68, 83, 85, 162

カ　行

賀川豊彦　142
蒲島郁夫　152
亀川哲也　145
カルドア (Nicholas Kaldor)　160
北一輝　140, 142, 151
ギンタス (H. Gintis)　173
クオ (S. W. Y. Kuo)　169
クズネッツ (S. Kuznets)　1, 2, 4, 84, 158, 172
クライン (W. R. Cline)　163

栗原百寿　91, 136
ケインズ (J. M. Keynes)　162
小平権一　143
後藤映範　141
コールマン (J. S. Coleman)　173
権藤成郷　143

サ　行

サイス (A. Saith)　2
斎藤実　141
汐見三郎　3, 4
鹿又伸夫　130
篠原三代平　83
渋谷悠蔵　141
杉山元治郎　142
鈴木茂三郎　142
ソルトウ (L. Soltow)　3, 166

タ　行

高橋長太郎　4
高橋是清　141
高松信清　4, 7, 11, 17
高山憲之　3
田崎宣義　136
橘孝三郎　143
チェネリー (H. Chenery)　2
チョー (H. Choo)　168
寺崎康博　3, 4, 85, 159
デラバレ (P. A. Della Valle)　161
暉峻衆三　136
ドーア (R. P. Dore)　116, 172
等々力森蔵　145
ドブリン (F. Dovring)　161
富永健一　147, 152, 172

ナ 行

永田鉄山　140
中村政則　136, 143, 148, 151, 152
西田税　140, 151
二宮尊徳　143

ハ 行

パパネック (G. F. Papanek)　169
早川三代治　3, 4, 31
速水佑次郎　171
バロー (R. J. Barro)　110
坂野潤治　146
土方成美　83
平野力三　142, 145
フィールズ (G. S. Fields)　2
フェイ (J. C. H. Fei)　168, 169
藤野正三郎　80
ボウルズ (S. Bowles)　173
ポーカート (F. Paukert)　2

マ 行

丸山眞男　142
溝口敏行　2-4, 159, 168, 174
南亮進　7, 65, 68, 78, 83, 162, 163

宮下周　143, 144
三輪寿荘　142
村上泰亮　148
盛山和夫　130

ヤ 行

谷沢弘毅　110, 124, 129
山田雄三　83

ラ 行

ラニス (G. Ranis)　168, 169
ラム (R. Ram)　2
リカード (David Ricardo)　160
リプセット (S. M. Lipset)　148
ルイス (W. A. Lewis)　70, 128, 168
ロゾフスキー (H. Rosovsky)　136, 150, 152
ロックウッド (W. W. Lockwood)　74
ロビンソン (Joan Robinson)　160

ワ 行

和田傳　138
ワダ (R. O. Wada)　112
渡部経彦　4, 11, 85
渡辺利夫　168

事 項 索 引

ア 行

インフレ　148, 156, 158
SSM 調査　130

カ 行

会社経理統制令　123
会社配当等制限禁止令　123
会社利益配当及資金融通令　123
会社利益配当等臨時措置法　123
改正整理委員会令　121, 130
核家族化　158, 159
過剰労働　70-72, 74, 84, 114, 128, 153-155, 158, 168, 170, 171, 174
過度経済力集中排除法　147, 150
機会費用　77
企業民主主義　146
技術革新　163, 164
逆 U 字型仮説 →クズネッツ仮説
救農土木事業　143
教育　138, 139, 148, 149, 158, 159, 164, 173
近代経済成長　11
クズネッツ仮説 (逆 U 字型仮説，U 字型仮説)　1-3, 57, 153, 155, 156, 165-168, 169, 171, 174

索　引──217

軍国主義　133, 151, 170
経済民主化(政策)　147, 157, 158
兼業化　95, 96, 155
5・15事件　140-143
高額所得者　26, 74, 102-107, 109, 110, 118-120, 123-126, 128, 129, 155, 157, 160, 165, 166, 174
工業化　11, 45, 48, 67, 145, 147, 148, 171, 174
皇国農民同盟　145
高度成長　156, 164
小作争議　90, 91, 133, 134, 136, 137, 139, 140, 149, 150
小作農(小作人)　86, 89, 90, 115, 116, 138, 140, 156, 157, 172
小作料　96
──統制令　116
戸数割　3, 9, 10, 12, 16-18, 31, 104, 154
──規則　16
──資料　5, 7, 11, 15, 18, 20, 24-26, 40, 95, 99, 102, 105-107, 109, 110, 165
──税　6, 46, 65, 92
──賦課　28
国家主義　149
国家総動員体制　144
国家総動員法　116

サ行

財産税　116, 125-129, 157
財閥　131, 133, 141, 142, 145, 149, 166
──解体　120, 122, 124, 129, 147, 150, 157
財閥同族支配力排除法　122
産業化　3, 33, 39, 42, 44, 57, 71, 72, 102, 147
──率　64, 73
産業組合　144
産業報国会　123
産業民主主義　146
自家消費　19, 106, 129
時局匡救(事業・政策)　97, 140
自小作(農)　96, 116, 137
自作農　89, 115, 116, 140, 142, 145, 156, 172
自作農創設維持政策　157
自作農創設維持補助規則　97
自作農創設維持補助助成規則　97
自作農創設特別措置法　114
ジニ係数　10, 55
地主　96, 97, 115-117, 130, 134, 138, 145, 156, 157, 172
──・小作関係　147, 150
──小作制度(地主制, 地主制度)　86, 89-91, 96, 116, 134, 155, 156, 169-171
資本主義　143, 144
社会運動　151
社会主義　143, 144
社会民衆党　142
シャープ勧告　126
商業化　93, 94, 96, 136, 137, 139, 149, 155
証券保有制限令　121
小商品経済化　93
商品生産小作農　151
所得格差　43-46, 53, 66, 72, 110, 133, 134, 138, 139, 147, 149, 150, 152, 155, 172
人口増加　172
──率　158
人口都市集中　64, 66, 67, 72
人口の年齢構成　158, 172, 173
新中間層　148
新中間大衆　148
人的資本の蓄積　164
生産性格差　44
政治研究会　142
世帯規模　12, 172
絶対所得仮説　162
全国水平社　142
全国農民組合　145
戦後民主主義　147, 152, 156, 157
戦争被害　117, 129
全体主義　133, 140, 144, 151, 170
相対的剥奪論　151

タ行

第3種所得税　4, 7, 15-18, 24-26, 103-105, 154

大正デモクラシー　133, 142, 149, 151
第2次公職追放　122
大日本皇道会　145
大日本農道会　145
地位の非一貫性　152
中産階級　142, 147, 163
中農標準化(仮説)　91, 97
超インフレ　116, 118–120, 122, 125, 128, 158
貯蓄　160
　——率　160–162
賃金格差　70–72, 74, 77, 78, 81, 82, 133, 136–140, 145, 149, 150
転換点　70, 114, 128, 129, 155, 158, 168
ドイツナチズム　142
統制経済　144
独占禁止法　147, 150
都市化　148
都市人口　66
土地所有制度　86, 88, 89, 93, 94, 169

ナ 行

2・26事件　141
日本国憲法　147
日本的雇用慣行　146
日本農民組合　138, 142, 145
日本農民党　142
日本労農党　142
2・4弾圧事件　144
農業保護　175
農山漁村経済更正計画　97
農産物価格支持政策　147
農村経済更正計画　143
農村人口　66
農地改革　114, 128, 130, 145, 147, 149, 156, 157, 164, 170–172
農地調整法　97
　——改正　114
農地法　156

農本主義　142–145, 151, 170
農民運動　136, 138, 141, 151

ハ 行

パレート係数　11, 26
パレート法則　4, 25
一橋大学経済研究所附属日本経済統計情報センター　7
ファッシズム　140, 142, 145, 147, 149, 151
府県税戸数割規則　5, 17, 18, 31
府県税戸数割規則実施細則　5
不在地主　19, 115
普通世帯　6, 7, 12, 39, 103, 104
富裕税　126–129, 157
米価　116
変化係数　10, 55

マ 行

民主主義　133, 142, 170
免税点　110
持株会社　120, 123
持株会社整理委員会令　120

ヤ 行

U字型仮説　→クズネッツ仮説
要素所得　75, 77, 78, 82–84

ラ 行

臨時財産調査令　125
労働運動　120, 122
労働組合　123, 129, 150
労働争議　138, 139, 149
労働総同盟　146
労働農民党　142
労働分配率　4, 68, 70, 72–75, 78, 82–84, 112, 114, 124, 128, 129, 140, 146, 155, 157, 160, 162, 168, 169, 172
ローレンツ曲線　10

■岩波オンデマンドブックス■

一橋大学経済研究叢書 45
日本の経済発展と所得分布

　　　1996年2月23日　第1刷発行
　　　2016年7月12日　オンデマンド版発行

著　者　　南　亮進
　　　　　みなみ　りょうしん

発行者　　岡本　厚

発行所　　株式会社 岩波書店
　　　　　〒101-8002　東京都千代田区一ツ橋2-5-5
　　　　　電話案内　03-5210-4000
　　　　　http://www.iwanami.co.jp/

　　　　　印刷／製本・法令印刷

　　　　　© Ryoshin Minami 2016
　　　　　ISBN 978-4-00-730447-7　　Printed in Japan